테마로 즐겨 본

중국문학의 여행

엄영욱님은 전남대학교 중국학과 교수로 재직 중이다. 저서로는 ≪정신계의 전사-노신≫ (2005년도 대한민국학술원 우수학술도서 선정), ≪노신의 문화사상과 외국문학≫ (2006년), ≪중국근대문학사상연구≫ (공저: 2009년도 문광부 우수학술도서 선정), ≪동아시아의 생사관≫ (공저: 2009년도 문광부 우수학술도서 선정) 등 다수의 저서와 번역서가 있다.

테마로 즐겨 본 중국문학의 여행

인　쇄　2017년 11월　6일
발　행　2017년 11월 10일

저　자＿엄영욱
발행인＿정병석
발행처＿전남대학교출판문화원
등　록＿1981. 5. 21. 제53호
주　소＿61186 광주광역시 북구 용봉로 77
전　화＿(062) 530-0571~2
영업부＿(062) 530-0573
팩　스＿(062) 530-0579
홈페이지＿http://www.cnup.co.kr
이메일＿cnup0571@hanmail.net

값 15,000 원

ISBN　978-89-6849-441-3 (93820)

이 도서의 국립중앙도서관 출판시도서목록(CIP)은 서지정보유통지원시스템홈페이지(http://seoji.nl.go.kr)와 국가자료공동목록시스템(http://www.nl.go.kr/kolisnet)에서 이용하실 수 있습니다.
(CIP제어번호: 2017028694)

TRAVEL OF CHINESE LITERATURE ★ 엄영욱 저

테마로 즐겨 본

중국 문학의 여행

본서는 중국문학을 이해하고자 하는 중문학도나 중국학에 관심을 가지고 있는 사람들 그리고 본서를 통해 중국문학에 조금이라도 가까워지기를 바라는 마음에서 재미있는 테마를 중심으로 집필 된 것이다. 또한, 중국문학을 단지 즐거움으로 읽는 것에 그치는 것이 아니라 중국문학을 이해하는데 작은 길잡이 노릇을 할 수 있다면 더 바랄 바가 없겠다.

전남대학교출판문화원

머리말

중국문학의 테마와 소재는 그 역사만큼이나 무궁무진하다. 여기서 언급하고 있는 것은 중국문학에 있어 빙산의 일각에도 미치지 못하는 것이다. 그럼에도 불구하고 중국문학 전공 학생들뿐만 아니라 일반인들이 중국문학에 보다 쉽게 다가갈 수 있기를 바라는 마음에서 몇 가지 테마를 골라내 보았다.

중국문학은 크게 고전문학과 근대문학, 현대문학과 당대문학으로 나뉘며, 장르별로는 시, 소설, 산문, 희곡, 잡문 등으로 나뉜다. 본서는 시대별 테마별로 중국문학을 다루고 있는데 2005년도에 출판된 ≪중국문학의 여행≫의 책을 저본으로 절반 이상을 수정, 보완한 책이다.

Ⅰ. **'중국문학에 있어서 성과 여성'**, 1장 <중국문학과 성-전족을 중심으로>에서는 전족이 어떻게 기원, 발전하였으며, 지배 권력과 문인들이 전족을 어떻게 찬양, 고무하여 전족이라는 기괴한 성문화를 확산, 조장시켰는지 작품을 통하여 살펴보았다. 2장 <노신과 이광수 문학의 여성주의 비교>에서는 노신과 이광수 두 작가의 여성관을 살펴보고, 그것이 작품 속에 어떠한 형태로 드러났는지 살펴보았다. 여성의 개성해방과 자유연애,

자유결혼, 여성해방이 문학작품 속에서 어떻게 서로 상이하게 드러났는지 조망하였다.

Ⅱ. '**중국차문화와 차문학**', 제3장 <차를 통해서 본 노신과 주작인의 내면풍경>에서는 <차를 마시다>라는 노신형제의 작품을 중심으로 그들의 차문화관의 차별성을 살펴보았다. 두 사람의 차문화관은 개인의 성격과 취향, 성향이 같지 않은 것도 기본 요인이겠지만 무엇보다 그들의 인생관과 세계관, 미학관의 차이에 있다.

이와 함께 송대차 문화와 연관하여 육유의 차시를 살펴보았다. 송대는 시사가 매우 흥성한 시대다. 차 풍속이 널리 전파되어 일반 백성들도 차를 마시기 시작한 송대에는 많은 다서들이 출간되었고 다양한 차시들이 출현하였다. 북송초의 저명한 시인 왕우칭, 매요신, 구양수, 왕안석, 소식, 황정견과 남송의 육유, 범성대, 양만리 등은 많은 사람들에게 회자되는 차시를 남겼다. 이들 가운데 육우는 가장 많은 차시를 창작하였으며 그의 차시는 그의 생애 및 시론과 밀접한 관계를 맺고 있다.

Ⅲ. '**한중 작가의 생사관**', 노신이 살았던 시대는 피를 부르는 도살의 시대였다. 노신은 삶과 죽음을 생각해야만 했는데 그것은 순수한 인생 철리의 추상적인 사고가 아니라 실천의 문제이자 사회개혁과 밀접한 관계가 있는 것들이었다. 그는 고통스럽게 현대중국변혁사업의 역사적 좌표를 탐색하였으며 점차적으

로 '중간물 의식'을 형성, 발전시켰고 "빛과 함께 점차 사라져 간다는" 인생의 명제를 제기하였다. 5장 <노신의 생사관>에서는 이러한 노신의 생사관이 어떻게 생성, 발전되었는가 중국전통 철학관, 진화론, 유물관과 함께 살펴보았다.

6장 <한중 두 시인의 죽음의식 연구>에서는 중국과 한국의 요절시인 하이즈와 기형도의 시를 중심으로 그들의 생사관을 비교하였다. 비슷한 시기에 태어난 두 시인은 30살도 되지 못하여 같은 해에 요절하게 된다. 그러나 그들 작품에 드러난 죽음의 이미지와 생사관은 매우 다르다. 하이즈가 노래한 것이 이루지 못할 꿈, 환상적 현실이었다면, 기형도가 바라보는 현실은 리얼의 현실이었다. 어둡고 비관적인 정조 속에서도 기형도는 끊임없이 희망을 찾고자 애썼다.

두 요절 시인의 죽음의식은 서로 다른 양상을 보인다. 개인의 실존뿐만 아니라 시대의 고통과 아픔을 같이 노래했던 기형도의 죽음에 대한 사유가 유물론에 가깝다면, 하이즈의 죽음관은 오히려 유심론에 가까운 것이다.

Ⅳ. **'양삭과 진충실'**, '당대 산문과 소설'에서는 <양삭 산문의 미학>과 진충실의 소설 ≪백록원≫을 분석하였다.

양삭(1913-1968)은 중국당대 저명한 소설가이자 산문가이다. 그는 중국 진찰기변구와 서북지역의 전쟁에 참여하였는데, 이러한 경험을 기초로 하여 매우 많은 통신보고문과 소설을 썼다. 그는 더욱이 한국의 6.25전쟁에 참전하였으며, 한국을 제재로 삼아 ≪삼천리강산≫과 ≪압록강남북≫, ≪보통 인민≫, ≪중국 인민의 마음≫, ≪조선에 봄날이 왔다≫를 썼다. 그의 문장은 시와 같고 그림과 같아, 정교하고 아름다워 당시 중국의 많은 독자들이 그의 작품을 즐겨봤다. 본서에서는 그중에서 문학사적 가치와 문학적 가치를 유지하고 있는 산문을 선택하여, 양삭산문의 사상성, 철리성 재인식과 예술특색의 면면을 고찰하였고 그 서정성송가산문의 언어풍격을 살펴보았다.

제8장 <백록원 연구>에서 다루고 있는 작품 ≪백록원≫은 1990년도 초, 침체된 중국의 대중문학에 활력을 불어넣었으며, 당시 중국에 유행한 엄숙문학(숭고문학), 순수문학에 영향을 주어 이러한 속문학도 중국문단과 대중들에게 자연스럽게 받아들이는 토양을 만들었다. 또한 오랫동안 금기시되어 왔던 성심리와 성행위를 과감히 묘사함으로써 억압되었던 성을 해방시켜 대중 앞에 공개화시켰다는 점에서도 이 책은 일독의 가치가 있다.

백록원이라는 마을에서 펼쳐지는 중국민중들의 삶, 국민당과 공산당의 대치상황 등은 영화 '웰컴투 동막골'을 연상시키기도 한다. 백록원과 동막골, 이 두 마을은 이데올로기의 대립이나 적아의 개념 없이 이상적으로 살아가는 민중들의 모습을 보여준다는 점에서 친연성을 보이고 있다.

Ⅴ. **'한국과 북한 그리고 중국'** 9장 <한인제재소설에 나타난 중국작가의 한국인식>에서는 중국인들이 고대로부터 현대에 이르기까지 한국과 한인을 어떻게 인식하였으며 중국작가들 작

품에 어떻게 반영되어 있는가를 살펴보았다. 10장 <북한과 중국 두 사회주의 문학사 서술 비교>에서는 북한과 중국의 문학사 시기구분과 문학사 서술이 시대와 상황에 따라 달라졌음을, 그리고 그 기준이 문학사조, 문학작품, 문학사단의 탄생, 작가들의 문예활동 등 문학 본질자체가 아니라 정치적 사건이었음을 밝히고 있다. 즉 문학이 정치에 종속되어 복무한 것이다.

이상과 같이 본서는 어떤 한 주제를 중심으로 다루어진 것이 아니어서 계통적이지는 못하지만, 각 테마에 충실하여 심도 있게 다루고자 했다. 중국문학을 이해하고자 하는 중문학도나 중국학에 관심을 가지고 있는 사람들 뿐만 아니라 일반 독자들도 중국문학에 조금이라도 가까워지기를 바라는 마음에서 재미있는 테마를 중심으로 집필 한 것이다. 본서가 읽는 이에게 중국문학을 이해하는데 작은 길잡이 노릇을 할 수 있다면 더 바랄 바가 없겠다.

본서의 고유명사는 일반 독자의 가독성을 높이기 위해 한자음을 따랐다. 처음에 나온 고유명사는 한자에 한글 음을 달고 다시 반복되는 고유명사는 한글 음만 표시하였다. 본서가 나오기까지 배려해주고 고생해주신 전남대와 출판문화원 직원들에게 감사드린다.

삼가 많은 질정과 가르침을 기대한다.

2017. 11.

빛고을 광주에서

■ 차 례

Ⅳ. 양삭과 진충실

Ⅴ. 한국과 북한 그리고 중국

제1부
중국문학에서 성과 여성

- 중국문학에 나타난 성
- 노신과 이광수 문학의 여성주의 비교

중국문학에 나타난 성

- 전족을 중심으로 -

1. 광기의 사랑

인간은 이성적 동물인가? 대체로 그러하다. 인간의 이성은 인류에게 과학과 문명의 이기를 가져왔으며 그 결과 인간은 보다 유복한 삶을 향유하게 되었다. 그러나 인간이 항상 이성으로 충만된 존재가 아님에는 틀림없다. 숱한 전쟁의 (지금도 자행되고 있거니와) 역사가 분명하게 증거하듯이, 이성은 인간의 내면에 도사리고 있는 또 다른 비이성, 즉 광기에 의해 끊임없이 도전을 받아왔다. 한 개인에게서 광기를 찾는 일이 어렵지 않거니와 (히틀러를 위시한 희대의 살인마들의 경우뿐만 아니라 내 자신에게서도 수시로 그 광기를 느끼지 않는가!), 한 사회 문화 속에서 그 광기의 발자취를 찾아보는 일 또한 아주 쉬운 일이다.

중국의 위대한 문학가이자 사상가인 노신(魯迅)은 일찍이 <광인일기>에서 중국의 역사를 '식인의 역사'라고 평가하면서, 이성적인 한 인간이 미쳐버릴 수밖에 없는 숨막힌 광기의 세계를 표현한 바 있다. 여기서 '광기의 세계'란 인의도덕과 봉건예교가 삶의 절대적 가치관이자 이성을 대표하는 이데올로기로 군림한 중국사회를 이름 한다. 그 지배계급 혹은 남성중심의 역사를 노신은 광인의 입을 빌어 '식인의 역사'라고 강렬하게 비판하였던 것이다.

봉건예교의 광기를 잘 드러내는 상징물로 여성의 전족(纏足)이 있다. "작은 발 한쪽에 눈물 한 동이"라는 삼촌금련(三寸 金蓮)의 전족은 중국여성이 거대한 지배계층과 남성에 의해 어떻게 억압받고 착취당했는가를 잘 드러낸다. 국가(봉건중국)와 황제를 비롯한 남성중심의 지배계층 권력은 공개적으로, 혹은 '보이지 않는 손'처럼 내재적으로 영향력을 행사함으로써 전족을 흥성하게 하였으며, 이를 성적 완상물로 이용하고자 하는 뭇 남성들의 욕구가 이에 가세하였다. 국가 질서를 지키겠다는 명분 아래 지배계층이 봉건 이데올로기를 만들면, 뒷받침이라도 하듯 문인들은 이를 고무하며 찬양하였다.

전족은, 중국의 봉건문화야말로 남성 중심의 지배계층이 왜곡된 집단최면에 걸린 히스테리의 역사이자 식인의 역사임을 웅변적으로 잘 대변해 준다. 기괴하고 비정상적인 전족이 미인의 기준이 되었으니, 전족을 만들기 위해 잔혹하게 학대당했던 중국여인의 삶은 그야말로 이성과 비이성이 전도된 광기의 세계였다. 여성에 대한 남성의 지배욕과 가부장적인 생각으로 만연된 그 시대 사회문화는 광기의 사랑을 낳았으며, 여기서 전족은 성적 욕망을 채우려는 섹스와 밀접한 관계가 있다.[1)]

본 고에서는 문학 작품을 통하여 전족이 어떻게 기원, 발전하였으며, 지배 권력과 문인들이 전족을 어떻게 찬양, 고무하여 전족이라는 기괴한 성문화를 어떻게 확산, 조장시켰는지를 살펴보고자 한다.

2. 성과 권력

근·현대사회에 있어서 권력은 외면적으로 볼 때, 매춘시장을 부정하고 타락한 윤리관을 비판하며 매춘여성들을 교화시키려고 끊임없이 노력해 왔다. 그러면서도 국가의 이익이라는 대의명분아래 수많은 여성들이 성적 노리개로 방조되었을 뿐만 아니라 제공되기까지 하여왔다. 봉건중국에 있어서 성에 대한 국가의 권력 또한 이중성을 가지고 있었다. 외면적으로 봉건중국은 법과 도덕, 윤리, 풍속, 관습 등을 내세워 여성들을 교화시키

---

1) 흔히 섹스는 유전적 요인에 의한 성, 즉 생물학적 조건에 의해 구분된 성을 의미한다.…섹스라는 용어에는 남녀의 생물학적 차이뿐만 아니라 남녀의 성행위, 성적 쾌락, 친밀성 등의 의미가 함축되어 있다. 이에 반하여 젠더는 성을 사회 문화적 조건 속에서 설명하는 것을 의미한다. …섹슈얼리티는 성 본능과 그것의 만족에 관계된 행동의 총체를 의미하며, 심리학이나 성 과학에서는 성적 만족의 다양한 양태들 전체를 의미하기도 한다. 즉 섹슈얼리티는 섹스의 본능적 쾌락과 그것에 관한 문화적 관점을 망라한 삶의 총체적 맥락에서 파악되는 것이다. (김동중 외저, ≪섹슈얼리티로 이미지 읽기≫, 서울, 인간사랑, 2000, 15-16쪽 참조).

고자 하였지만 오히려 봉건예교를 이용하여 지배 권력과 남성들의 성적 희생물로 삼았다. 봉건중국의 여성에 대한 지배 권력은 마치 푸코의 공개적 권력과 미시 권력의 작용처럼 직접적이면서도 간접적으로 개입한다.[2] 직접적 개입은 법률의 규제를 통하여 강제적으로 집행된다. 어떤 사회에서나 법률은 통치자의 의지를 실현하며 그 목적은 사회질서를 유지하여 백성의 통치를 확고하기 위함이다.

봉건중국의 법률은 일부다처제를 명시하고 있다. 본처 외에 다수의 첩을 둘 수 있었으며 여자노비나 노비의 딸까지도 주인(지배계층)의 소유물로 취급하여 성적 완상물 내지 물건처럼 마음대로 처리 할 수 있었다. 설령 주인이 여자 노비 하나를 죽였다 할지라도 단지 가벼운 징벌을 받는 수준에서 끝났다. 이러한 전횡을 남성중심의 지배계층이 주도할 수 있었던 것은 모두 국가의 법률이 그들을 보호하고 있었기 때문이다.

국가는 또한 윤리관념과 풍속을 조장시키는데 직접적·간접적으로 영향을 미친다. 국가는 백성을 교화시키기 위하여 필요하면 관청을 통하여 모범적인 교과서를 만들어 도덕과 윤리의

---

2) 푸코는 성에 대한 권력을 공식적 권력과 미시권력으로 나누어 설명하고 있다. 공식적 권력이란 성에 대한 진실이나 표현이 자유스럽게 표현되고 이것이 공개적으로 사회적 차원에서 통제의 대상이 되고 지배하기 위한 수단으로 쓰이는 것을 말한다. 미시권력이란 모든 인간에게는 권력에 대한 의지가 있는데 공식적인 권력과 대치되거나 자신의 욕구로부터 괴리된다고 생각했을 때 사람들은 보상행위를 받고자 한다. 그러한 심리작용을 해소하기 위하여 매춘시장을 찾아간다는 것이다. 김동중외 저, 위의 책, 234-235참조.

기준을 제시하기도 하고 문란한 풍속을 직, 간접적으로 통제 조절한다.

도덕적, 풍속습관을 통한 규제는 간접적이면서 약간의 강제성을 띤다.[3] 도덕적 규제는 풍속습관과 밀접한 관계를 맺고 있는데 풍속습관에 비하여 훨씬 더 이성적인 사고를 갖고 있다. 도덕관념을 따르지 않았을 경우 사회가 그것을 용납하지 않으며 그때부터 사회에서 배제되기 때문이다.

풍속습관을 통한 성규제 역시 비강제성과 강제성을 동시에 띤다. 어렸을 때부터 그 사회의 풍속에 교화되어 자신도 모르게 그 가르침에 의해 행동하는 경우는 비강제적이라고 할 수 있지만, 한 사람의 행위가 그가 속한 시대와 지역의 풍속 습관을 위배하여 사회적 지탄을 받는다면 강제적이라 할 수 있다. 봉건 중국에서 남성의 권력은 '정절'을 통해 여성의 몸을 장악하였고 여성의 '정절'은 남성의 권력을 수행하는 도구가 되었다. 그러므로 '정절'을 잃은 여자는 부정한 여자로 취급되었고 정절을 잃고 다른 남자와 버젓이 산다는 것은 윤리 도덕을 문란케 하고 미풍양속을 해쳤다는 이유로 사회적 비난을 받았다.[4]

---

3) 이외에 지식을 통한 규제가 있다. 이는 사람들이 지식의 지도를 받아 가장 자각적으로 자기의 성행위를 통제하도록 하는 것이다.

4) 宋代의 程頤는 "배고픈 일은 적은 일이지만 절개를 잃은 일은 큰일이다." 라고 말하였다. 송대에는 여자의 정절관은 이미 생명 같은 가치관으로 간주되었으며 明, 淸代에 이르러서는 정절의 중요성이 최절정에 이르렀다. 이때부터는 거의 종교화되어 가는 수준까지 도달한다.

> 중국의 한대(漢代), 당대(唐代) 여성들은 자유로운 편이어서 이혼하거나 재가해도 멸시받지 않았으며 말타고 나들이를 나갈 수도 있었고 어떤 지역의 부녀자들 사이에서는 노출이 심한 복장이 성행하기도 했다. 그러나 송대(宋代) 이후에 이르면 상황은 완전히 달라져 봉건 도덕의 수호자들은 이전 이러한 풍속습관을 가리켜 '불결한 한(漢)나라, 문란한 당(唐)나라'라고 비난했다.[5)]

풍속습관은 시대와 지역에 따라 수시로 달라진다. 한, 당대의 자유스러운 성 풍속은 송대 주자학의 성행으로 인하여, 부도덕하고 문란한 성 풍속으로 비난받은 동시에 여자들의 행동은 극히 제한을 받는다. 이러한 성 풍속의 변화와 봉건 예교의 강화는 남성 중심의 사고와 성을 통한 여성의 지배권력과 밀접한 관계가 있다.[6)]

---

5) 劉達臨 著, 강영매 역, ≪중국의 성문화≫(상), 범우사, 2000, 32-33쪽.

6) 班固의 여동생 班昭는 ≪女誡≫를 저작하여 봉건예교를 가르쳤다. 이 책에서 지은이가 강조한 것은 여성을 비하하는 남존여비의식이다. 여자는 반드시 남편에게 순종하고 시부모와 시댁식구를 받들어 잘 모셔야 한다고 가르치고 있다. 劉向의 ≪烈女傳≫, 宋若昭의 ≪女論語≫, 明 成朝의 徐皇后가 저술한 ≪內訓≫, ≪女範捷錄≫ 등은 유학자들에 의해 여자들을 위한 모범 교과서로 지정되었다. 이 책들은 시부모, 친정부모, 남편 모시기를 비롯하여 가족관리, 친척대접하기, 여자로서 지켜야할 본분, 행동거지 등을 자세히 기록하고 있다. 이외에 呂得勝의 ≪女小兒語經≫, 賀瑞麟의 ≪女兒經≫, 陳宏謨의 ≪教女遺規≫ 등 수많은 여자 교과서들이 많이 나왔는데 이것들은 모두 고대 여성들의 모범적인 행적을 열거하며 여자들도 공부를 많이 해야 한다고 주장했지만, 시대적 한계를 극복하지 못하고 기본적으로 부덕을 고취하는 것을 내용으로 하고 있다. 이러한 책들의 목적은 여자들로 하여금 사회활동에 참여하지 못하게 하는데 있다. 이영자 저, ≪중국여성의 잔혹사≫, 서울, 에디터, 2003, 136-139쪽 참조.

봉건문화의 상징인 전족의 기원[7]은 선진시대(先秦時代)로까지 올라가지만 본격적인 전족의 유행과 장려는 송대로부터 시작된다.[8] 성리학의 대가인 주희는 여성들이 밖을 돌아다니면 다른 남성들과 사통을 하며 풍기를 문란시킨다 하여 전족을 고무하였다.[9] 봉건도덕의 수호자들은 봉건예교를 만들어 중국 여성

7) 전족의 기원은 학자들에 따라 설이 분분하다. 하나라의 啓씨, 은나라의 妲己, 전국시대의 臨淄의 여인들, 漢 成帝의 애비였던 趙飛燕 등에서 발생했다고 주장한다. '날으는 제비'라는 뜻으로 본명 대신 쓰였는데 뛰어난 미모에 춤까지 잘 추어 황후의 지위에까지 오르게 되었다. 한 번은 황제가 호수에서 연회를 베풀었는데 갑자기 강풍이 불자 춤을 추던 비연이 하마터면 물로 떨어지려고 했다. 황제가 급히 그녀의 한쪽 발목을 잡았는데 춤의 삼매경에 빠진 비연은 그 상태에서도 춤추기를 그치지 않아서 비연은 임금의 손바닥에서도 춤을 추었다. 임금의 손바닥 안에서 춤출 만큼 발이 작다하여 전족이 여기에서 기원했다고 주장한다. 東漢 建安 말년의 민가에 <孔雀東南飛>에 "발밑에는 살금살금 걷는 신발이 있다. 가는 헝겊으로 칭칭 감아 그 精妙함은 이 세상에 둘도 없다."라고 묘사되어 있는데 많은 사람들은 이것이 전족의 증거라고 주장한다. 六朝時代에 梁東昏의 후궁이 潘貴妃가 걸어갈 때마다 연꽃이 핀다하여 그곳에서 비롯되었다고 한다. 혹자는 당대 시인 杜牧이 쓴 시 "가는 자로 재도 남을 만큼 감은 헝겊의 신은 가볍다." 白居易의 시 "작은 앞머리 신은 좁고 가늘며 길다."에서 그 기원을 찾고 있다. 또한 五代의 한 왕조였던 南唐 李後主의 궁에 窅娘이라는 춤과 미모가 뛰어난 여인이 있었는데 높이가 여섯 자가 되는 금으로 만든 연꽃을 만들게 하고 거기에 보석으로 장식을 하였다. 그런 후에 요낭의 발을 초승달처럼 작게 하여 연꽃 안에서 춤을 추게 하였다. 그때부터 중국 여성들은 초승달 모양의 작은 발을 아름답게 여겼고 이를 본받았다고 하는 데서 전족이 기원하였다고 전해진다. 그러나 이러한 한 두 마디의 말로 전족이 기원하였다고 논증하기에는 설득력이 부족하다. 본격적인 전족의 흥성과 발달은 봉건도덕의 수호자와 문인들의 지지로 송대로부터 시작한다.

8) 蘇東坡의 <減字木蘭花・贈君猷家姬>에서는 "두 발은 서리같이 흰데 모시 옷자락이 끌리네"라고 하였고, 李淸照의 <點絳唇>에서는 "오시는 손님을 보니 오직 버선발에 금비녀가 빛난다네."라고 언급하였다. 이외에 徐積의 <咏棻家婦>와 秦少游의 시에 전족이 출현한다.

들을 하여금 삼종지도(三從之道)나 남편에 대한 맹종으로 집안에만 가두어 두려고 노력하였다. 문인들 또한 이에 동조하여 전족의 아름다움을 찬양함과 동시에 추악한 풍속과 봉건도덕을 강화시켜 나갔으며 전족을 성의 완상물로 감상하는데 일조하였던 것이다.

향기로움 품으며 연꽃 밟듯 걷는 걸음
깊은 시름에 젖은 비단 버선
물결 차듯 지나가네
춤사위에 그저 바람만 일뿐
어디에도 지난 간 흔적 없네.
남몰래 궁중 풍으로 얌전히 차려입고
두 발로 서고자 하나
넘어지니 애처롭기 짝이 없네
그 섬세한 아름다움 어찌 말로 다하리
그저 손 안에 넣고 즐겨 볼 뿐[10)]

여인의 작은 발을 아름답고 신비하게 찬양하였을 뿐만 아니라 그 작은 발을 손안에 놓고 감상하는 예술품정도로까지 승화

9) 元代 伊世珍의 <瑯嬛記>에 당시 福建 漳州 厦門 일대에 전족이 유행하게 되었는데 그것은 性理學의 대가 朱熹와 연관이 있다고 하였다. 그의 말에 의하며 주희가 장주에서 관리를 하고 있을 때 당시의 풍기가 너무 문란하다고 생각하여 전족을 제창하여 부녀들이 외도하는 것을 막았다는 것이다.

10) 唐圭璋 編, ≪全宋詞≫ (1卷), 北京, 中華書局出版社, 1965, 303쪽.

시켜 놓았다. 이 <보살만(菩薩蠻)>은 중국 시사(詩詞) 사상 전족을 본격적으로 찬양한 으뜸가는 작품으로 평가되고 있다.

소동파는 북송 중·후기에 살았던 인물로 송대 당시의 매우 저명한 문인이자 영향력 있는 지배계층의 한 사람이었다.[11] 이러한 사람이 기형적인 전족을 이렇게 아름답게 찬미하였으니 그 영향력은 매우 지대하였던 것이다.

소동파에 이어 송대의 장원간(張元幹)과 유개지(劉改之)는 <춘광호(春光好)>[12]와 <심원춘·영미인족(沁園春·咏美人足)>에서 전족의 아름다움을 다음과 같이 극찬하였다.

> "낙수(洛水)가 걷는 저 아름다운 발걸음
> 누구의 가벼운 발길이기에
> 잔잔한 티끌이 살며시 이나
> 기억난다
> 꽃향기 짙은 오솔길 가도
> 만발한 꽃들 상하지 않고
> 이끼 덮인 섬돌 밟아도

---

11) 소동파는 생존 당시뿐만 아니라 생후에도 많은 추앙을 받았다. 생존 당시에는 黃庭堅, 秦觀, 陳師道, 張耒 같은 명시인들이 그의 시를 흠모하여 배웠다. 남송의 楊萬里, 陸游, 辛棄疾, 清代의 袁枚 趙翼, 현대 작가인 林語堂에 이르기까지 소동파의 시를 모방하였다.

12) 기다란 하얀 전족 천 겹겹인데, 전족 한 쌍이 아름답다. 비취빛 이불 속에 잠들 때, 두발은 낭군의 온기 바라니, 품안에 꼭 감싸 안아주었다오. 여섯 폭 비단치마, 가벼운 바람에 바스락거리며 날리고, 두 발이 지나온 자취 남에게 보이길 원치 않았네. 바야흐로 봄철 화창한 날이라 생각난다, 예전의 그 금련, 唐圭璋 編, 위의 책(제2권), 1087쪽.

갓 나온 잎에 흔적조차 없어라
신발 안에 덧댄 옥색 비단 적고
겉에 박힌 금박문양 작아
싱그러운 발의 생기 담아낼 수 없다네
……
생각난다.
춤사위 따라 금련 옮겨오면
준수한 원앙새 짝을 만나듯 두 발은 모이고
화려한 무대에서 아름다운 무도복 휘날리며
춤추는 봉황새인 양 가볍게 두 발이 벌어지네.
고통에 찬 원망을 깊이 감추고 두 발이 벌어지네.
심금을 울리는 두 발이 살짝 드러나
바람에 살랑 이는 엷은 비단치마에 오락가락 한다네."[13)]

기형적인 작은 발을 '싱그러운 발'과 '춤추는 봉황새 발'로 묘사한 것도 부족해 '심금을 울리는 두발'이라고 극찬하고 있는 이 시는 전족을 만드는 과정이 아무리 고통스러울지라도 그 고통을 감수하여 아름다운 발을 가져야겠다는 중국여성의 심리를 부추기게 만든다. 얼굴은 하늘이 내려 준 것이어서 바꿀 수 없지만 전족은 아름답기를 바라는 어느 여성이나 후천적으로 노력하면 만들 수 있다는 것이다. 그래서 송대 이후 중국 부녀자들에게는 전족이 유행했고 자연 그대로의 발(天足)은 천시되었다.

문인들의 전족에 대한 찬미와 고취는 처음에는 소수의 기생

13) 唐圭璋 編, 위의 책(3卷), 2146쪽.

들과 귀족부인들에게 통용되었지만 점차 민간 계층의 부녀자들에게까지 수용되어 작은 발이 아름답다는 관념으로 굳어지게 되었다. 그러므로 얼굴이 아무리 예쁘다하더라도 발이 크면 미인으로 여겨지지 않게 되었다.

전족에 대한 문인들의 이러한 찬미는, 현대 여성들이 과도한 다이어트나 성형수술로 건강을 해치면서까지 가는 몸매를 위해 고군분투하는 것처럼 중국 봉건 여성들에게 전족에 대한 병적 심리를 조성시켰다. 아름다움에 대한 여성의 욕망, 황제와 지배계층, 남성의 사랑을 받아야겠다는 여성의 본능, 그리고 전족을 성적 완상물로 가지고 놀고자 하는 남성들의 욕구 등이 서로 맞물려 전족은 왜곡된 중국의 성문화를 굳건히 구축하는데 커다란 역할을 하였던 것이다. 시대를 거듭함에 따라 전족에 대한 문인들의 찬양과 갈망은 더해 가는데 元, 明, 淸代의 작품에서는 이를 잘 반영해 준다.

명대(明代)의 당인(唐寅)의 <영섬족배가(永纖足排歌)>[14)]와 풍류 시인 당백호(唐伯虎)가 지은 <배가(排歌)>에서도 삼촌 금련의 작은 발에 대한 찬사와 갈망이 잘 드러난다.

---

14) 가장 아리땁고 고운 것, 금빛 연꽃 같은 작은 발이 최고, 봉황모양 머리한 쌍이 그에 견줄 만하네. 연꽃 새잎이 갓 피어난 듯, 막 나온 초승달인 듯, 뾰족하고 가녀린데다 보드라움 더했고 온통 꽃을 수놓았네. 헤어진 후 님을 보지 못했더니 쌍 오리는 어느 날에나 다시 합하리. 허리 가에 끌어당겼다, 어깨에 걸었다, 등에 떠받들었다. 손에 들었다 하네.

세상에서 제일 아리따운 여인
그녀는 금련이 가장 빼어난다오.
보세요,
봉황머리 전족 신발 한 컬레 뽐낼 만 하니
막 꽃잎 진 연꽃 판이나
갓 나온 초승달 같지요.
신발 코는 가냘프고
부드러운 겉감에 온통 꽃무늬라오.
헤어진 후에 그녀를 보지 못했네.
한 쌍의 물오리 같은 우리
언제나 다시 얽히리요.
그 날이 오면
허리를 부여 안고 어깨에 무등도 태우고
손으로 받쳐 등에 업어 주리오[15)]

전족에 대한 찬사와 서술은 단지 시사에서만 발견되는 것이 아니라 희곡과 소설에서도 발견된다.

왕실보(王實甫)의 ≪서상기≫에서는 "눈을 밖으로 돌려보면, 발끝만이 마음의 관심을 달래준다"[16)]하면서 전족이 사람의 마음을 이끄는데 얼마나 중요한 위치를 차지하고 있는지 세심한 묘사를 하였다.

≪홍루몽≫에서는 직접적으로 발을 묘사하지 않았지만 그 자

15) ≪唐伯虎全集≫, 杭州, 중국미술학원출판사, 2002, 210-211쪽.
16) 王實甫 著, ≪西廂記≫, 北京, 人民文學出版社, 1995, 45쪽.

태를 보면 전족임을 알 수 있다. 예컨대, 63회에서 "수연이 하느작거리며 마주 걸어오고 있다"[17]라고 묘사하고 있다.

이리하여 원말(元末)에 와서는 전족을 하지 않는 자는 수치심을 느낄 정도가 되었으니 문인들의 전족에 대한 찬미와 묘사가 전족을 확산시키는데 얼마나 커다란 역할을 하였는지 알 수 있다. 이렇게 중국 봉건사회의 성문화가 이성을 잃고 광기의 사랑에 휩싸인 것은 남성중심의 권력과 맞물려 있다. 사회적, 계급적, 정신적 불평등을 포함한 가부장제 사회, 남성 중심 혹은 지배계급 중심의 왜곡된 성문화가 봉건이데올로기라는 권력의 비호 속에 상호 상승 작용을 일으키면서 전족의 풍습은 끊임없이 확대 생산되었던 것이다.

3. 전족과 성

장예모 감독의 <홍등>을 보면 봉건여성들이 잠자리에 들기 전에 발 안마를 받는 장면이 나온다. 안마 소리와 함께 붉은 홍등은 성적 욕구를 북돋는 청각적, 시각적 효과로 작용한다. 잠들기 전에 발을 안마한다는 것은 여러 가지 의미를 갖는다. 안마하기 전 향기로운 한약재에 발을 씻음으로써 그 향기가 침실의 분위기와 성욕을 돋움과 동시에 편안한 섹스와 숙면을 유도시킨다. 발은 오장의 축소판이자 모든 성감대가 집중되어 있는 곳

17) 조설근, 고악 저, ≪홍루몽≫(중), 북경, 인민문학출판사, 1990, 897쪽.

이기도 하다. 그러므로 봉건 중국에서 발은 섹스의 중요한 포인트이자 중요한 성적 도구로 사용되었다. 특히 아기의 살과 같은 부드러운 피부, 여자의 음부와 같이 움푹 패인 구멍을 갖고 있는 삼촌 금련은 남성의 성적 욕구를 유발시키기에 충분하였다. 그래서 남성들은 전족을 마치 여자의 음부처럼 생각하여 전족이 그들의 시각, 후각, 촉각, 청각을 자극할 수 있다고 생각했다.[18)]

그러므로 전족은 남편에게만 공개되었으며 가족조차도 볼 수 없는 금기 사항이었다. 송대와 그 후대의 춘화들 중 발가벗은 여자 나체의 그림은 있어도 끈을 풀어버린 전족의 모습을 그린 그림은 없다하니 발이 얼마나 중요한 성의 심볼인지 알 수 있다. 여자의 작은 발이 여자육체의 가장 은밀한 부분, 성의 상징, 성적 매력의 가장 핵심으로 여겨졌기 때문이다. 그러므로 남자와 여자가 서로의 마음을 확인하기 위해서는 발이 매개체가 되었다.

예컨대, ≪금병매≫에서 반금련과 서문경의 간통은 발을 매개로 하여 발생한다. 반금련이 서문경을 유혹하기 위하여 에로틱한 육체의 상징인 전족을 발(簾) 바깥으로 내민다든지 서문경이 반금련의 마음을 떠보기 위하여 수저를 떨어뜨리면서 발을 꼬집어보는 대목 등이 그러하다.

---

18) 또 애무의 방법으로는 입을 사용하는 것이 6가지, 손을 사용하는 것이 28가지, 발을 쓰는 것이 4가지, 어깨를 사용하는 것이 2가지 몸을 사용하는 것이 4가지가 있다고 했다. 그 중 어떤 것은 중복되므로 총48가지가 있다. 劉達臨 저, 강영매 역, 앞의 책, 332쪽.

금련은 일어나서 옷을 받아 벽에 걸려 했다. 그 순간 서문경은 일부러 소매자락으로 식탁 위의 수저를 쓸어서 마루 위에 떨어뜨렸다. 정말 두 남녀가 어울릴 인연인지, 수저는 바로 금련의 발밑에 떨어졌다. 서문경은 얼른 허리를 굽혀서 수저를 주우려다가 문득 뾰족하고 조그만 금련의 발이 수저 옆에 있는 것을 발견하고는 무늬를 수놓은 버선코를 손으로 살짝 꼬집었다.

금련은 해죽이 웃으면서, "아니 나리도, 장난이 심하셔. 심심상인(心心相印)인데, 나린 저를 정말로 홀릴 작정이신가요?"[19]

명대의 언정소설(言情小說) ≪조유씨연의(刁劉氏演義)≫ 중에서도 주인공 왕문(王文)이 유씨의 병을 이용하여 상대방의 동정을 알아보려 하는데 발부터 건드려 본다. "왕문은 즉시 자리에서 일어나 유씨의 옆으로 다가갔다. 유씨가 손을 펴니 왕문은 세 번째 손가락으로 응답을 보냈고 두 사람의 눈은 저절로 마주하게 되었다.…왕문은 점잖지 않게 유씨의 버선발 끝을 가볍게 건드렸지만 유씨는 피하기 위하여 발끝을 뒤쪽으로 오므리지 않았다. 두 사람의 발끝이 서로 마주쳐 몇 차례 흔들렸다. 이 흔들림은 왕문의 마음을 혼미하게 만들어 놓았으며 그를 한없이 놀랍고 기쁘게 하였다. 어찌 유씨의 발이 피하지 않을 줄을 누가 알았겠는가?"[20]

≪요재지이≫ <청봉(青鳳)>에서는 "경거병(耿去病)이 고의로 발을 차자 청봉은 급히 발을 움츠렸지만 화를 내지는 않았다."[21]

---

19) 소소생 저, 조성출 역, ≪금병매≫(1권), 서울, 삼성출판사, 1993, 90쪽.
20) 石方 著, ≪中國性文化史≫, 黑龍江出版社, 1993, 272-273쪽 재인용.

라고 묘사하고 있다. 발을 통하여 상대방의 마음을 알아보기 위한 것이다. 발을 만짐에도 불구하고 가만히 있다는 것은 상대방을 받아들이겠다는 의미로 통용된다. 그러므로 전혀 마음에 들지 않은 남정네가 발을 만진다면, 그것은 바로 성희롱이자 강간에 해당된다는 것이다. 그만큼 전족은 제2의 성이었던 것이다.

여자도 식탁보 아래에서 전족으로 상대방을 살짝 차보거나 무릎을 맞대는 것으로 남자의 반응을 탐색해 본다. 혹은 일부러 전족을 밖으로 꺼내어 남성을 유혹하기도 하고 사뿐사뿐 걷는 모습으로 환심을 사기도 한다.

또한 남성들은 중국 여성의 전족 냄새 맡기를 좋아했다. 그러므로 중국여인들은 마음에 드는 남자를 유혹할 때는 발을 졸라매는 천을 그 남자의 얼굴에 던지고 발을 내밀어 남자에게 입맞추게 하였다. 전족에 닿기만 하면 여색에 취하여 정신을 차릴 수 없을 정도로 전족을 여성의 성으로 여겼으니 손으로 어루만지며 그것을 섹스의 도구로 사용했을 때는 더 말할 나위가 없었던 것이다.

청초(淸初) 이백초 (李百川)이 쓴 ≪녹야선종(綠野仙踪)≫을 보면 서로 벽을 사이에 둔 주련(周璉)과 혜낭(蕙娘)이 야밤에 담을 넘어 전족을 희롱하면서 밀회를 즐기는 장면[22]이 있으며 원대(元

21) 劉建國 外 譯, ≪白話聊齋≫, 湖南, 岳麓書社 出版社, 2001, 41쪽.

22) “주련은 혜낭을 침상위로 안아 어깨를 나란히 하고 앉은 연후에 술 한 잔을 따라 그녀에게 주었다.…주련은 혜낭에게 먹을 것을 주고 자기는 여섯 일곱 잔을 내리 마셨다. 정욕이 숯불처럼 일어나는 것을 느끼는 차에 갑자기 혜낭의 발밑으로 드러난 선홍색의 낮은 신발이 보였다. 위에는 푸른 가

代) 여지암(呂止庵)의 ≪야행선(夜行船)≫에도 삼촌 금련을 생각하며 어떻게 섹스 행위를 할 것인가 대하여 자세히 묘사하고 있다.

> 항상 삼촌 금련의 생각에 여념이 없어 작은 발을 어깨 위에 올려놓고 사랑하고자 조급하게 마음 태우네. 사랑하는 여자에게 전족을 손으로 직접 잡아 어깨 위에 올려놓고 사랑을 할까 아니면 겨드랑이 아래에 끼어 놓고 사랑을 할까 하고 물어보네. 은빛 나는 등불에 높이 불을 밝혀 향기나는 아름다운 작은 발을 바라보고자 하네. 온 힘을 다하여 삼촌 금련의 전족을 높이 올려놓고 기쁨에 가득 차 즐겁게 가지고 놀고자 하네.[23]

또 청대 소주(蘇州)에서 유행했던 산가(山歌) <족금련(纏金蓮)>[24] 역시 남자가 여성의 작은 발에 몰두하는 것, 또 여성이 자신이 갖고 있는 '삼촌금련'에 대해 득의양양해 하는 모습 등을 생생하게 묘사하고 있다.

지에 녹색 잎사귀에 꽃잎이 수 놓여 있었으며 아주 귀여웠다. 황급히 손에 잡고 자세히 감상하니, 야위고 작은 것 속에 무한한 강건함이 내재해 있었고 이상하게 생겼지만 혐오스러운 것은 아니었다. 주련은 "그대의 아름다운 작은 발에 흥분되어 숨이 막힐 지경이오" 하면서 천천히 과찬의 말을 했다. 李百川 著, ≪祿野仙踪≫ (下), 北京人民文學出版社, 2002, 514쪽.

23) 石方 著, 앞의 책, 271쪽 재인용.

24) 가인은 방안에서 금련을 감싸고, 才士는 걸음 옮기며 희희낙락, '낭자, 그대의 금련은 작구려-' 겨울날 죽순 끝처럼 구부러져 있구나. 또 오월 단오날 삼각형 粽子같고 향기롭고도 달콤하다. 또 유월의 불수감 열매같으니 영롱하고 뾰족하다. 가인이 듣고 얼굴이 빨개졌다. 꽃을 탐하고 색을 좋아하면 천해질 수 있습니다. 오늘 밤 그대와 머리를 맞대고 잠들면 작은 금련을 그대 입가에 놓겠습니다. 그대에게 얼마나 향기롭고 얼마나 달콤한지를 묻겠습니다. 또 죽순 끝을 맛보도록 청하겠습니다.

고대 중국 남자들 중에는 '발 숭배광', '금련 벽'들이 있었다. 그래서 전족이나 신발 냄새를 맡는다 할지 혹은 신발을 훔쳐 사정을 해놓은 사례들도 있었다.[25] 신발에 술을 따라 마신 전족주가 있었는데 그 대표적인 사람이 서문경이다.[26]

이러한 남성의 변태심리는 여성을 억압하면서 더욱 쾌감을 느끼게 한다. 전족을 만들기 위하여 고통스러워하는 여성들의 모습과 뒤뚱뒤뚱 걷는 그들의 모습에서 중국 남성들의 연민과 쾌감을 자아내게 하는데 관한경(關漢卿)의 ≪규원가인배월정(閨怨佳人拜月亭)≫은 이를 잘 반영해 준다.

> 한걸음 떼어놓고 한숨 한 번 쉬고
> 두 걸음 떼어놓고 눈물 가득 흐르네.
> 비 한 방울에 슬픈 눈물 한 줄기
> 바람 한 바탕에 긴 한숨 한번.[27]

쓰러질 듯 쓰러질 듯 뒤뚱거리는 중국여성의 가련한 모습은 중국 남성들의 동정을 자아내게 하는 한편, 남성들에게 커다란 새디즘sadism의 쾌감을 안겨준 것 같다. 남성들의 변태심리를 충족시켜 주기 위해 전족을 한 여자들 또한 어느덧 매조키

25) 어떤 사람은 전족을 찻물에 담가서 그 찻물을 마셨다고도 한다. 劉達臨 著, ≪中國性史圖鑑≫, 長春, 時代文藝出版社, 2003, 223쪽.

26) 서문경은 ≪金瓶梅·西文慶買囑何九≫에서 반금련의 꽃으로 수놓은 신발을 벗겨서 손위에 올려놓고 술을 따라 마신다.

27) 關欣來 輯校, ≪關漢卿集≫, 山西人民出版社, 1996, 246쪽.

즘masochism의 노예가 된다. '썩지 않으면 작아지지 않고, 썩을수록 잘 되는' 작은 발, 이 발은 남자의 성적 욕망을 위하여 이렇게 희생되었던 것이다.

여성의 작은 발이 왜 일종의 '성감대'로 성욕을 자극하는지에 대하여 중국과 외국 학자들이 생리적 측면에서 연구한 적이 있다. 일본 학자들은 전족을 한 후 잘 걷도록 하려면 허벅지와 골반의 근육이 항상 긴장해야 하므로 음부의 근육이 비교적 팽팽하게 되어, 성관계를 가질 때 처녀와 성관계를 갖는 느낌이 있다는 사실을 발견하였다.[28] 청말 중국학자 고홍명(辜鴻銘)은 '발을 감싸면 피가 위로 흘러 엉덩이를 풍만하게 하여 성적 매력을 낳는다'고 했다.[29]

이로 보면 서양의 하이힐이나 일본의 다비 또한 모양은 달라도 그 기능은 같다고 할 수 있다. 늘씬한 몸매를 자랑하는 금발 미인이 하이힐을 신고 걷는 모습이나 하얀 다비를 신고 인형처럼 걷는 일본 여성, 전족을 신고 아기처럼 뒤뚱거리는 모습은 모두 남성들에게 좋은 눈요기 감이며, 그들의 성욕을 한층 더 돋구었던 것이다.

또한 심리적 차원에서 이를 살펴보면 겹겹으로 쌓인 전족이 신비감을 자아내게 했고 그로 인하여 성적 욕망을 더욱 증폭시켰다고 볼 수 있다. 우리 속담에도 말(馬)처럼 "발목이 가늘어야 정력이 좋다"는 말이 있는데, 이는 "발이 작을수록 성욕이 강하

---

28) 劉達臨 저, 강영매 역, 앞의 책, 338쪽.

29) 위와 같음.

다"는 어느 중국지방의 속담을 상기시킨다. 그러나 이러한 말들은 모두 의학적, 생리학적으로 입증할 만한 증거가 없다. 다만 발과 발목이 작고 가늘수록 성행위를 할 때 힘이 골반에 모이고 발을 위로 들어 올려 테크닉을 자유스럽게 구사할 수 있으니 이를 두고 정력이 세다든지 성적 매력이 있다는 말이 나올 법하다. ≪금병매≫에서 왕노파의 매개로 간통이 이루어져 서문경과 반금련이 처음 사랑을 나누는데, 다음과 같은 장면은 이를 잘 반증해 준다.

> 원앙새가 물을 희롱하는 듯하고 목을 맞댄 원앙이 물위에서 노니는 것 같다. 자자(孜孜)한 기쁨은 연리지(蓮理枝)를 낳고 아름답고 달콤한 마음의 띠를 만든다. 한 사람은 붉은 입술을 꼭 다물고, 다른 한 사람은 가는 듯한 눈을 가물가물 뜬다. 비단 버선을 높이 쳐드니 어깨 위로 자그마한 두 발이 나타난다. 금비녀는 옆으로 떨어지고 배게 위에 검은 머리카락이 쌓인다. 바다에 다짐하고 산에 맹세하며 수없이 흔들며 분탕질을 해댄다.[30]

여자의 작은 다리를 남자의 어깨 위로 가볍게 올려놓고 자유자재로 테크닉을 부리며 섹스 행위를 하는 모습임을 알 수 있다.

이렇듯, 겹겹이 헝겊으로 싸인 작은 발을 이름깨나 있는 문인들이 아름다운 미사여구로 칭송하여 놓았으니, 가히 전족은 에덴동산의 사과처럼 유혹적이었을 것이다. 세계 어느 문학에서도

30) 소소생 저, 조성출 역, 앞의 책, 90-91쪽.

찾아볼 수 없는 전족에 대한 찬미와 묘사는 봉건중국의 성문화를 한 눈에 볼 수 있게 해주며, 중국문학만이 누리는 독특한 소재거리이다.

4. 나가는 말

'삼촌금련'은 식인의 역사가 만들어 낸 기괴한 중국 봉건문화의 상징물이었다. 건강하고 자연스러운 발(天足)은 홀대받고 기형적인 전족이 미인의 발로 찬사를 받았으니 이는 한마디로 중국봉건 사회가 얼마나 비이성적이고 광적인 사회였는가를 잘 보여주는 단면이라 하겠다.

고대에서 현대에 이르는 중국 역사는 여성이 억압당하고 착취당한 '여성의 잔혹사'라고 말해도 과하지 않다. 고대 중국에서 여성의 결혼이란 또 하나의 노동력을 얻는 것이자 성적 대상물을 얻는 것으로 이용되었다. 귀족계층의 정실을 제외한 첩과 중인, 천민, 노예계층의 여성들은 인간 대접을 받지 못하였다. 그들은 남성중심의 지배계층의 성적 노리개이자 그들을 위하여 봉사하는 牛馬로 취급되었다. 봉건 중국에 있어 여성의 비극이란 남성 중심의 사상과 부권(父權), 부권(婦權), 족권(族權), 신권(神權)의 교합작용 그리고 봉건예교의 교조주의적인 정조관과 남성들의 병태적인 심미관으로부터 산생된 것이다.

전족은 이러한 중국문화의 총체적인 모순을 극명하게 보여주는 상징물이자 중국 여성 잔혹사의 증거물이다. 전족은 송대에 들어와 흥성하게 되는데 이러한 원인은 앞에서 살펴보았듯이 봉건예교를 수호한 봉건 도학자들과 이를 찬양한 문인들과 밀접한 관계가 있다. 전족을 찬양한 수많은 문인들이 거의 남성들이며 지배계층이었다. 그들은 여성을 장악하기 위하여 공개적 혹은 내재적으로 그 논리적 근거를 제공하였다. 지배계층과 남성이 만들어 놓은 덫에 걸린 중국 여성들은 그 자신들이 전족을 더욱 사랑하게 되었으며, 그것을 성적 도구로 삼기에 이르러 탈출할 수 없는 블랙홀에 빠져 버리게 되었던 것이다.

청말에 와서 의식있는 황제와 몇몇 사람들이 전족의 폐지를 주장하였지만[31] 그들조차 전족을 가진 여자를 몰래 감춰두고 사랑했다하니, 전족 문화가 중국 성문화에 얼마나 깊이 침투해 들어갔는지 알 수 있다.

성에 대한 인간의 욕망은 고대로부터 현대에 이르기까지 변함이 없다. 또한 그 다양한 성문화를 하나의 잣대로 긍정하거나 비판할 수만은 없다. 정상체위만이 올바른 인간의 성교형태로 취급받던 것이 이제는 어떤 형태의 체위든지 자유스럽게 거론되고 있다. 우리나라의 경우 동성동본의 결혼이 용인되고 유럽에서는 동성애가 점차 그 권익을 찾아가고 있다. 프랑스의 철학자 자크 데리다는 현행 일부일처제 결혼제도를 부정하며 그 대안으로 '시민결합union civil'[32]을 내놓기도 했다. 그러나 이 같은

31) 청대의 건륭황제나 홍수전, 강유위 등은 전족폐지를 주장하였지만 전족을 한 애첩을 몰래두고 살았다 함.

32) 데리다는 결혼이란 개념의 모호함이나 종교적 위선을 없애는 대신 강제되지 않은 여러 섹스파트너들 사이의 유연한 규약, 즉 계약적인 '시민결합'

다양한 변화의 흐름 속에서도 신체의 일부분을 가혹하게 변형시키는 광기의 사랑만은 지역과 시대를 초월하여 이해할 수 없는 일이다. 어떠한 이데올로기도 인권에 반한 것은 수정되어져야 할 것이며, 그것이 인간의 '이성' 세계일 것이다.

이성을 압도한 '광기의 사랑'이 가득 찼던 봉건 중국, 그러나 21세기의 신중국은 이미 세계 최첨단의 서구 자본주의 흐름을 받아들이고 있다. 이제 중국여성은 더 이상 봉건문화의 피해자가 아니다. 남성들에게 지배받고 성적으로 희롱당하는 피동적 존재가 더 이상 아니다. 그들은 전족을 훌훌 벗어 던져 버리고 자신들의 권익을 당당하게 찾아가고 있다. 심지어 거리에서도 공공연하게 성을 매매하며 자신의 욕구를 마음대로 표현할 수 있는 성 개방시대를 맞이한 중국 여성들, 지금 그들의 주변에는 또 어떤 다른 광기의 사랑이 어른거리고 있는지?

을 제시했다.

노신과 이광수 문학의 여성주의 비교

1. 들어가는 말

노신과 이광수의 문학은 여러 각도에서 다양한 연구가 진행되어 왔다. 이 두 작가는 각각 중국과 한국의 현대문학의 정립기에 주도적 위치를 차지하고 있어, 문학연구가라면 누구나 한 번씩은 건너야할 아포리아라 하겠다. 더욱이 한·중 양국의 현대문단 초기에 거대한 족적을 남긴 이 두 작가는 서로 많은 유사성을 갖고 있어 대단히 흥미롭다.

노신은 1881년 지주의 집에서 태어났으나 조부의 하옥, 아버지의 병사 등 잇달은 불행으로부터 시작하여 청일전쟁, 의화단사건, 신해혁명, 5.4운동, 3.18사건, 5.30운동, 4.12정변, 만주사변 등 중국 근현대사에 있어서 가장 숨가쁜 격동기를 온몸으로 살다가 산화해 간 사람이다. 이광수 또한 1892년에 태어나 1950

년 6.25사변으로 납북되기까지 한말의 격동기에서 시작하여 일제의 침략, 그 후의 혼란까지 우리 민족의 근대화 과정에서 겪은 혼란기를 모두 겪었다.

그들은 모두 유년시절에 가장을 잃고 불우한 처지에 빠졌으며 이러한 어려움을 극복하기 위해 신학문을 선택했다. 둘다 일본유학을 하였으며 유학 중에 결혼했으나 배우자와 곧장 별거하였다. 두 사람 모두 민중을 계몽하고 이상국가를 건설하기 위하여 문학을 선택했으며, 교사였다는 점, 비슷한 시기에 문단에 데뷔했다는 점(노신은 1918년에 <광인일기>로, 이광수는 1917년에 <무정>으로 데뷔함), 한쪽은 백화문 운동을, 다른 한쪽은 언문일치 운동을 전개했다는 점이 흡사할 뿐만 아니라 그들은 초기에는 프로문학을 반대했으며 사상전변으로 인하여 말년에는 모두 역사소설에 전념했는데, 소설, 시, 산문, 평론, 잡문 등 다양한 장르를 다루었지만 소설에서 가장 큰 성과를 거두었다는 점에서도 일치를 보여주고 있다.

본 연구는 이러한 유사점에서 출발하여 페미니즘[1] 관점에서

1) 근래에 들어 국내에서 페미니즘에 관한 담론이 급속히 증가하고 있으며 페미니즘 입장에서 중국문학작품을 분석한 연구자료들도 점차적으로 증가하고 있다.(김경수 외, ≪페미니즘과 문학≫ (서울: 문예출판사, 1988), 이창순 외 편역, ≪페미니즘과 포스트모더니즘의 만남≫ (서울: 한울, 1997), 이정호 저, ≪페미니즘문학론≫ (서울: 한국문화사, 1996), 한국여성소설연구회 지음, ≪페미니즘과 소설비평(근대편)≫ (서울: 한길사, 1995), ≪페미니즘과 소설비평(근대편)≫ (서울: 한길사, 1997), 조경희의 <魯迅 전기문학에 나타난 여성관> (≪중국어문논총≫ 9집, 1995), 최용철의 <홍루몽의 여성존중 의식연구> (≪아세아여성연구≫ 35집, 숙명자대학교, 1996), 고문희의 <홍루몽에 대한 페미니즘적 고찰>, (≪중국어문논총≫ 12집,

그들의 문학을 비교, 고찰하고자 한다. 노신은 중국에서 문학가이자 사상가, 혁명가로서 최고의 찬사를 받아왔기에 그의 문학에 대한 연구는 양적으로나 질적으로 대단한 상태이다. 그럼에도 불구하고 그의 문학을 최근에 제기되고 있는 페미니즘 관점에서 조망한 연구는 거의 보이지 않는다. 이광수의 문학적 업적은 노신의 것과 비견할만 하지만 사상의 훼절로 인하여 평가절하되어 있다. 또한 그의 문학에서 여성은 빼놓을 수 없는 제재임에도 불구하고 페미니즘 관점에서 접근한 연구는 많지 않다.

더구나 노신과 이광수의 문학을 직접 비교 연구한 사례는 거의 전무한 상황으로, 국내의 경우, 소개차원에 지나지 않는 한편의 자료뿐이다.[2] 이 두 작가의 개인사와 작품면에서 페미니즘을 중심으로 비교, 고찰할 수 있는 많은 여지에도 불구하고 그러한

1997.6), <정령의 여성주의 문학> 등을 들 수 있다.

2) 李光洙에 관한 연구 또한 魯迅에 비견할 수는 없지만 다른 작가에 비한다면 여러 방면에서 많은 연구가 되었다. 대표적인 연구결과물만 소개해보면 김윤식의 <李光洙와 그의 시대>, 조연현의 <李光洙論>, 백철의 <춘원의 문학과 그 배경>, 안병욱의 <李光洙의 민족개조론>, 이영희의 <춘원의 역사소설고>, 정은숙의 <춘원과 동인의 작품상에 나타난 여성관>, 구인환의 <李光洙 小說研究≫, 김동인의 <춘원연구≫, 김현의 <李光洙≫, 한국문학연구총서인 <최남선과 李光洙의 문학≫ 등을 들 수 있다. 車相轅의 <한·중신문학운동의 비교연구>, 胡啓建의 <한·중양국의 근대초기문학 비교연구>, 金允植의 <근대문학에 있어서 한·일·중 삼국의 관계검토와 그 문제점>에서는 魯迅과 李光洙에 대하여 부분적으로 언급하였을 뿐 작품을 직접적으로 비교, 분석하지 않았으며 단지 문제를 제기하는데 그치고 있다. 유여아씨의 논문 <魯迅과 春園의 比較研究>에서는 魯迅과 李光洙의 작품을 분석하였지만 두 사람의 작품을 종합적으로 비교 분석하지 않고 따로 따로 분석하여 본격적인 비교 연구라기보다는 두 작가의 특징을 나열한 듯한 그 한계점을 드러내고 있다.

시도가 이루어지지 않는 것이다.

본 연구는 노신의 작품 중 여성을 소재로 한 <상서>, <이혼>, <축복>, <내일(明天)>, <행복한 가정> 등을 연구범위로 삼았다. 이광수의 경우, 연령에 따라 그의 사상변화가 뚜렷이 나타나 있는 바, 35편의 장편 중 여성문제를 보다 적극적으로 다루었다고 생각되는 작품들을 제한적으로 선택하여 연구대상으로 삼았다. 민족의식을 강조하고 있는 초기작품에서는 ≪무정≫을, 그리고 ≪재생≫을 지나 ≪군상≫ 삼부작 중 ≪혁명가의 아내≫를, 후기 작품에서 ≪흙≫, ≪그 여자의 일생≫ 등이 그것이다. 먼저, 제2장에서는 작품과 잡문들을 통해 드러난 두 작가의 여성관[3]을 살펴본다. 그들은 똑같이 남녀평등, 자유연애, 자유결혼, 여성해방, 개성해방을 부르짖었으나 작품에는 서로 다른 양상으로 나타난다.

제3장에서는 그 여성관의 차이를 작품을 통해 구체적으로 추적해 본다. 두 작가의 여성관이 어떠한 형태로 형상화되었는지, 두 남성 작가가 보여주는 여성주의의 면모와 한계는 어떠한 가를 살펴보고자 한다.

노신과 이광수는 동시대에 비슷한 환경에서 성장하고 공부하였지만 서로 영향을 주고 받은 증거가 없다. 그러므로 그들을

3) 본고의 논제가 <魯迅과 李光洙 문학의 페미니즘 비교>이기는 하나, 페미니즘과 페미니즘 문학비평이론을 분석의 틀로 삼지는 않았다. 페미니즘 논의는 서양에서 진행된 성과이므로 아무리 '여성'을 범역사적으로 논한다 하더라도 그들의 경험을 바탕으로 하고 있기 때문에 중국문학에 대입하기에는 문제가 있다고 생각되기 때문이다.

서로 연결시켜 영향관계를 찾아 이해하기는 어렵다. 본 연구는 그들의 유사성에서 출발한 만큼, 공통된 테마를 찾아 두 작가의 작품들을 계층별, 주제별로 묶어 비교 고찰하여 귀납적으로 분석하고자 한다.

2. 여성관 비교

1) 노신의 여성관

노신은 어렸을 때부터 많은 여성들이 갖가지의 고난 속에서 살아가는 것을 목도하면서[4] 자랐다. 더 나아가 봉건제도의 피해자인 본부인 주안(朱安)을 평생 지켜 보면서 살아갔던 노신은 누구보다도 중국 여성 문제에 대하여 지대한 관심을 가졌다. "나는 중국의 여인들이 어떻게 억압을 받았는지 기억한다. 어떤 때에는 짐승보다 더 못하게 대접을 받았다."[5]라고 밝힌 바와 같이 노신은 중국 여인들이 감수해야 하는 억압을 가슴 깊이 인식하

4) 절강일대에 유행한 白蛇 아가씨의 이야기는 魯迅의 어린 마음에 깊은 인상을 심어놓았다. 일본 유학시기에 그는 秋瑾 등이 조직한 "天足會"에 커다란 지지를 보냈고 선진의학으로 전족을 한 부녀의 고통을 없애주자고 하였던 것이다. 교육계에 있었을 때, 봉건 복고주의자들이 머리를 짧게 자르는 여학생을 제적시키자 항의를 하고 제적당한 사람들이 입학할 수 있도록 보증까지 섰다.

5) <忽然想到>, ≪華蓋集≫, ≪魯迅全集≫ 3卷, ≪魯迅全集≫은 1938년 魯迅先生記念委員會(20卷), 1956년-1958년 人民文學出版社(10卷), 1981년 人民文學出版社(16卷), 1989년 1981년판의 再版 등 네 차례에 걸쳐 간행되었는데, 본서에서는 人民文學出版社 1989년 판을 低本으로 삼았다. 60쪽.

고 있었으며, 그 원인을 봉건제도와 봉건문화에서 찾았다.

그래서 노신은 여성을 억압하는 사회제도와 문화를 다음과 같이 비판하면서 사람이 사는 참 세상이 되기 위해서는 억압구조인 봉건제도와 봉건문화를 타파하여야 한다고 역설하였다.

> "하늘에는 10개의 태양이 있고 사람에게는 10등급의 계층이 있다. …대(臺)만이 신하를 갖고 있지 못하다니 불쌍하지 않을까 하고 생각할지 모른다. 하지만 걱정할 것이 없다. 더욱 지위가 낮고 힘이 약한 자식을 거느리고 있으니까. 또 아들에게도 희망이 없는 것이 아니다. 성인이 되어 '대'로 승격하면 자기보다 지위가 낮고 힘이 약한 아내나 자식을 턱으로 부리는 신분이 되기 때문이다."[6)]

봉건사회에서는 상층계층을 제외한 모든 사람들이 억압받는 소외계층들이었으며, 특히 여성이야말로 가장 많은 억압을 받았다. 여성은 남자의 성의 노예로, 아이를 낳는 공구로 간주되었으며, 여자를 불길한 징조의 상징물로 여길 정도로 여자를 핍박하였다. 일찍이 문인들은 안록산(安祿山)의 난이 일어난 죄를 양귀비에게, 주조(周朝)가 멸망하게 된 죄를 포사(褒姒)에게, 은나라가 멸망한 원인을 달기의 책임으로 돌렸다. 이들이 중국 역사상 실제 인물이었는지, 또 황제의 권한이 지고무상한 남성주의 사회에서 한 여자가 황제의 권한을 초월하여 국가의 흥망을 결정

---

6) <燈下漫筆>, ≪墳≫, ≪魯迅全集≫ 1卷, 北京, 人民文學出版社, 1989, 215-216쪽.

할 수 있었는지는 사실 의구심이 든다. 노신은 이점을 <아금(阿金)>에서 다음과 같이 예리하게 지적하였다.

> "나는 줄곧 소군(昭君)이 변방에 나가 한나라를 편안하게 했고 목란(木蘭)이 종군하여 수(隋)나라를 구했다는 말을 믿지 않는다. : 또한 달기가 은나라를 망하게 하고 서시(西施)가 오(吳)나라를 구렁텅이 빠지게 하며 양귀비가 당나라를 어지럽게 하였다는 낡은 말을 믿지 않는다. 나는 남자 중심사회에서 여인들이 이러한 커다란 역량이 있을 것이라 믿지 않는다. 흥망의 책임은 마땅히 남자가 지어야 한다. 지금까지 남성 작가들은 패망의 죄를 여인에게 돌렸는데 이것은 일전의 가치도 없는 별 볼일 없는 남자들이다."[7)]

남자의 사유재산과 수단에 불과한 여성들이 혼인에 있어서 자주적인 발언권을 갖지 못함은 지극히 당연했다. "봉건사회에서 남자들은 여자 포로와 여자 노예를 마음대로 강간할 수 있었다."[8)]고 노신이 지적한 바와 같이, 봉건제도하의 남자들은 영원히 살아있는 재산을 얻게되고, 신부는 신랑의 침대에 놓여있게 될 때, 단지 의무만 있을 뿐 연애할 자유도 없게 된다. 사랑하든 그렇지 않든 간에 주공(周公)과 공자, 성인의 이름아래 평생토록 정조를 지켜야 하는 것이다.

그렇다면 이렇게 억압된 봉건제도와 봉건문화를 깨뜨려 여

---

7) <阿金>, ≪且介亭雜文≫, ≪魯迅全集≫ 6卷, 201쪽.

8) <男人的進化>, ≪僞自由書≫, ≪魯迅全集≫ 5卷, 283쪽.

성을 해방시키려면 어떻게 해야 하는가? 노신은 진정한 해방을 위해서는 여성도 남자와 동등한 경제권을 가져야 한다고 주장한다.

<노라는 가출하여 어떻게 되었는가?>에서 노신은 여성들의 경제권에 대해 설득력있는 견해를 펴고 있다.

> "그러므로 노라를 위해서는 돈- 고상한 말로 하면 경제인데 그것이 가장 중요합니다. 물론 자유는 돈으로 살 수 있는 것이 아닙니다. 그러나 돈을 위해 팔 수는 있습니다. 인류에겐 하나의 커다란 결점이 있습니다. 끊임없이 배가 고파진다는 것입니다. 그 결점을 보완하기 위해서 … 경제권이 가장 중요한 존재로 떠오르게 됩니다. 따라서 첫째로 가정 안에서 먼저 남녀균등의 분배를 취하는 일입니다. 둘째로 사회에서 남녀평등의 힘을 얻는 것이 필요합니다. 하지만 유감스럽게도 그 힘을 어떻게 하면 획득할 수 있느냐는 것을 나는 모릅니다. 그 또한 투쟁해서 얻을 수밖에 없다는 것을 알고 있을 뿐입니다. 그리고 그렇게 하기 위해선 참정권을 요구하는 일보다도 훨씬 격렬한 투쟁이 필요할 것이라는 생각이 듭니다. …
>
> 전투란 바람직스런운 일이 아니며 우리는 누구에게나 전사가 되라고 말할 수도 없습니다. 그렇다면 평화적인 방법도 중요한 셈입니다. 그 평화적인 방법이 무엇이냐고 하면 앞으로 친권을 사용해서 자신의 자녀를 해방하는 것입니다."[9)]

9) <娜拉走後怎樣?>, ≪墳≫, ≪魯迅全集≫ 1卷, 161쪽.

현존하는 사회 조건하에서는 무엇보다 우선 여성도 남자처럼 경제권을 얻어야 한다는 것이다. 그렇지 않으면 노라는 가정을 뛰쳐나왔지만 결국 타락하던지 아니면 돌아올 수밖에 없을 것이라는 것이다.

이같은 노신의 견해는 분명 정확한 진단이기는 하나 여성이 어떠한 경로를 통하여 경제권을 획득할 수 있는가에 대한 관점은 모호하였을 뿐만 아니라 구체적인 대안이 없었다. 또한 "친권을 사용하여 자신의 자녀를 해방시켜야 한다.", "친권을 사용하여 자녀들에게 재산을 균등하게 분배해야 하며 그들이 평화롭게 충돌없이 동등한 경제권을 얻어야 한다."는 등의 견해도 체계화된 인식은 아니었다.

그러나 평생동안 여성이 남성과 똑같이 평등하기를 요구하였던 노신은 여성의 평등한 지위를 다음과 같이 거듭 소망했다.

> "그러므로 일체의 여자들이 만약 남자와 동등한 경제권을 얻지 못한다면 나는 그것은 좋은 명목에 지나지 않으며 모두 헛된 말이라고 생각한다. 자연히 생리적으로나 심리적으로 남녀는 차이가 있는 것이다. : 즉 동성간에도 서로 차이를 면할 수 없는 것인데 지위가 동등해야 한 것이다. 지위가 동등해진 후에야 비로소 진정한 여성과 남성이 있게 되고 비로소 탄식과 고통을 사라지게 할 수 있는 것이다."[10)]

10) <關於婦女解放>, ≪南腔北調集≫, ≪魯迅全集≫ 4卷, 598쪽.

그리하여 노신은 여성들이 진정한 해방을 원한다면 잠시 동안의 위치에 만족해서는 안되며, 끊임없이 사상을 해방하고 경제권을 위해서 투쟁할 때 진정으로 남녀평등이 이루어지며 사회의 해방과 함께 여성의 해방이 올 수 있다고 강조하였다. 그러나 노신은 이에 대한 구체적인 방안을 더 이상 마련해놓지는 못했다. 여성의 해방과 경제권의 확립, 봉건문화의 타파, 이 모든 것이 가능하려면 무엇보다도 먼저 기득권을 지니고 있는 남성의 절대적인 노력, 협조없이는 불가능한 것이다.

2. 이광수의 여성관

노신이 여성을 봉건제도의 희생물로 보았다면, 李光洙는 여성을 유교의 인습, 특히 정조관의 희생물이라는 보다 구체적인 문제에서 접근하였다. 유교의 생활이란 가족간의 애정이 없는, 단지 의무만을 강요하는 도덕률의 생활이라고 생각하면서, 이를 망국의 원인으로 여겼던 이광수는 봉건가정을 개혁하는 일이 급선무라고 생각하였다.

> "자래(自來) 유교풍의 조선의 부부제도의 결함의 요점은 남존여비, 친권(親權)의 절대형식주의, 개인의 행복의 무시, 애경(愛敬)을 혼인의 근본요건으로 아니한 점입니다. 그외에도 애경을 혼인의 근본 요건으로 아니한 것이 최대의 결합이니, 자래 조선부부간의 비극과 죄악은 실로 十의 九는 此에서 발한 것이외다."[11]

조선의 결혼생활을 이렇게 진단한 이광수는 그 밖에 <조혼의 악습> (1916), <자녀중심론> (1918), <여성교실> (1936) 등등에서 형식주의적 혼인과 가족제도를 비판하면서 사랑과 부부중심, 그리고 사랑에 의한 자녀교육을 제창하였다. 특히 李光洙는 그릇된 정조관의 오류를 다음과 같이 재차 강도 높게 지적하였는데 정조는 그의 소설을 이해하는데 중요한 실마리이다.

> "혼인은 일종의 계약이외다. 계약은 그 원인이나 당사자의 일방이 소멸할 것이외다. 혼인은 쉽게 말하면 '같이 살자'는 계약이외다. 이미 같이 살자 하였으니, 양편 중에 한편이 죽어 같이 살지 못하면 당연히 그 계약을 소멸할 것이외다. 고래로 남자에게는 이 진리를 적용하면서 여자에게는 적용치 아니함은 (그 이유가 아마 자녀를 양육함에 있으려니와) 옳지 아니하다 합니다. 그러므로, 정조는 부부 쌍방이 생존하는 동안에 논할 바이요, 일방이 사거(死去)하거나, 또는 혼인한 뒤에는 논할 바 아니라 합니다. 그러니까 처가 죽은 후에 부(夫)가 자유로 재혼할 수 있음과 같이 남편이 죽으면 처는 자유로 재가할 수 있을 것이외다."[12]

위와 같이 전통적인 정조관을 통렬하게 비판하고 나선 이광수의 사상은 변혁기의 선각자로서의 생활의식을 잘 보여줌과 동시에 그에 대한 페미니스트로서의 접근을 가능케 해준다. 그러나 이와같은 '신정조관'이 자신의 소설에서 체현되고 있는 과

---

11) <新生活論>, 每日新報, 1918, 9.6-9.10, 위의 책, 337쪽.
12) <婚姻論에 대한 管見>, 學之光 12號, 1917.4. 위의 책 46-47쪽.

정은 상당히 혼돈스럽게 드러나고 만다. 이광수 소설의 대부분은 주인공이 신여성들인데 거의 전통적 정조관의 희생물들이다.

예컨대, ≪흙≫의 정선이나 ≪재생≫의 순영, ≪그 여자의 일생≫의 이금봉 등은 모두 당시 최고의 고등교육을 받은 인텔리 여성들로 전통적 정조관의 희생물들이다. 그들은 삶을 주체적으로 살아갈 수 있었으며 진정으로 여성해방과 개성해방을 할 수 있었다. 그러나 그들은 모두 현실과 타협함으로 말미암아 비극적 결과를 맞이하게 된다.

> "정선은 정조에 대하여 일시 퍽 너그러운 생각을 품었던 일이 있다. 그것이 아마 시대사조라는 것인지 모른다. 그러나 다리를 자르고 여러 달 동안 가만히 누워서 안으로 스스로 살펴보면 볼수록 제가 한 일은 죄였다. 남편을 둔 아내가 다른 사내를 가까이 하는 것은 아무리 생각하여도 양심이 허락하지를 아니하였다. 게다가 뱃속에 그 죄의 증거가 날이 갈수록 달이 갈수록 자라는 것은 마치 정선의 죄를 벌하는 하느님의 뜻인 것 같았다.[13]

여기에서 이광수는 봉건유교문화의 정조관을 비판하고 있다기보다는, 타락한 시대풍조 속에서 정조관념을 잃어버린 정선으로 하여금 자신의 탈선을 명백히 죄로 인식하게 함으로써 여성의 정조관념의 중요성을 역설적으로 주장하고 있는 것이다.

---

13) ≪흙≫, ≪春園文學≫ 8권, (서울 : 도서출판 성한, 1985), 350-351쪽 ≪李光洙全集≫은 우신사, 삼중당, 도서출판 성한 등에서 간행되었는데, 본서에서는 도서출판 星韓 1985년 판을 저본으로 삼았으며 없는 부분은 삼중당에서 간행된 ≪李光洙全集≫ 10卷을 참조하였다.

이와 같은 춘원의 정조관념은 유순의 형상화에서 더욱 강하게 드러난다.

> "이 남자 저 남자 입맛을 보고 살맛을 보아 물었다 뱉었다 하는 도회 신식 여성과 달라, 유순에게는 허숭은 유일한 남편이요. 남자였던 것이다. … 그가 조선의 딸의 맘을 그대로 지니지 아니하였다 하면, 그가 도회적, 이른바 신식여자라 하면 울고 원망하고 미쳐 날뛰고 혹은 서울로 달려 올라가 허숭의 결혼식에, 또는 가정에 한바탕 야료라도 하였을 것이다. 그러나 유순은 가슴에 어이는 듯한 아픔을 품고도 겉으로는 아무 일도 없는 듯한 태연한 태도를 가졌다."[14]

이와 같이 작가는 전통적인 열녀의 본을 따르려는 유순을 통하여 엄격한 정조관념과 인내력을 가진 한국의 전통적인 여성상을 긍정적으로 평가하는 한편, 도회의 신식여성을 정조관념이나 인내력이 희박하다고 비판하고 있는 것이다.

> "순은 한갑에게 시집을 온 것은 숭을 위함이었다.… 순은 한마디도 남편에 대한 불평을 입밖에 내려고 아니하였다. 끝까지 숭에게 대한 자기의 희생을 완성하려고 굳게 결심하였다.[15]

유순은 처음부터 끝까지 허숭에 대한 사랑으로 불행한 일생

14) ≪흙≫, 앞의 책, 84쪽.

15) 위의 책, 382쪽.

을 마친다. 춘원은 한국의 전통적인 가치관을 부정적으로 그렸음에도 불구하고 유순의 비극을 이렇게 자기희생적인 사랑으로 미화시키고 있다. 허숭에 대한 순애만을 관철하는 농촌여성 유순은 엄격한 정조관념과 인내심이라는 한국의 전통적인 여성의 미덕을 가진 여성상으로 나타나는 것이다.

이처럼 작품에서 드러나는 모순성은 이중구조로 싸여있는 이광수(李光洙) 자신의 무의식의 발로라 하겠다. 그의 여성관은 다음과 같은 [신여성의 십계명]에서 보다 구체적으로 나타나 있다.

"1. 건강하도록 위생, 운동, 영양, 생활의 규율에 주의하시기.
2. 조선역사, 조선어, 조선문학, 조선사정, 조선의 장래에 관하여 배우고 생각하시기.
3. 첫사랑은 남편에게 라는 주의를 준수하시기
4. 사치를 엄계하고 一身이나 가정에나 수지예산(收支豫算)을 세워 절약 제일주의를 가지시되, 민족경제에 유의하시 기
5. '우리 것' 주의를 지키시기
6. 내우, 수집음을 던지고 天然한 인격의 계엄을 지니시기
7. 개인생활, 가정생활, 사교생활, 단체생활, 기타에 개선을 염두에 두어 날로 때로 향상의 노력을 쉬지 마시기
8. 신문, 잡지, 서적을 보시기
9. 처녀여든 배우자 선택에, 아내여든 일하는 남편에 정신적 협조를 주시기에 힘 쓸 것
10. 젊은 여성은 가정과 그 몸이 있는 곳에 평화와 빛을 주는 것이니 천부의 성직이니, 항상 유쾌와 자애와 겸손의 덕을 가지고 분노, 질책(叱責), 질투, 투쟁의 형상을 보이지 마시기"[16]

이와 같은 <10계명>이 이광수 시대의 이른바 신여성들에게는 꽤 호소력을 가졌으리라 여겨진다. 그러나 여기서 특히 3항, 10항에 유의한다면, 그의 작품에서 드러나는 여성관의 한계성과 모순성은 전혀 엉뚱한 결과라고 할 수 없다. 여기서 더 나아가 우유부단하고 이기적인 남자 주인공들의 모순된 의식 또한 자연스러운 출현이라 하겠다.

> "형식은 영채에 대하여 갑자기 싫은 마음이 생긴다. 저 계집이 이때까지 누군지 알 수 없는 수없는 남자에게 몸을 허하지 아니하였는가. 지금 자기 신세 타령을 하는 저 입으로 별의별 더러운 남의 입술을 빨고, 별의별 더러운 남의 마음을 호리는 말을 하던 입이 아닌가. 지금 여기 와서 이러한 소리를 하고 가장 얌전한 체하고 눈물을 흘리는 것은 육칠 년 전의 애정을 이용하여 나를 휘어넘기려는 휼계(譎計)가 아닌가."[17]

이와 같이 ≪무정≫의 이형식의 경우, "정조는 여자의 생명의 전체가 아니다"라고 말하면서 영채에 대한 그의 태도에서 볼 수 있듯이 실제로는 처녀성을 중시하는 것이었다.

또한, 영채의 시체를 찾으러 간 마당에 계향이라는 기생으로 인하여 즐거움을 얻었다는 것이나, 여자가 무엇을 생각하며, 어떤 인생관을 가진 어떤 인물이란 것을 생각지도 않고 외모와 재

16) <新女性十戒銘>, 萬國婦人, 1932.10, ≪李光洙全集≫ 8卷(三中堂), 607쪽.

17) ≪無情≫, ≪春園文學≫ 1卷, 34쪽.

산같은 외적인 조건만으로 선형과 결혼한 점 등은, 형식에게서 선구자적인 사상과 인류애를 발견하기보다는 남성위주의 유교적 도덕에 대한 향수가 그의 가슴 밑바닥에 커다란 비중을 차지하고 있음을 짐작할 수 있다. 그의 양심은 유교적인 도덕률에 대한 향수로써 합리화할 수밖에 없었던 것이다.

≪흙≫의 허숭의 경우도 마찬가지이다. "농민 속으로 가자"는 이상을 가진 그는 평소 자기희생의 정신을 주장하고, 이기주의, 지방경시의식, 계급의식 등을 비판하였다. 그러나 그는 서울의 양반집 딸인 정선의 미모와 재산에 끌려, 유순을 버리고 정선과 혼인하는 등 그의 이상이나 주장과는 모순된 행동을 한다. 그리고 자신은 정선이나 유순에 대하여 배신행위를 하면서도 그의 정선에 대한 태도에서 볼 수 있듯이 사랑하는 여성에게는 엄격한 정조관념을 요구하고 있다. 이같은 남성의 이중구조에 의해 ≪흙≫에 등장하는 여성인물은 거의가 철저한 정조관념을 가지고 있음을 볼 수 있다. 정선의 탈선은 아이의 잉태와 함께 양심의 가책, 자살로 이어지며, 결국 죽지도 못한 채 병신이 된다. - 정선은 한 번의 실수로 죽을 때까지 이같은 죄과를 짊어지는데, 왜 이렇게 춘원은 여성에게 필요 이상으로 철저한 정조관념을 부각시킨 것일까? 이는 性의 상품화 측면에서 그에게 붙어있는 '통속소설가', '매문주의자'(賣文主義者) 등의 수식어와 무관하지 않을터이며, 또한 성에 대한 그의 남성중심주의 발단이라 하겠다. 그래서 그는 여성을 항상 사랑과 정조, 한마디로 '남성'이라는 매개체를 통해서만 미화시켰던 것이다.

결국, 춘원은 많은 새로운 사조를 받아들였으면서도 여성에 대해서는 구세대의 유교적 윤리관에 더 집착하는 경향이 잠재되어 있었음을 알 수 있다.

3. 억압과 순응, 저항과 비극

1) 하층민 여성의 수난과 저항

노신이 주로 사회의 저변층을 대표하는 농민이나 하층여성의 삶에 주의를 돌렸다면, 이광수는 도시생활, 특히 신여성에게 주의를 돌렸다. 그래서 이광수의 여성소설의 주인공은 대부분 신교육을 받은 신여성들이다. 하층여성들은 대부분 조연들인데, ≪무정≫의 영채, ≪흙≫의 유순, 한갑 엄마, ≪어느 여자의 일생≫의 금봉 엄마, 홍씨 부인, 손명규 부인, 하숙집 아줌마 등이 그들이다. 물론 노신의 여성소설에 비하면 숫적으로 인물들이 훨씬 많고 다양하다. 그러나 이광수 작품은 노신처럼 이들을 주인공으로 등장시키지 않았고 하층 여성들의 수난과 억압, 고통과 번뇌 등을 다양하게 담아내지 못했다. 단지 신여성인 주인공과 작품의 전체적인 구성을 위하여 조연으로 등장시켰을 뿐이다. 이러한 점은 노신과 이광수가 동일하게 여성문제에 관심을 두었지만 여성문제를 어떻게 상이하게 풀어갔는가를 보여주는 좋은 실마리이다.

불행한 사람들에게서 제재를 취했던 노신은 사회의 하층농민의 생활과 농촌의 여성에게 깊은 관심을 기울였는데 이들은 한

결같이 신문화와 교육의 영향을 조금도 받지 못한 무지 몽매한 여성들이다. 그들은 모든 삶의 의미를 남편이나 아이들, 봉건가정에서 찾는데, <축복>의 상림수가 전형적인 인물이다.

공손하고 과묵한 시골 여인인 상림수는 봉건예교의 신봉자였고 정조 관념이 매우 완고한 여인이었다. 그러므로 그녀는 열살이나 손아래인 남편과 우울한 생활을 보냈던 것이다. 설상가상으로 남편은 죽고 이런 고통스러운 날조차 유지할 수 없게 된다. 사나운 시어머니가 그녀를 팔아넘기려하자 도망쳐 나와 일을 해야만 했다. 그녀가 시어머니에게 잡혀 팔려갈 때 그녀는 필사적으로 몸부림을 치며 울고, 저항하는데 이것은 모두 정조관념에서 나온 행위였다. 포악한 봉건세력의 억압아래 미약한 한포기의 풀에 불과한 그녀는 결국 재가하지만 다시 과부가 되고 아들마저 이리에게 잃고 만다.

> "그녀는 그때는 아무 대답도 하지 않았으나 무척 고민한 모양인지 이튿날 아침 일어났을 때는 두 눈자위가 거무스름했다. …
>
> "상림수, 너에게 묻겠는데 너는 그때 왜 결국 승낙했지?"하고 한 사람이 말한다."
>
> "정말이지 아깝게도 헛부딪쳤지"하고 한 사람이 그녀의 흉터를 바라보면서 장단을 맞춘다.
>
> 그녀는 그들의 웃는 얼굴과 말투에서 자기를 비웃고 있다는 것을 알고 있었으므로 매양 눈을 부릅뜰 뿐 한마디도 대꾸하지 않았으며 나중에는 머리도 돌리지 않았다. …그녀는 단 화젓가락을 만진 것처럼 손을 움츠렸다. 안색도 동시에 잿빛으로 변했다. 다

시는 촛대를 가지러 가지도 않고 실신한 것처럼 서 있었다. 사숙이 분향할 때가 되어서야 가라고 해서 그녀는 비로소 나갔다. 이번의 그녀의 변화는 퍽 큰 것이었다. 이튿날은 눈이 움푹 들어갔을 뿐 아니라 기력마저 아주 없이 보였다. 게다가 몹시 겁보가 되어 깜깜한 밤이나 검은 그림자를 두려워할 뿐 아니라 사람을 보기만 하면 자기 주인일지라도 무서워하는 폼이 대낮에 굴을 나와 돌아 다니는 새앙쥐 그렇지 않을 때는 인형처럼 계속 우두커니 앉아 있었다. 반년이 못 되어 머리털은 반백이 되고 기억력은 더욱 나빠져 심지어 쌀 일러 가는 것도 늘 잊어버렸다."[18]

두 번째 남편이 죽고 다시 식모로 들어간 상림수는 이렇게 질시와 냉소 속에서 결국 정신적 파멸에 이르고 만다. 죄악이 많아 저승에 가서 엄혹한 형벌을 받을 것이라 생각한 상림수는 오랜동안 그녀의 의식을 마비시켜 온 봉건윤리에 순응하여 유마가 속죄의 길을 가르쳐 준 방법대로 문지방에 헌금을 한다. 그러나 돈만 착취당하고 그녀는 비극적인 결말을 맺는다.

동일한 농촌 여성의 수난을 그린 작품으로 <내일>을 들 수 있다. 빈농의 과부 선사부인은 베를 짜서 세살박이 아들을 연명시킨다. 남편이 없는 선사부인에게 있어서 아들은 자신의 삶을 지켜나갈 수 있는 유일한 희망이었다. "자아내는 무명실까지도 한 치 한 치가 모두가 의미가 있었고, 마디마디 모두 살아 있는 것 같았다."[19]즉 아들의 존재가 자신의 삶의 기반이었고, 생활

18) <祝福>, ≪彷徨≫, ≪魯迅全集≫ 2卷, 20쪽.

19) <明天>, ≪吶喊≫, ≪魯迅全集≫1卷, 455-456쪽.

의 원동력이었으며, 더 나아가 자신이 자신임을 인정받을 수 있는 최소권리의 상징이었던 것이다. 그러나 아들은 기대를 저버리고 죽어버린다. 봉건사회에서 아무런 지위도 없는 여성에게는 남편이나 아이가 최대의 희망이라 할 수 있다. 아들이 죽어버리자 재가도 못하는 그녀는 희망을 잃고 결국 삶의 의의조차 상실해버린다. 이렇게 빈농의 여성이 수난을 받게 된 원인이 봉건예교에 있음은 더 말할 나위가 없다. 이것은 선사부인 일 개인의 삶이 아니라 어두운 봉건사회의 전체 빈농여성들의 삶이었던 것이다. 이 작품에서도 노신은 봉건예교의 폐해를 보여주는 데에 각별한 주의를 기울이고 있을 뿐만 아니라 아오(阿五)와 노공(老拱)같은 깡패들 외에 하소선(何小仙)의 봉건문화, 음양오행의 현란한 의술, 봉건경제의 착취, 고리대금의 저당제도 및 선사부인을 둘러싼 냉혹하고 우매한 사회의 분위기를 보여주고 있다.

<이혼>의 애고는 앞의 상림수나 선사부인과는 사뭇 다른 모습의 농촌여성이다. 15살 때 시집을 간 그녀는 선사부인처럼 고독하게 오열하는 모습도 없고 상림수처럼 뼈속 깊이 스며든 고통도 없다. 그녀는 체면있는 여성이었고 위엄있는 아버지도 있었다. 그녀는 향신 가정 안에서 성장하였으므로 말이 능란하고 자신의 마음대로 행동할 수 있었으며 억척스러웠다. 이것은 선사부인과 상림수가 최소한의 생존권리를 박탈당하거나 성실하고 무고한 그들이 침묵 속에 질식되는 것과 비교하면 선명한 대조를 이룬다.

그러나 그녀의 일거수 일투족과 말 한마디, 행동 하나는 모두

부패- 반동적인 질서와 봉건제도와 관련되어 있었다. 애고는 구사회의 무수한 농촌 여인들처럼 봉건시대의 분위기 속에서 자라나 봉건질서와 봉건제도의 반동성 및 부패성을 인식하지 못했다. 그래서 그녀가 사람을 위하여 일을 한다할지 시비를 가릴 때는 여전히 구사회가 기준이 되었고 젊은 남편이 과부와 사통하여 그녀를 버릴려고 할 때도 "나는 전통혼례식에 따라 꽃가마를 타고 온 사람"[20]이라고 주장하였다. 그녀는 매우 억셌지만 유치하였고 확실히 전통혼례와 꽃가마류의 혼인형식을 일종의 숭고한 의식으로 간주하였던 것이다. 상림수나 선사부인보다는 약간 깨어있는 여성이라 할지라도 그녀 또한 여전히 봉건제도의 옹호자였던 것이다. 그래서 그녀는 상류사회의 인물인 일곱째 나으리를 학식과 교양, 예의를 갖춘 정인군자(正人君子)로 간주하였고 그를 찾아가 시비를 가려주기를 원했던 것이다.

그러나 일곱째 나으리같은 도학자는 여성을 천시하는 전형적인 부권주의자였다. 그는 협박으로 그녀를 굴복시키려고 할 뿐, 정작 그녀의 억울함을 풀어주지 않았다. 애고는 결국 그의 위엄 앞에 굴복하고 만다. "이전에는 모두 제가 잘못하여 방자하고 거칠었어요." 그녀는 매우 후회하였으며 "제가 본래 일곱째 나으리의 분부를 들어야 하는데"[21]하고 자신의 굳은 의지를 꺾고 패배하고 만다.

그녀는 비록 날카롭고 억셌지만 자신보다 지위가 높은 일곱

---

20) <離婚>, ≪彷徨≫, ≪魯迅全集≫ 2卷, 150쪽.

21) 위의 책, 위의 글, 157쪽.

째 나으리 앞에서는 마음이 뛰어 어찌할 줄 몰랐다. 이처럼 그녀는 나약하고 곤혹스러워 마지막에는 공손해지고 부드러워졌다. 그녀는 약자에게는 강하였고 강자에게는 약하여 권세나 이익에 따르는 위선적인 모습을 가지고 있었다. 다시 말하자면 봉건가정에서 태어난 그녀의 사상의식은 봉건관념의 영향을 엄중히 받았으며 봉건적인 전통관념이 그녀를 지배하고 있어서 자각적이든 비자각적이든 그녀는 봉건예교의 법률에 의존하였던 것이다.

이처럼 봉건세력과 봉건예교는 상림수, 선사부인 뿐만 아니라 愛姑의 머리를 마비시켰다. 그들은 생활에 대하여 어떠한 희망도 없었고 노예같은 평온한 생활도 할 수 없었다. 잡히든지, 팔리든지, 버림을 받던지 봉건적인 악마의 손은 시시각각으로 이 선량하고 우매한 영혼을 사로 잡았다. 그들은 자신의 고통의 근원을 알지 못했던 것이다.

이처럼 노신은 하층민 여성의 억압과 수난의 원인을 봉건제도와 봉건예교에서 찾았는데 이 점은 李光洙도 궤를 같이 한다. ≪무정≫에서 영채는 부친에게서 배운 유교적 윤리관으로 인해 비극을 맞는다. 아버지를 구하기 위하여 자신의 몸을 판다할지 아버지가 일찍이 짝지어 준 형식을 만나기 위하여 모든 인생을 건다든가, 혹은 잃어버린 정조때문에 자살소동을 일으키는 것 등은 모두 봉건예교의 폐해라고 할 수 있다.

영채는 옛말을 생각하였다. 그때 아버지께서 제몸을 팔아 그

돈으로 그 아버지의 죄를 속한 옛날 처녀의 말을 들을 제, 아직 열살이 넘지 못하였던 영채는 눈물을 흘리며 나도 그리하였으면 한 일이 있음을 생각하였다. …

내가 이제 옛날 처녀의 본을 받아 내 몸을 팔아 돈만 얻으면 아버지와 오라버니는 옥에서 나오시렸다. 옥에서 나오시면 칭찬을 하시렸다. 세상 사람들이 나를 효녀라고 …(중략) …칭찬하였다.[22]

이렇게, 어린 영채는 오직 옥중에 있는 부친과 형제를 구출하여 효녀라고 칭찬받고 싶은 마음으로 기생이 되고 만다. 그러나 부친과 형제를 구원하지 못하였을 뿐만 아니라, 영채가 기생이 되었다는 말을 들은 박진사는 절식하여 자살을 하게 된다.

또한 영채는 이형식의 은인의 딸로서 어렸을 적 아버지가 막연히 암시해 준 형식을 남편으로 생각하여 형식을 위하여 7년간 정절을 지킨다.

"몸이 팔려 기생 노릇한 지가 이미 육칠년에 여러 남자의 청구도 많이 받았건만 아직 한 번도 몸을 허한 적이 없음은 어렸을 적 소학 열녀전을 배운 까닭도 되거니와 마음 속에 형식을 잊지 못한 것이 가장 큰 까닭이었다. 부친께서 '너는 형식의 아내가 되어라.' 하신 말씀을 자라나서 생각하니, 다만 일시 농담이 아니라 진실로 훗일에 그 말씀대로 하시려 한 것이라 하고 내 몸이 가루가 되더라도 아니 어기리라 하였다"[23]

22) ≪無情≫, ≪春園文學≫ 1卷, 45쪽.

23) 위의 책, 28-29쪽.

이렇게 영채는 형식을 운명적으로 받아들이므로써 자기의 일생을 맡기고자 결심한다. 삼종지도(三從之道)와 칠거지악(七去之惡)을 내세우는 유교제도의 남자본위 사상에 대한 비판의식이 없었던 그녀는 그같은 규범 속에서 남자의 노예에 불과하였던 것이다. 그녀는 여성의 위치를 한 번도 회의적으로 생각해보지 않고 다만 운명으로만 돌려 버리는 구시대 윤리관을 대표하는 여성이었다.

정절에 대한 봉건예교는 더욱 심각하다. 영채는 정절을 잃음으로 말미암아 인생의 지향점을 상실해버리고 자살할 결심까지 한다.

> "이 몸은 옛날 성인과 선친의 가르침을 지키어 선친께서 세상에 계실 때에 이 몸을 허하신 바 선생을 위하여 구태여 이 몸의 정절을 지키어왔나이다. ….
>
> 그러나 이 몸은 이미 더러웠나이다. 아, 아, 선생이시여, 이 몸은 더러웠나이다. 약하고 외로운 몸이 애써 지켜오던 정절은 작야에 수포로 돌아가고 말았나이다. 이제는 이 몸은 천지가 허하지 못하고 신명이 허하지 못할 극악한 죄인이로소이다."[24]

이와 같이 형식에게 남긴 유서에서 볼 수 있는 것처럼 영채가 정절을 생명처럼 중요하게 여긴 것은 바로 옛 성현과 선친의 가르침으로 말미암은 것으로 그 폐해는 노신이 <광인일기>에서

24) 위의 책, 134쪽.

중국의 역사를 '식인의 역사'로 지적한 것처럼 막대한 것이다.

이광수는 ≪흙≫에서도 정절의 폐해를 다음과 같이 더욱 심각하게 지적하고 있다.

> "당신께서도 아시는 바거니와, 우리 동네에서는 아직 한 번 맘으로 허락하였던 남편을 버리고 다른 남자에게로 시집을 간 사람은 없나이다. 내 조고모께서는 사주만 받고도 그 남자가 죽으매 일생을 그 집에 가셔서 늙으셨고, 당신 댁에도 남편이 죽은 뒤에 소상을 치르고는 뒷동산 밤나무 가지 목을 달아 돌아가신 이가 있다 하나이다. 그것을 다 구습이라고 동네에서 말하는 이가 없지 아니하나 어리석은 제 맘은 그 본을 따를 수밖에 없다 하나이다. 부모님께서 정해 주신, 한 번 얼굴도 대해 보지 못한 남자를 위해서도 저를 지키거든, 저와 같이 제 맘을 사랑하고 또 비록 잠시라도 당신의 품에 안겨 본 당신께서 저를 잊어버리신다고 저마다 당신을 잊고, 이 몸과 맘을 가지고 또 다른 남자를 사랑할 생각은 없나이다."[25]

단지 한번 허숭의 품에 안겼다고 해서 평생의 남자로 생각할 만큼 봉건윤리에 철저히 물든 유순은 결국 사랑하는 형식에 의하여 한갑과 결혼하지만 남편의 오해로 임신한 채 죽음을 당한다. 그녀는 구제도의 억압에 의하여 자신이 원하는 길을 선택하지 못하고 사랑하는 사람의 중매로 인하여 죽음의 길로 가게 되었던 것이다.

25) ≪흙≫, 앞의 책, 81쪽.

한편, 유순의 시어머니인 한갑의 어머니는 참으로 운명이 박복하다. 일찍이 친구를 죽인 살인자 남편을 감옥에 보냈던 그녀는 아들 또한 농업기수를 때려 감옥에 들어갔다가 임신한 부인 유순이를 때려 죽이자 자신의 운명을 비관하여 물에 빠져 자살해 버린다.

≪그 여자의 일생≫에 등장하는 기생 출신인 금봉이의 어머니 역시 박복한 운명은 마찬가지이다. 어려서는 가난으로 고생하고, 자라서는 이 사내 저 사내의 놀림감으로 고생했다가 남편을 만났지만, 재산과 청춘을 몽땅 빼앗긴 채 온갖 구박을 받다가 결국 우물에 빠져 자살하게 된다.

병든 손명규 부인은 남편이 의지할 데 없는 여학생을 집안으로 불러들여 농락하는 것을 보면서도 속수무책으로 남편의 횡포를 당하고만 있다.

금봉의 하숙집 아줌마의 인생은 더 한층 비참하다. 남편이 죽은 이듬해에 중학교 오학년에 다니던 아들이 해수욕장에 갔다가 물에 빠져 죽고, 고등 소학교를 졸업하고 집에 있던 외동딸은 이층에 기숙하고 있던 대학생의 유혹으로 아이를 임신하지만 그 대학생이 종적을 감추어 버리자 한 달 동안 날마다 울다가 기차에 깔려 자살을 한다. 하숙집 아줌마는 남편과 아들과 딸의 위패를 보면서 그들의 극락창생을 위하여 몇 번이고 나무아미타불하고 염불을 왼다.

이처럼 이광수도 남성위주의 세계관의 한계를 극복하지는 못하였지만 봉건예교와 남성중심의 억압구조 속에서 희생당해야만

했던 하층민 여성의 비극적인 삶에도 많은 관심을 갖고 있었다.

2) 신여성의 해방과 비극

이광수 작품의 대부분이 신여성을 주인공으로 삼은 반면, 노신의 <상서>와 <행복한 가정>을 제외하고는 거의 전무하다고 할 수 있다. 두 작가의 관심이 어디에 집중되어 있는가를 잘 나타내주는 예라 하겠다. 노신의 관심이 주로 하층계층의 억압받는 여성에 집중되어 있다면 이광수의 관심은 주로 상류계층의 지식인 여성에 초점이 맞추어져 있는 것이다. 두 작가는 신여성을 통하여 모두 자유결혼, 자유연애, 개성해방, 남녀평등을 부르짖는데 노신이 개성해방과 더불어 경제의 독립, 사회해방을 강조한 반면, 이광수는 여전히 구사상의 영향에서 벗어나지 못한 한계를 보여준다.

1923년 말 <노라는 나간 후 어떻게 되었을까>에서 노신은 중국여성의 철저한 해방과 경제제도의 근본적인 개혁을 피력했다. 여기에서 그는 현존하는 사회 조건하에서는 무엇보다도 우선 여성도 남성처럼 경제권을 얻어야 한다고 주장하였다. 그렇지 않으면 노라는 가정을 뛰쳐나왔지만 결국 타락하던지 아니면 돌아올 것이라는 것이다. 노라가 남편의 집에서 나온 것이나 <상서>의 자군(자군)이 아버지의 집에서 뛰쳐나온 것은 본질적으로 개인의 자유스러운 생활을 위한 것이었으며, 억압된 개성을 해방하자는 것이었다. 방대한 봉건암흑세력의 통치하에서 자군은 용감히 봉건가정을 뛰쳐나와 견생(견생)과 결혼하여 살지만, 견생이 회사에서 면직됨으로 말미암아 결혼생활은 비극으로 치닫게 된다.

경제적 타격은 정신적으로 철저히 해방되지 않은 자군으로 하여금 놀라고 당황하게 하여 어찌할 바를 모르게 한다. 환상은 이미 환멸로 변했고 활력은 점차 없어져 그녀는 이 타격 앞에 유약하게 된다.

그들의 감정에 있어서 두 번째 좌절은 그녀의 천박한 허영이다. 방주인의 조소를 피하기 위하여 어려운 생활 속에서 자신도 먹을 수 없는 양고기를 아수(阿隨)에게 먹였으며 심지어 어떤 때에는 견생으로 하여금 식사조차 하지 못하게 하였다. 견생과 여러 차례의 싸움을 거치고 난 후에 닭을 죽여 먹게 되는데 이로 인하여 의기소침해진 자군은 항상 처량함과 무료함을 느끼며 심지어 입을 열려고도 하지 않게 된다. 결국 그들의 애정은 파국을 맞을 수밖에 없었다.

한마디로 자군은 성숙하지 못한 여성이었다. 그녀는 사회적 환경에 적응하지 못했으며 완전히 독립할 수 있는 자각성이 부족하였던 것이다. 철저한 개성해방 사상이 부족했던 그녀는 개성해방을 자유연애와 완전히 동등하게 여겼다. 자유연애는 단지 개성해방의 구체적 내용이지 개성해방의 전체가 아니다.[26] 소위 개성해방이란 혼인문제에서 봉건예교의 속박에서 벗어나 자신의 운명을 자신이 결정하는 것을 의미한다. 그러나 더욱 중요한 것은 사회생활의 각 방면에서 자유스럽고 독립적인 인격을 지

26) ≪魯迅硏究 10≫, (北京 : 社會科學院, 1987), 230쪽.

녀야 하는 것이다. 자군에게 부족한 점은 바로 이것이며, 이점에 있어서 그녀는 입센의 노라와 같지 않다. "저는 저여요. 그들 누구도 저의 권리를 간섭할 수 없어요!"[27] 자군은 자유스러운 혼인문제에 대하여 이러한 신념과 용기를 가지고 있었다. 그러나 그녀가 받아들인 개성해방 사상은 애정에서 시작되어 파멸로 끝난다.

자군은 애정문제에서 각성했지만 그 애정은 오히려 진보하는데 굴레가 된 것이다. 그녀는 자신이 선택한 사랑으로 인하여 파멸하였기 때문에 다시는 자유스러운 독립적인 요구도 없었다. 그녀는 정서적으로 견생에게 버림을 받은 후 아버지 곁으로 돌아갔다. 자군은 5·4시대의 개성해방의 사상을 수용했지만 그것의 풍부하고 다양한 사상 내용을 이해하지 못한 여성이었던 것이다. 이것이 자군의 애정비극을 조성시킨 주관적인 원인이다.

그러나, 근원적으로 살펴보자면 그들의 애정비극은 어두운 사회의 잔혹한 비극이 빚어낸 결과이다. 견생과 자군의 자유연애, 자유혼인은 그 시대에 있어 상궤(常軌)를 벗어난 행위였다. 그러므로 그것은 시작하자마자 어두운 악의 세력에 의해 용납되지 않았다. 길을 걸을 때, 때때로 부딪치는 탐색, 조소, 경멸의 눈빛 그 밖에 자군의 숙부는 견생을 욕하였고 견생의 친구는 그와 절교를 하였다. 이것들은 참을 수 있었지만 가장 참을 수 없었던 것은 경제의 문제였다. 경제문제를 해결하지 못한 자군은 할 수 없이 봉건가정으로 돌아갈 수밖에 없었고 자군은 마침내

---

27) <傷逝>, ≪彷徨≫, ≪魯迅全集≫ 2卷, 112쪽.

부친의 위엄과 차가운 시선 속에 비참하게 죽어갔다.

이같은 분석은 <상서>의 창작동기와 견생과 자군의 애정비극의 근본적인 원인을 정확히 이해하게 해 준다. <상서>는 당시 수많은 소자산계급의 지식청년들이 사회의 어둠을 직시하지 못한 채, 맹목적으로 혼인의 자유를 추구하거나 암흑의 세력과 과감히 싸우지 못하는 그들의 사상에 경종을 울리려고 하였던 것이다.

<행복한 가정>은 신여성인 젊은 부부의 행복관과 냉혹한 현실사이의 첨예한 모순을 잘 반영하고 있다. 소설의 주인공은 행복한 가정을 꾸미기 위하여 노력한다. 그러나 군벌의 혼전에다 이리들이 도처에서 들끓는 암울한 세상에서는 행복한 가정을 꾸밀 수가 없다. 여기서 노신은 신랄한 풍자수법을 통하여 가정과 사회의 개조가 불가분의 관계에 있음을 설명하고 있다.

노신은 후에 <여성해방에 관하여>라는 글에서 다음과 같이 지적한다. "이 개혁되지 않는 사회에서 일체의 단독의 새로운 모습은 간판에 불과하며 사실 이전의 모습과 변함이 없다."[28] 여성이 억압받고 수탈받는 광대한 군중들의 일부인 이상, 아무리 자산계급이 엉뚱한 생각으로 새로운 모습을 만들려하더라도 여성들로 하여금 진정한 해방을 얻게할 수는 없다. 상림수, 선사부인, 애고와 자군의 운명은 억압받고 수탈받는 구중국의 광대한 군중들의 공통적인 운명이다. 여성의 해방을 사회해방의 대해 속에 끌어넣어야만 비로소 그들의 지위를 철저히 변화시킬

28) <關於婦女解放>, ≪魯迅全集≫ 1卷, 598쪽.

수 있다. 그래서 노신은 상술한 글에서 "사회를 해방해야만이 또한 자신도 해방된다."라고 역설한 것이다.

반면, 이광수의 신여성에 대한 관점은 어떠하였는가 ? 노신이 여성의 해방을 사회문제로 확대해갔다면, 이광수는 훨씬 개인적인 내면의 문제, 즉 '情의 문제'로 축소해서 접근해 간 양상을 보인다.

이광수 소설의 신여성은 대부분이 미인이면서 이기적이고 세속적인데다 의지가 약한 여성들로 그려져 있다. "호리호리한 키와 날씬한 몸맵시, 얌전하게 윤이 흐르는 머리 모양"[29]이 예쁜 순영이라든가 "그 치렁치렁한 검은 머리, 하얀 목, 샛별같이 빛나는 눈, 그 조화 잘 된 몸 모양, 그 보들보들해 보이는 조그마한 손, 그 걸음걸이, 모두 다 사람들의 눈을 끄"[30]는 긍봉이 등, 이광수의 신여성들은 미모와 재질이 뛰어나기 때문에 남성의 흠모의 대상이 될 뿐만 아니라 유혹의 대상이 된다.

> "처음 만날 때 순영은 '저것이 백윤희' 하고선 선입견으로 백을 무서운 악인같이 보았으나 이 집에 들어와 오륙 시간을 있는 동안에 백에게 대한 맘이 많이 변하였다. 첫째 백은 점잖고 공손한 사람이었다. 어쩌면 그렇게 얌전해 보이고 델리킷해 보일까. 순기는 못나 보이고 윤은 못난 듯하고 음흉해 보이고 최는 남자다우나 더펄이다. 김씨는 말라깽이요 추근추근하고 아니꼽게 군

29) 《再生》, 《春園文學》 3卷, 11쪽.

30) 《그 女子의 一生》, 《春園文學》 9卷, 17쪽.

다. 그런데 백은 라운드하고 스무스하다. 진실로 아리스토크랙틱(귀족적)이다.

게다가 밀리어내어(백만 장자)요, 이런 좋은 집이 있고 또 나를 사랑한다… . 이렇게 생각할 때에 그는 혼자 웃고 혼자 얼굴을 붉혔다. 그러고는 곁에서 피아노를 타고 앉았는 선주가 그 늙은 변호사에게 시집을 가는 뜻을 깨달은 듯도 싶었다."[31]

이와 같은 순영의 내면의 갈등, 망설임, 변덕스러움은 극히 인간적이고 자연스러운 것이기는 하다. 그러나 이같이 세속적인 화려함의 유혹을 뛰어넘지 못한다는 데에 문제가 있다. 마침내 그녀는 돈과 물질에 순응하여 겉잡을 수 없는 타락의 길을 걷게 되는데, 이는 이광수가 그린 신여성의 대표적인 기본 모델이다. 타락의 강도에서 순영보다 한 걸음 더 진일보한 금봉의 경우도 마찬가지이다.

"사람들은 돈과 음욕과 시기와 중상과 음모와 이것으로 일생을 살지 아니하는가, 남만 그러한 것이 아니라 금봉이 자신이 오늘까지 걸어 온 길도 그것이 아닌가. 왜 금봉은 명규헌테 시집을 갔나? 돈 때문이 아닌가. 왜 명규를 싫어하게 되었나? 역시 돈 때문이 아닌가. 왜 금봉은 아비 모를 자식을 낳았나? 음욕때문이 아닌가. 명규의 정성에 움직였다는 둥, 그 사랑에 감복하였다는 둥, 명규씨를 깨끗한 생활로 인도하려 함이라는 둥, 이런 것은 모두 다 거짓의 껍데기나 아니었던가."[32]

31) ≪再生≫, 앞의 책, 65쪽.

미모와 재질을 겸비하여 모든 사람의 부러움의 대상이었던 금봉은 완고한 아버지의 뜻을 거역하고 스승인 손명규의 도움으로 동경에 유학을 갔다가 그의 사기와 돈에 현혹되어 결혼하나, 종국에는 손명규가 빈털털이라는 사실을 알고 타락의 늪으로 빠져들게 되는 것이다.

금봉은 결국 돈때문에 다시 김광진의 첩이 되고 심상태의 노리개가 되었다가 모든 것을 잊기 위하여 출가하고 만다. 이렇듯 신여성에 대한 이광수의 부정적인 견해는 ≪혁명가의 아내≫에서 더 강하게 나타나 있다.

> "그러나--그렇지만는,
>
> "흥, 정조. 의리. 남편을 섬김. 흥, 봉건사상. 노예 도덕…흥" 하고 정희는 열녀 타이프인 그 어머니 이 메이지에 침을 뱉고 발길로 차 버린다.
>
> "그런 모든 인습적 우상에서--노예의 질고에서 인간을 해방하는 것이 혁명이다!"
>
> 하고 정희는 혁명가다운 용기를 발하여 벌떡 일어난다.
>
> 일어난 것은 건넌방으로 가자는 뜻이다. 지금까지 생각한 모든 것이 건넌방으로 건너 가서 권과 같이 자도 옳다는 이론을 성립시키려는 것에 불과하다."[33]

이렇게 ≪혁명가의 아내≫ 정희는 혁명가인 남편까지도 부정

32) ≪그 여자의 일생≫, 앞의 책, 283쪽.

33) ≪혁명가의 아내≫ ≪春園文學≫ 1卷, 343쪽.

하고 비판하여 급기야는 젊은 권의사와 연애하는 것도 옳은 것으로 간주할 정도로 개방적이다. 이같은 개성해방은 진정한 여성해방과 이어지지 못한 채 타락의 늪으로 빠지게 마련이다. 이광수는 이렇게 정신적으로 허약한 신여성을 질타하는데, 시선을 보다 범사회학적으로 돌리지 못하고 '남성'과 '돈'이라는 매개체를 통해서만 여성을 파악하는 한계성을 보여준다.

그러나, 초기 작품 <무정>의 병욱은 이들 부정적인 지식인과는 아주 다른 양상으로 나타난다. 자살하기 직전 영채를 구해준 병욱은 이제까지 봉건윤리에 억눌려왔던 개성을 해방시켜준 진정으로 깨어 있는 신여성이다.

> 지금까지 여자는 남자의 한 부속품, 한 소유물에 지나지 못하였어요. 영채씨는 부친의 소유물이다가 이씨의 소유물이 되려 하였어요. 마치 어떤 물품이 이 사람의 손에서 저 사람의 손에 옮겨가는 모양으로…우리는 사람이 되어야 합니다. 여자도 되려니와 우선 사람이 되어야 합니다. 영채씨께서 할 일이 많지요. 영채씨는 결코 부친과 이씨만을 위해서 난 것이 아니외다. 과거 천만대 조선과 현대 십 육억 동포와 미래 천만대 자손을 위하여 나신 것이야요. 그러니까 부친께 대한 의무 외에 이씨께 대한 의무 외에도 조상에 대한 의무를 아니하고 죽으려고 한 것은 죄외다.[34]

병욱은 비인간적인 사고방식에서 인간으로서의 의식을 찾으

34) ≪無情≫, 앞의 책, 233-234쪽.

려는 전환기의 가장 대표적인 여성이다. 그녀는 여성이 남성의 소유물이었던 것과 생산의 도구, 향락의 대상으로만 생각되었던 것에서 탈피할 것을 강조하면서, 여성도 인격을 찾음으로써 개성을 가지고, 기능을 찾음으로써 남자와 같이 사회의 동등한 구성원이 될 것을 주장했다.

병욱과 영채의 대립, 즉 새로운 윤리와 낡은 윤리의 대립에서 결국 병욱은 영채에게 인간의 존엄성을 바탕으로 한 새로운 사상이 인간의 존엄성을 무시한 구세대의 낡은 인습보다 옳다는 것을 깨닫게 해 준다.

> "흥, 그 삼종지도라는 것이 여러 천년간, 여러 천만 여자를 죽이고 또 여러 천만 남자를 불행하게 하였어요. … 다른 사람의 뜻을 위하여 제 일생을 결정하는 것은 저를 죽임이외다. 그야말로 인도의 죄라 합니다. 더구나 부사종자(父死從子)라는 말은 참 남자의 포악함을 표함이외다. 여자의 인격을 무시하는 말이외다.[35]

여기서 병욱이 삼종지도가 여자 뿐만 아니라 남자도 불행하게 하였다고 말하고 있는데, 여자의 해방이 남자의 해방과 연결되어 있다는 점을 시효하고 있는 것은 대단히 주목할 만한다. 이와 같은 발언은 구시대의 윤리관인 유교사상에 정면으로 도전한 것이다. 천만 여성의 율법이었던 삼종지도를 '인간의 죄'라고 표현한 것은 실로 놀라운 발언이었다. 이것은 한국의 전통

35) 위의 책, 232-233쪽.

적인 가족제도나 사회윤리에 대한 공공연한 최초의 반역적인 선언이었다.

이처럼 병욱이라는 인물은 새로운 세대의 새로운 윤리의식을 가지고, 무자각적인 조선의 여성을 자각의 상태로 끌어올리는 정열을 가진 이상적인 여성이라 하겠다. 이러한 점은 노신의 관점과 유사한 것으로 진정한 페미니즘 문학은 휴머니즘을 바탕으로 한 것이라는 것을 환기시켜 준다.

3) 억압과 순응, 저항과 비극의 구도

역사적으로 가장 오래, 가장 치밀하게 행해져온 억압은 바로 남성에 의한 여성의 지배라 할 수 있다. 노신과 이광수의 여주인공들은 한결같이 그 억압 속에서 비극적인 최후를 맞는다고 해도 과언이 아니다. 본 장에서는 그동안 살펴본 작품들을 억압 → 저항 → 순응 → 비극의 구도로 집약시켜 정리해 본다.

먼저, 노신의 <내일>은 선사부인의 '순응성'이 두드러진다. 그러나 여기서 드러나는 순응성은 이광수의 주인공들이 보여주는 순응주의와는 또 다른 것이다. <내일>은 제목부터 상징적 의미를 갖는다. 내일에 대한 희망은 선사부인에게 있어서 힘들게 고투하는 생활 속에서 갖는 유일한 신념이자 이상이며, 선량하고 고상한 미덕이다. 그녀는 아들 보아(宝兒)의 병이 나으리라는 희망을 끝끝내 버리지 못하지만, 사회의 냉혹함과 엉터리 의사의 오진으로 인하여 보아(宝兒)는 죽고 만다. 아들의 죽음을 믿을 수 없던 그녀는 이내 방적기 앞에 앉아 생활에 대한 희망과 신념을 가진다.

선사부인의 선량함과 부지런함, 의연함과 분수를 지키는 것, '삶에 대한 희망' - 이런 것들은 봉건제도하에서 곧장 절망으로 변하였고 마지막에는 처참한 지경에 이르고 만다. 선사부인의 숭고한 품격은 본래부터 비극적인 씨앗을 품고 있었다. 예를 들면 선조가 안배해 준 일정한 궤도의 생활을 따라서 산다는 것은 통치자의 치적이며 또한 그녀가 각성하지 못한 것의 반증인 것이다. 이 때문에 선사부인은 주어진 운명에 대하여 순응할 수밖에 없었으며, 봉건제도는 그녀의 최소한의 권리를 박탈하였을 뿐만 아니라 그녀의 아름다운 이상에 냉담함과 경멸, 파멸을 덧붙였던 것이다.

<축복>의 상림수 역시 순박하고 선량한 농촌 여성이다. 고통 속에서도 성실한 노력으로 인간으로서의 최소한의 생활을 유지하려고 하나 그녀 또한 결국 4가지 구속[36]에서 벗어나지 못한다.

그녀는 부권(父權)의 지배하에 불합리한 결혼을 참아야했고, 남편이 죽은 후, 도망쳐 나와 넷째 나으리 집에서 일을 도와야 했다. 그 당시 출가한 여인은 영원히 남편의 부속품이었다. 남편이 죽는다할지라도 그가 남겨놓은 부속품이었다. 상림수는 끝까지 반항하지만 마침내 남편의 집으로 다시 잡혀가 짐승처럼 벽촌으로 팔려간다.

---

36) 모택동이 지적한 봉건사회에서 주도적 위치를 차지하고 있는 政權, 族權, 神權, 夫權.

"허나 상림수는 여느 여인들과도 달랐대요. 그들의 말로는, 가는 길 내내 울부짖고 욕을 하여 허씨마을에 도착했을 때는 목이 꽉 잠겨버렸다는 군요. 가마에서 끌려 나온 뒤에도 두 남자와 시동생 셋이서 힘껏 붙들었지만 식을 올릴 수가 없었답니다. 그 사람들이 잠깐 방심해서 손을 늦추었더니, 어이구 이를 어째! 그 여자는 예식의 상 모서리에 머리를 부딪쳐 커다란 구멍을 내고 말았대요. 피가 펑펑 쏟아져 두 묶음이나 되는 향불의 제를 발라도 안 되고, 헝겊으로 싸도 피를 멈출 수가 없었더랍니다. 여럿이 달려들어 그 여자를 신랑과 함께 신방에 집어넣은 뒤에도 소리소리 질렀다는 군요. 아이구 정말…"[37)]

비록 자신의 불행한 처지에 대하여 어떠한 자각도 없는 상림수였지만, 실절(失絕)은 일부종사(一夫從事)의 봉건윤리를 깨는 것으로서 자신의 도덕성을 저버리는 것과 같은 것이었으므로 목숨을 걸고 지켜야 한다는 일말의 자존심이, 그녀로 하여금 목숨을 건 반항을 하게 하는 것이다.

특히 그녀의 두 번째 남편과 아모(阿毛)가 죽은 후, 다시 노(魯)씨 집으로 돌아와 일을 할 때, 주위 사람들은 그녀의 비참한 운명에 대하여 비웃지만 그녀는 결코 대답하지 않는다. 오직 "침묵"만을 고수하는데 그것은 그녀의 침묵의 항의였다. 또한 상림수는 죽기 전에 영혼과 지옥의 존재 유무에 대하여 회의를 한다. 이것 역시 비참한 운명에 대한 불복종의 표시이다. 상림수

---

37) <祝福>, 앞의 책, 14쪽.

의 일생은 수난의 연속이었으며 이 억압의 구조 속에서 몸부림치며 저항하지만 결국 비극적인 결말을 맞이할 수밖에 없었다.

<이혼>은 <축복>이나 <내일>과 유사한 농촌 여성소설이지만 또 다른 면모를 보여준다. 상림수나 선사부인이 봉건사회의 억압에 묶인 하층 여성들에 속한다면 <이혼>의 애고는 구사회에 맞서 싸우는 반항성이 두드러진다.

애고는 15살 때 시(施)씨 집에 시집을 와서 갖은 억압과 업신여김을 받아왔다. 애고의 남편 - 짐승같은 놈-은 젊은 과부와 사통을 하고, 봉건세력인 위(慰)나으리와 일곱째 어른과 결탁하여 애고와 이혼하고자 한다. 애고의 반항은 여기서부터 시작된다. 그녀는 거침없이 말하고 행동할 정도로 사나웠는데, 이러한 성격의 특징은 자연히 봉건예교가 오랜동안 억압해서 생겨난 것이다. 노신은 이 농촌 여성의 분명한 반항적 태도를 다음과 같이 묘사하였다.

> "네…알고 있어요. 우리 가난한 사람은 아무 것도 모릅니다. 저의 아버지가 세상의 의리나 인정조차 모르고 멍청해져 있는 것을 원망합니다. 그러니 저 '짐승 같은 늙은이'와 '짐승 같은 놈'이 파놓은 함정에 빠질 수 밖에요. 그들은 마치 초상을 알리러 가듯이 서둘러 남 모르게 개구멍을 빠져나가려고 애쓰는 인간들이예요."[38]

봉건세력의 대표자인 위나으리를 만날 때, 애고의 반항적 성

38) <離婚>, ≪彷徨≫, ≪魯迅全集≫ 2卷, 151쪽.

격은 더욱 확실히 드러난다. 그녀는 일곱째 나으리 앞에서 시비를 가렸고 이치에 맞게 항쟁을 하였다. 위나으리는 "공사공판"(公事公辦)으로 위협하였지만 애고는 조금도 두려워하지 않고 소리를 지른다. "저는 목숨을 걸 것이어요." 구중국에서 평범한 농촌 여성이 어찌 봉건세력에 맞서 감히 성질을 내고 말할 수 있겠는가? 애고의 반항성은 억압자의 경멸과 배척을 통하여서 표현된 것이다. 그녀는 자신을 박해한 시아버지와 남편을 "노축생"(老畜生: 짐승같은 늙은이), "소축생"(小畜生: 짐승같은 놈)으로 불렀다. 위나으리는 네차례나 이혼에 동의하라고 권고하였지만 애고에게 거절당한다. 애고는 일곱째 나으리에 대하여 다소 환상을 갖고 있었지만 마음 속에 어떠한 호감도 없었다. 그밖에 애고는 봉건예절을 경시하였는데 이것 또한 그녀의 일종의 반항적 성격의 표현이었다. "나를 버릴려고 하는 것은 안돼. 일곱째 나으리도 좋고, 여덟째 나으리도 좋다. 나는 그들의 집이 패가 망신하도록 시끄럽게 굴테니까!…"[39] 이것은 억압자에 대한 애고의 보복이다. 이런 반항과 보복은 개인적이고 자발적인 것으로서 피억압 여성의 비타협, 투쟁정신인 것이다.

그러나 소설의 결미에서는 고립되어 도움을 받을 수 없는 지경에 처한 애고가 봉건세력의 포위와 협박에 마침내 굴복하고 만다. 노신은 애고의 거침없는 언어와 행동으로 농촌여성의 매서운 반항정신을 묘사하면서 저항하는 여성의 전형을 두드러지게 그려내고 있다. 이들 여성들이 몇 천년 동안 구중국을 지배

39) 위의 책, 146쪽.

해 온 봉건제도와 봉건윤리에서 벗어나지 못한 채 순응하여 파멸의 길을 걷게 되는 것은 불가항력적인 것임을 토로한다. 신여성인 <상서>의 자군도 같은 범주이다.

용감하게 봉건가정을 뛰쳐나와 자신의 주장대로 사랑하는 사람과 결혼한 자군은 남편이 경제적 능력이 없어지자 그대로 무너지고 만다. 자신의 힘으로 삶의 방법을 모색해보지도 않고 다시 봉건가정으로 돌아가 순응하여 살려고 하는 것이다. 그러나 그녀 또한 봉건가정의 억압을 이기지 못한 채 파멸의 길로 가야만 했다. 자유혼인과 경제적 독립, 사회개조 등의 관계를 이해하지 못한 신여성 자군 역시 비극적 주인공일 수밖에 없었던 것이다. 이렇게 노신은 주인공들의 비극이 모두 개인의 문제가 아니라 봉건제도, 억압적인 사회구조가 빚어낸 산물임을 주지시키고 있다.

노신이 '사회비극'에 초점을 두었다면, 이광수의 비극관은 그 자신이 밝힌 바 있듯이[40] '인과적 비극'이라 할 수 있다. 즉, 착하지 않은 행실과 마음 때문에 슬프고 비참한 결과를 거두고 만다는 것이다. 앞에서 다룬 작품들의 여주인공들 - 순영, 정희, 정선, 금봉은 한결같이 이광수의 비극관을 잘 반영해주는 인물들이다.

---

40) "그러나 같은 사회적 조건 아래서도 어떤 사람은·악하게 되고 어떤 사람은 선하게 되니까 － 그러니까 나 보기에는 마음이 착하면 그것이 '필연적'으로 － 결코 우연이 아니외다. － 행복을 거두고 그렇지 않으면 필연적으로 불행을 거둔다는 그런 비극 － 즉 因果的 悲劇이라고 스스로 판단하고 있어요." ≪日記, 自作의 辯≫, ≪春園文學≫ 16권, 389쪽.

미모와 재질이 뛰어난 <재생>의 순영은 돈과 남성, 욕망에 억압당하자 쉽게 현실과 타협하여 타락의 길로 접어드는 순응적 여인의 대표적인 인물이다. 그녀는 소경의 딸을 안고 물속에 뛰어들어 자살함으로써 비극적인 최후를 맞는다. 보다 사실적인 작품으로 주목받는 ≪군상≫의 삼부작 중 ≪혁명가의 아내≫ 방정희도 똑같은 패턴이다.

> "정희가 부모에게 쫓아냄을 당하면서까지 반해서 따라오던 그 사내 공산은 간 곳이 없었다.
>
> 공산의 생명을 파 먹는 무서운 병이 구더기 모양으로 자기 몸으로 기어들어오는 것 같아서 정희는 누운 채로 두어 뼘 남편에게서 물러나왔다. …마음 놓고 하는 권 서방과의 사랑 이러한 생각이 생쥐를 따르는 족제비 모양으로 살랑살랑 지나간다."[41)]

봉건가정을 뛰쳐나와 아무 것도 없는 공산과 결혼했던 방정희는 남편이 병들자 그를 구박하고 젊은 권의사와 사랑을 하다 파멸의 길을 걷게 된다.

<흙>의 정선도 이들처럼 강력한 삶의 의지가 결여되어 있다. 아무리 봉건가정일지라도 신여성인 그녀는 종신대사(終身大事)인 결혼에 대하여 한번 정도는 아버지에게 자신의 의사를 주장할 수 있음에도 불구하고 그저 순응해버린다.

---

41) ≪혁명가의 아내≫, ≪春園文學≫ 1卷, 342쪽.

> "정선으로 말하면 원래 숭을 사랑한 것이 아닐뿐더러 집에 와서 심부름하던 시골 사람을 제 남편으로 삼으려는 아버지의 처사가 불쾌하기조차 하였다. 그렇지만은 정선은 아버지의 뜻이 곧 제 뜻인 것을 안다. 딸은 혼인지사에는 아버지의 명령에 복종할 것이라는 조선의 딸의 전통적 생각을 가졌으므로, 그는 이에 반항하려는 생각은 없고 도리어 숭을 사랑하려고 힘을 썼다."[42]

비록 아버지의 강요에 의하여 허숭과 결혼하였다지만, 정선은 귀농의식을 실현하려고 살여울에서 농민과 더불어 땀을 흘리는 허숭을 잊고 김갑진과 함께 바람을 피우게 되고 결국은 임신을 하게 된다. 아내의 불륜을 안 허숭은 숭고한 사랑으로 정선을 포용하고자 하나 그녀는 임신의 죄책감에 자살을 기도하다가 영영 불구자가 된다.

이처럼 이광수 여성 소설의 주인공들은 대부분이 신여성이지만 자신을 위한 삶의 의지를 가지지 못하고 물질과 쾌락이 딩구는 현실의 노예가 되고 만다. 그들은 자신의 삶을 주체적으로 살 수 있는 교육과 문물의 혜택을 받았지만 그녀들의 속물주의 때문에 비극적 결말을 맞는 것이다.

'모든 조선의 여자가 전부 다 모델'이 된 ≪그 여자의 일생≫의 금봉 또한 예외가 아니다. 이광수는 이 소설을 전력을 다해서 쓰고자 한다면서 "나는 이 소설에서 처녀와 애인과 아내와 어머니와, 그리고 죄에 앓고 광명을 찾는 한 여자의 영혼과 괴

42) ≪흙≫, 앞의 책, 58-59쪽.

로움과 슬픔을 그리려 합니다."[43]라고 밝힌 바 있다. '영혼의 움직임'을 어느 정도 성취하였는가 하는 문제는 논외로 치고, 여기서 드러나는 금봉의 일생 또한 앞에서 서술한 여성들과 마찬가지이다. 돈과 욕망의 억압에 못이기는 수동적인 그녀의 삶은 결국 입산하는 것으로 마감되고 마는 것이다.

노신이 개인보다는 사회에 비극의 책임을 묻는다면, 이광수는 이렇게 각 개인에게 그 비극의 원인을 두었다. 그래서 그는 죄의 씨앗을 뿌린만큼 거두어가도록 하는 장치를 결코 잊지 않는다. 결말에서 여주인공들은 한결같이 죄의 댓가를 치루거나 회개, 반성하는 모습인 것이다. 이같은 시각은 이광수의 역사의식의 결여로, 사회적 윤리와 개인윤리를 혼동하는 것에서 기인하는 것으로 여겨진다. 그의 여주인공들의 삶의 패턴으로부터 작가 이광수의 개인적인 삶을 연상하게 되는 것은 독자의 자유이다. 미모와 재질을 겸비한 인텔리 여주인공들일수록 받게되는 유혹과 압력 또한 더 클 수밖에 없으며, 그만큼 더 쉽게 순응하여 파멸을 겪듯이, 이광수 또한 과도한 민족주의로 인해 일본제국주의로부터 억압은 더 컸으리라 짐작되며, 그 만큼 더 쉽게 현실에 순응, 훼절하지 않았을까 짐작할 수 있는 것이다.

노신의 주인공들이 억압 → 저항 → 순응 → 비극의 패턴에 비교적 충실하다면, 이광수의 주인공들은 억압 → 순응 → 비극의 3단계 양상을 보인다. 노신이 그린 여성들이 주로 교육받지 못한 마비된 의식을 가진 하층계급들로서 그들의 순응과 저항,

---

43) <≪그 女子의 一生≫ 作者의 말>, ≪春園文學≫ 9卷, 452쪽.

파탄이 개인으로서는 불가항력적인 것이라면, 이광수가 묘사하는 여인들은 모두 도시 지향적인 인텔리 여성들로서, 그들의 순응주의와 비극은 보다 더 개인의 선택적인 것이란 점이 두드러진 차이라 하겠다.

4. 나가는 말

본 논문은 서론에서 밝힌 바와 같이 노신과 이광수, 두 사람의 커다란 유사성에서 출발하였는데, 그 유사성만큼이나 커다란 차이점이 노정된다.

두 사람 모두 일본에 유학하였으며 외래 문화를 받아들여 남녀평등과 자유연애, 자유결혼, 여성해방, 개성해방 등을 주장하였지만 그들의 여성관은 상당히 다른 양상으로 나타났다. 노신이 사상 면과 작품 면에서 똑같이 철저한 페미니스트라면, 이광수는 외적으로는 여성해방을 부르짖지만 내적으로는 여전히 남성중심주의적인 사고나 전통적인 유교주의 여성관에서 벗어나지 못한 것이었다.

노신과 이광수의 여성소설에 나타난 여인들의 계층은 크게 하층민인 구여성과 지식인인 신여성으로 분류된다. 등장인물의 계층별로 작품을 분석해 본 결과, 주로 하층민 여성의 수난과 저항, 지식인 여성의 여성해방과 개성해방, 남녀평등, 자유연애, 자유결혼으로 인해 빚어진 비극, 수동적 자아의 순응과 파멸 등으로 압축되었다. 노신이 진정한 여성해방을 위해 경제권문제를 강조한 반면, 이광수의 경우는 구체적인 방향제시가 모호했다. 작품에서 드러나는 여성관을 볼 때, 그의 '신정조관'조차 제대로 육화되어 있지 않은 것이어서, '남성'이라는 절대적인 매개물을 통해서만 여성은 존재, 미화되는 것이었다.

그렇지만 그들은 근대작가 중 보기 드물게 여성문제와 여성수난사의 소설적 형상화에 지속적인 관심을 보여 준 작가였다. 노신이 여성의 삶에 대한 깊은 이해와 사상의 투철함으로 인하여 진정으로 여성해방을 부르짖었다면, 이광수는 자신의 자전적 체험을 반영하거나 외국 문예물의 유행을 그대로 반영하여 여성문제를 역사의식과 무관한 이야기거리로 제시한 측면이 농후하다. 여기서, 소설에 임하는 두 작가의 태도에도 큰 차이를 보인다. 노신이 시종일관 사실주의적인 필치로 담담하고 냉정하게 여성들의 질곡된 삶을 그려보이면서 봉건예교의 폐해를 해부해 보였다면, 이광수는 지도자적인 입장에서 순진한 일반대중을 상대로 하여 설교, 선동적인 문체를 고수한 것이다. 노신의 주된 주인공들이 하층민 여성이고 이광수의 주된 주인공이 지식인 여성들임을 고려해볼 때 재미있는 현상이 아닐 수 없다.

이와 같이 작가태도 문제나 소설 방법면 등에서는 두 사람이 전혀 상반된 양상을 갖고 있다.

본 연구는 그러한 문제점들에 대한 연구를 앞으로의 과제로 남겨 놓고 시작된 것이다. 이광수 문학의 중심이라 할 수 있는 소설의 경우 단편 28편 외에 장편만으로도 35편이 발표되었는데, 이에 비해 노신의 경우는 중편소설 <아Q정전>을 제외하고 단편이 모두 24편에 불과하다. 본 연구는 무엇보다도 이같은 양적인 차이가 갖는 한계성을 갖고 시도한 작업이었기에 무리가 따르지 않을 수 없었다. 이같은 한계성과 차별성을 염두에 두고, 페미니즘의 관점에서 두 작가의 자리매김을 시도해 본 결과, 노신이 위대한 문학가이자 사상가, 혁명가로서 자국에서 추앙받은 행복한 작가라면, 이광수는 친일한 '변절 작가'라는 족쇄를 영원히 풀지못한, 다정다감하고 재주 많은 불행한 소설가임을 다시 한 번 재인식하지 않을 수 없었다.

노신과 이광수는 소설, 시, 산문, 평론, 잡문 등 다양한 장르의 작품을 남겼다. 본 연구는 단지 여성을 소재로 한 노신의 주요 소설과 이광수의 대표적인 소설들을 페미니즘 시각에서 연구하였는데, 이를 바탕으로 노신과 이광수의 전작품을 다각적인 면에서 보다 깊이 있게 비교 연구해야 할 것이다. 본 연구를 통하여 이광수 페미니즘 문학의 한계성이 더욱 명료해지는 바, 이같은 자기부정을 통해 우리의 페미니즘 문학을 점검하고 새로운 연구방법론을 모색하여 비교문학의 지평을 확대시킬 수 있기를 기대한다.

제2부
중국차문화와 차문학

- 차를 통해서 본 노신과 주작인의 내면풍경
- 송대 차문화와 육유의 차시 연구

차를 통해서 본 노신과 주작인의 내면풍경

- 〈차를 마시다〉를 중심으로 -

1. 들어가는 말

차와 문학은 공통점을 갖고 있다. 모두 정신문제를 다룬다. 한번 빠지면 블랙홀처럼 나오기 어렵다. 그만큼 중독성을 가지고 있다.

노신은 세계문학사에 서술될 정도로 유명하다. 반면, 주작인은 중국문학을 공부하지 않는 사람에게는 생소하다. 주작인은 노신의 친동생이며 중국현대문학의 선구자이다. 두 사람은 중국현대문학사에 있어 커다란 문학적 업적을 남겼다. 노신은 ≪광인일기≫와 ≪아Q정전≫ 외에 백화문 운동과 문학혁명을 주도하였고 소설 3권, 산문시 1권, 잡문 16권을 남겼다. 한걸음 나아가 그는 중국고전문학 작품을 수집, 기록, 교열하여 중국문학 발전에 커다란 공헌을 하였다. 노신은 좌익작가연맹의 결성에 있어서 주도적 역할을 하여 중국현대문학이 세계프롤레타리아 혁명문학의 대열에 가담할 수 있게 하였다.

주작인은 '지당(知堂)'으로 불릴 만큼 폭넓은 지성과 예술적 재능을 겸비하였으며 골동품과 고서, 차에 심취했던 산문가이자, 번역가이다. 그는 서정적 소품문(小品文)을 써서 중국현대산문에 공헌하였다. 주작인은 강직하고 호방했던 형 노신과 대조적으로 다소 온화, 유약하고 섬세하였다. 따라서 그들은 개인적 취향으로부터 시작하여 문학관, 세계관, 인생관이 달라 차에 관한 관점이 다를 수밖에 없었다.

이 두 사람은 <차를 마시다(喝茶)>에 대한 산문을 똑같이 썼다. 주작인은 1924년에 노신은 1933년에 썼다. (주작인은 <차를 마시다>외에 ≪고차수필(苦茶随笔)≫집이 나올 정도 차에 관한 글을 다소 많이 썼지만 노신은 <차를 마시다>외에 차에 얽힌 단편적인 언급만 있을 뿐 주작인만큼 차에 관한 많은 글을 남기지 않았다.) 그러나 노신의 <차를 마시다>는 비록 짧지만 여기에 나타난 차에 대한 인식은 매우 날카롭다.

노신은 중국의 위대한 문학가이자 혁명가, 사상가로 칭송되는 반면, 주작인은 이광수처럼 친일분자로 여전히 폄하되고 있다.[1] 그러므로 중국인들은 전통적으로 특별한 경우를 제외하고

---

1) 80, 90년대에 들어와 주작인의 평가는 기존의 반혁명분자, 반민족주의자를 틀에서 벗어나 그의 문학적 업적이 재평가 받고 있지만 그에 대한 이해는 여전히 도식적인 틀을 벗어나지 못하고 있다.

는 이들 두 부류(노신과 주작인 등)를 함께 거론하는 것을 회피하였다.[2)]

필자는 평소 노신의 차문화에 관심이 있었는데 '노신의 차'에 관한 글이 별로 많지 않아 그리 깊이 주목하지 않했다. 그러다 주작인의 차에 관한 글을 발견하고 그 두 사람의 차문화관을 살펴봄과 동시에 그들이 왜 서로 다른 길을 가게 되었는가 그들의 내심을 엿보고 싶었다.

본고 2장에서는 그들이 왜 서로 다른 길을 갈 수밖에 없었는가 그 원인을 살펴보고자 한다. 제3장에서는 두 사람의 차문화관을 비교해보고 제4장에서는 이들이 같지 않은 차문화관을 가질 수밖에 없는 미에 대한 관점을 살펴보고자 한다.

2. 서로 다른 길

1923년 주작인과 주작인 부인(노부꼬)을 둘러싼 형제간의 싸움은 중국현대문학사상 미스테리로 남아 있다. 노신이 제수씨를 희롱했다 부터 시작하여 제수씨 노부꼬가 목욕을 하는 것을 엿보았다. 혹은 주작인부부 안방의 창문 밖에서 두 사람을 훔쳐보

2) 노신은 5.4신문화 신군의 가장 위대하고 가장 영용한 기수로서, 뒷날 국민당의 '포위 공격' 때 중국 문화혁명의 위인이 되었고, 또 모든 공산당원들이 따라 배워야 할 모범이 되었다. 그러나 당시 문예는 재국주의자를 위한 것이었다. 周作人, 張資平과 같은 사람들이 바로 이러한 문예를 하였는데, 이를 당시에는 매국노 문예라 불렀다. 孫郁 著, 김영문, 이시활역, ≪노신과 저우쭈어런≫, 소명출판사, 2005, 6쪽.

았다는 등, 쌍 나팔에 나올 법한 여러 가지 설이 제기 되었다. 이 수수께끼같은 문제가 아직도 시원하게 해명되지 않아 이 문제로 수많은 논문이 나오고 현재까지 노신과 주작인의 자식들 간의 교류가 완전히 단절된 지경에 이르렀다.

여러 가지 설 가운데 가장 설득력 있는 것은 노신이 주작인의 안방을 지나가면서 엿보았다는 설이다. 목욕을 하는 것을 보았다는 것은 필자가 직접 노신의 아들 주해영 선생에게 직접 들은 설이다.

노신과 주작인 두 사람과 밀접히 왕래했던 장정겸은 일찍이 노신 박물관의 공무원들에게 이렇게 말했다 한다. "사건의 발단은 아마도 주작인의 처가 노신이 자기를 희롱했다고 유언비어를 퍼뜨린 데서 비롯된 듯하다. 그녀는 나에게 노신이 자기들 안방의 창문 밖에서 두 사람을 훔쳐보았다고 말한 적이 있다. 그러나 이는 애당초 불가능한 일이다. 왜냐하면 창문 앞쪽에는 화초들을 가득 심어 놓았기 때문이다."[3)]

이 한 가지 사건으로 형제간의 우애가 끊어졌다는 것은 상식적으로 생각해도 설득이 되지 않는다. 노신은 주작인과 함께 남경과 일본에서 같이 공부했으며 1909년 ≪해외소설집≫을 공동으로 번역하였다. 노신은 먼저 귀국하여 주작인의 유학생활비, 결혼생활비와 사건을 일으킨 노부꼬 친정집에까지도 돈을 보냈다. 이런 돈독한 사이가 하루아침에 남남이 되어 버린 것이다. 여기에는 분명히 우리들이 알지 못하는 히든 스토리가 내재 되어 있다.

---

3) 方向東著, 장성철 역, ≪루쉰, 욕을 하다≫, 청계출판사, 2004, 220쪽.

"노신선생에게

저는 어제서야 비로소 알게 되었습니다. - 그러나 지난 일은 더 이상 언급하고 싶지 않습니다. 저는 비록 기독교 신자는 아니지만, 다행히도 아직은 그것을 감내할 수 있고, 또한 누구를 책망하고 싶지도 않습니다. - 우리 모두는 가련한 세상입니다. 제가 그동안 꾸었던 장밋빛 꿈은 모두가 허황된 것이고 지금보이는 것이야말로 진정한 인생일지도 모릅니다. 저는 저의 사상을 바로 잡아 새로운 생활을 시작할 것입니다. 앞으로는 안채로 들어오지 마십시오. 별로 드릴 말씀이 없습니다. 안심하시고, 자중하시기 바랍니다.

7월 18일 주작인"[4]

위 편지는 1923년 주작인이 형 노신에게 직접 가져온 편지이다. 노신이 주작인에게 해명할 시간도 없이 주작인은 노신에게 이 편지를 던져주었고 주작인은 노신을 만나주지도 않았다. 그리고 한 달여 만에 자신의 집에서 쫓겨나 다른 곳으로 이사했다.[5] 그리고 나서 1년 후 노신은 자신의 책을 찾기 위해 북경의 고가 팔도만(八道灣)을 찾아가지만 주작인과 주작인 부인에게 문전박대를 받고 심지어 경찰까지 와서 싸움을 말리게 될 지경에 이르렀다.

어떤 사건이 그들로 하여금 서로 다른 길을 가게 만들었는가?

---

4) 위의 책, 212쪽.

5) 八道灣에서 쫓겨나 임시로 磚塔으로 옮겼다가 西三條로 이사를 간다.

이 문제의 원인은 주작인의 부인 노부꼬에게 있다. 노부꼬는 출신 성분이 낮을 뿐만 아니라 일본인으로서 교양이 없는 여자였다. 더욱이 성격이 강하며 히스테리칼하였다. 일반적으로 일본 사람은 검소하나 노부꼬는 그러하질 않았다. 노신은 주씨 집안의 장남으로서 어머니의 생활비부터 시작하여 동생들의 생활비까지 책임졌다. 주작인 부부가 북경의 팔도만으로 이사 오기 전까지 노신의 어머니가 경제권을 쥐고 살림을 하였다. 그러나 주작인 부부가 팔도만으로 이사 오자 노신은 주작인 부부에게 남향쪽 방을 내어주고 자신은 북향의 뒷방에서 살았으며 생활비를 노부꼬에 전부 넘겨 주었다. 노신은 일반 사람이 쓰는 생활비보다 몇배 많은 돈을 노부꼬에 주었지만 그녀는 물 쓰듯 돈을 낭비하였다. 걸어 갈만한 거리를 인력거를 타고 가고 반찬은 모두 일본 식재료를 썼으며 몸이 아프면 승용차를 일본의사를 불러 치료를 받았다. 심지어 노신과 주작인 병을 앓아 병원비를 못 내 돈을 빌려서 지불할 정도였으니 경제문제가 얼마나 심각한지 가늠할 수 있다.

이런 상황에서 노신이 주작인과 노부꼬에게 돈을 아껴 쓰라는 말을 하지 않을 수 없었다. "나는 항상 주작인에게 우리는 앞날을 생각하지 않을 수 없으니, 돈을 아끼라고 충고하였다. 그는 한 푼 벌면 한 푼 써버리는 식이었는데, 그의 부인은 특히 더했다."[6)]

주작인과 노부꼬는 노신의 이런 간섭이 싫었던 것이다. 그래서 노부꼬는 주작인에게 유언비어를 퍼뜨린 것이고 이것이 침

---

6) 方向東 著, 장성철 역, 앞의 책, 204쪽.

소봉대되어 급기야 두 사람은 영원히 만나지 못할 자신의 길을 가게 된 것이다.

그 후 두 사람은 이 사건과 더불어 같지 않은 성격, 인생관, 문학관으로 말미암아 글로써 서로를 공격하게 된다.

1926년 노신이 국민당 토벌과 포위를 피해 남하할 때 주작인은 <노신에 대한 주작인의 조롱>에서 노신이 그의 제자 허광평을 만나 그의 욕정을 이기지 못해 제자와 연애를 했다고 비판하였다. 이와 함께 노신은 학생 허광평과 사는 것을 보고 조강지처를 버린 무도한 사람이라고 하였으며 심지어 무뢰한, 깡패, 도둑놈이라고까지 매도하였다.

노신의 제수 노부꼬 또한 노신의 어머니 앞에서 노신과 허광평에 대해 악담을 했다고 한다. 주작인은 남녀애정문제에서 객관적이고 관대하였지만 형 노신 앞에서 그러하질 않했다. 첫째, 형에 대한 원망, 두 번째는 형수 주안(朱安)이 너무 불쌍하게 생각되었던 것이다. 그래서 그는 수많은 글속에서 다처주의를 통렬히 비판하였다. 그러므로 노신과 주작인이 서로 다른 길을 가게 된 이유는 단지 한 가지 사건으로 일어난 것이 아니라 경제문제, 노부꼬의 이간질 그리고 인간 노신에 대한 실망, 오해 등 복합적인 가정사적인 사건으로 보아야 할 것이다.

그런데 1937년 중일전쟁이 발발하고 북경이 점령되는 때, 그의 친일적 태도는 정점을 찍어 '한간(漢奸: 친일파, 매국노)'이라는 오명을 짊어지게 되었다. 당시 북경대학 교수였던 그는 다른 교수들과 함께 남쪽으로 가야 할 상황에 놓여있었지만 북경을 떠나지 않고 학교에 남아 일본의 점령을 받아들여 계속해서 학교생활을 했다. 그는 이 시기에 북경대학 학장을 지냈고 교육부 수장까지 지냈다. 심지어 그는 일본이 원하는 회의에 참석하고, 문장도 써냈으며, 야스쿠니신사 참배도 하므로 말미암아 친일분자로써 낙인찍힌 것이다.

노신의 ≪차를 마시다≫, ≪논어 1년≫, ≪소품문의 위기≫, ≪소품문의 생명력≫ 등은 주작인을 중심으로 한 임어당 등을 겨냥한 글로 폐부를 찌르고 있다. 노신에게 있는 단지 마시는 차가 아니라 더 이상 그 의미가 있다. 당시 노신에게 있어서 차는 국민당을 비호하는 반동의 어용문인들을 공격하는데 있어 비수와 투창같은 전투의 무기의 역할을 하였다.

주작인과 임어당 등 논어파[7]들은 "자아를 중심으로 하며 한적함을 형식으로 하는" 유모어적 소품들을 제창하고 정치를 담론하지 않는다고 공개적으로 하면서, 아편식의 작품으로 청년과 일반 독자들을 부식시켜 국민당의 반동통치를 미화하였다.

노신은 처음에는 ≪논어≫에 대한 원고를 기꺼이 주었다. 그러나 그들의 본질을 알고 나서는 투고를 하지 않고 "책을 열면 유익하고, 책을 덮으면 맛이 있기를 기대하여, 음풍농월뿐만 아니라 완물상지(玩物喪志, 외형만 갖고 놀뿐 본래의 뜻을 잃어버린다는 뜻)의 문학으로 흐른다"라고 비판적인 말을 하였다. 노

7) 논어파는 임어당을 중심으로 하여 조직된 자산계급 문학유파이다. 1932년 9월에 임어당은 주작인, 소순미(邵洵美) 등과 ≪논어≫ 반월간을 꾸린 후 도원덕 ≪陶元德≫ 등과 함께 ≪인간세≫, ≪우주풍≫을 꾸렸다.

신은 유머와 소품문은 가치가 있는 것이지만, "단지 한적함을 위주로 하는 것은 무언가 부족하다"라고 비판하면서, 소품문이 공격 전투의 기능을 발휘하여 '한줄기 생명력'을 드러내기를 기대하였다. 그는 사회와 인생에 대해 임어당이 취한 '냉정하고 초월적인 방관자'의 태도를 반대하면서, "부처의 자비심을 갖고서 열정이 타오르지 않는 글을 써서 독자들에게 담담한 맛을 주는" 문학의 추구를 비판했다.[8]

이어 노신은 잡문에서 임어당 등이 '유모어'와 소위 '자질구레한 작품'을 제창한 것은 "백정의 흉포함을 여러 사람들로 하여금 한바탕 웃음거리에 붙이게 하여 좋게 수습하려는" 것이며 "속삭임과 가냘픈 목소리로써 사람들의 거친 마음을 점차적으로 부드럽게 다스리려"[9] 한데 불과한 것이라고 지적하면서 그들의 음험하고 교활한 시도를 폭로하였다.

노신은 차는 ≪차를 마시다≫에서 "좋은 차가 있고 좋은 차를 마실 수 있다는 것은 '청복'(淸福)이다. 그런데 이 청복을 누리자면 우선 시간이 있어야 하고, 연습을 통해 터득한 특별한 감각도 있어야 한다."[10]면서 한가하게 차나 마시면서 고준담론이나 하고 국민당 부패와 탄압에 대하여 한적함과 유머로 현실을 분식하며 독자들의 의식을 마비시킨 것에 대한 날카로운 비판을 가하였다.

---

8) 鄧牛頓 著, ≪중국현대미학사상사≫, 양일모, 염정삼 역, 일월서각, 1991, 129쪽.

9) <論語一年>, ≪魯迅全集≫ 4卷, 567쪽.

10) <喝茶>, ≪魯迅全集≫5권, 313쪽.

노신이 ≪차를 마시다≫를 쓰고 난 후, 1934년 1월 15일 주작인 50세를 맞이하여 타유시(打油詩)를 지은 적이 있다.[11] 그는 생일날 자신의 집을 방문한 임어당, 채원배, 호적 등에게 시를 베껴 주었고 그들은 이 시를 다른 지인들에게 돌렸다. 그 시는 1934년 ≪인간세≫ 창간호에 실리면서 자기들끼리 자축하고 아부하는 화답시를 산생했다. 이에 좌익문학가 호풍(胡風), 요말사(廖末沙) 등은 주작인의 정신이 타락했든지 현실을 도피하고 있다는 등으로 비판을 받게 되었다. 이와 같은 현상에 대하여 노신은 같은 해 4월 30일 조취인에게 보낸 편지를 보내 이렇게 분석했다. "주작인의 자축시에는 분명 세속을 풍자하는 뜻이 담겨 있습니다. 하지만 이와 같은 미언(微言)은 요즘 청년들이 이해하기 쉬운 것이 아닙니다. 게다가 수많은 명사들의 화답시는 거의 '낯간지러울' 정도에 가까운 내용이었습니다. 그것이 불에 기름을 끼얹는 꼴이 되어 일시에 비난의 표적이 되기에 이른 것입니다. ……문인과 미녀에게 망국의 책임을 떠넘기는 것은 '옛날에도 이미 있었던' 일입니다."[12]

두 사람의 불화 이후 주작인은 노신에 냉담한 태도로 일관했지만 노신은 동생 주작인에 대해 여전히 형제의 정이 남아있었던 것이다.

---

11) 두루마기를 벗어 袈裟로 바꾸지는 않았네./거리에서 하루종일 귀신 얘기를 나누고/창가에서 일년 내내 뱀 그림을 익혔다./늙어서는 실없이 골동품 감상에 빠졌고/한가할 때는 힘을 내어 참깨를 심었네/누구든지 그 의중을 알고 싶다면/초라한 苦雨齊에 쓴 차 한잔 마시러 오게나.

12) 孫郁 著, 김영문, 이시활역, 앞의 책, 293쪽.

3. 차문화관 비교

노신과 주작인 두 형제는 책과 차를 좋아했다. 차 중에서도 두 사람은 모두 녹차종류를 좋아했다. 그들은 모두 차를 생활화하여 마셨던 사람이다. 노신은 특히 소흥의 원초청(圓炒靑)과 항주의 용정차(龍井茶), 양선설아(陽羨雪芽), 황산모봉(黃山毛峰)을 좋아했으며 발효차를 그다지 좋아하지 않았다. 소실 적에 육우의 다경을 베껴 썼던 노신[13]은 하루에도 3, 4차례 차를 마셨으며 타지로 출장 갔을 때는 다구와 차를 가지고 갈 정도로 차를 좋아했던 다인이었다. 한번은 그의 학생 손복원(孫伏園)과 함께 서안을 갔을때, 낙양을 경과하였는데 그곳에서 양선설아를 마시고 그 맛을 칭찬하였다.[14]

노신은 차를 마신 후 다완관리를 청결히 하였다. 차를 마신

13) 일찍이 노신은 어렸을 때, 육우의 ≪茶經≫을 베껴 쓴 적이 있다. 당시에는 육우의 煎茶와 행다인 "만약 24器에서 하나라도 결핍되면 다도는 폐한다"라는 품차의 도를 중히 여겼다. 노신도 이러한 것은 알고 있었다. 그러나 노신의 차를 마시는 태도는 오히려 누가 뭐라고 해도 평소 자기 식으로 하였으며 실용, 간편, 근검에 자연스러우면 되었다. 그는 고상한 군자같은 우아한 다법으로 차를 우려 마시지 않았다. 노신은 녹슨 황동화로에 물을 끓여 차를 우려 마시는 것을 보고 川島가 무슨 다법으로 마셨다고 물의니 "隨便主義"(편한주의)의 다법에 의해서 마셨다고 대답하였다. 하루에 몇 번 마시냐고 물었다. 3-4차례라고 말하였다. 노신은 다른 곳으로 이동할 때도 다구(녹슨 황도화로와 오래된 다기, 차를 끓인 남비)를 진귀한 물건처럼 몸에 휴대하고 갈 정도로 차마시는 것을 중시하였다. 凱亞, <魯迅和川島的茗淡之交>, 江蘇人民出版社, 198쪽.

14) 양귀비를 소재로 한 소설을 쓸려고 재료를 얻기 위해서 잠시 들렸다. 노신은 양귀비는 당현종이 죽인 것이라 했는데 그 이유는 당현종이 양귀비와 안록산과의 관계를 눈치챘다는 것이다.

후 차 찌꺼기를 즉시 내버리고 다완을 깨끗이 관리하는 것이 습관화 되어 있었으며 차를 마심에 있어서 좋은 차와 나쁜 차를 가리지 않고 복잡한 행다의 절차를 따르지 않고 상황에 따라 마셨다.

노신은 차를 마심에 있어서 한가히 차를 음미하면서 秋思의 마음이나 차의 색향미를 감상할 여유가 없었다. 노신에게 차는 '일상의 차'이자 '생존의 차'였다.

노신은 거친 차를 마시기를 주장하면 줄곧 거친 차를 마셨다. 그는 거친 차가 "거친 사람", "공인", "노동자들"이 생존하는데 적합하다고 생각했다. 근력을 사용하는 공인들이 "목이 마르고 갈라질 때 차가 있어 마시면 갈증을 해소할 수 있다. 차는 생존에 유익할 때 비로소 확실한 의의가 있다는 것이지 더 깊이 연습할 필요가 없다는 것이다. 많은 시간을 낭비하면서 배우는 것은 하루하루 살아가는 노동자나 하층민들에게 있어선 사치라는 것이다. 한 잔의 차는 그저 물처럼 생존을 위해 필요한 것이다. 그러기 때문에 노신에게 있어서 좋은 차나 거친 차는 별반 차이가 없는 것이다.

노신은 ≪상해의 소녀≫에서 "어린 잎의 첫물차" 부호들의 욕심을 채우는 사치품이라고 간주하였다. 중국역사와 문화에 조예가 깊은 노신은 첫물차를 얻기 위해 농부가 얼마나 피와 땀을 흘려야 알고 있었던 것이다. 차는 긍정과 부정의 양면성을 갖고 있다. 차 자체는 신령스러운 식물이다. 그러나 이것을 먹고 운용하는 인간에게 문제가 있는 것이다. 차는 인간을 살리는 약도

되지만 인간을 죽이는 독약이 되기도 한다. 차로 인하여 농민이 황제와 귀족에게 수탈당하고 전쟁이 일어난 역사가 이것을 웅변적으로 대변해주고 있다.

노신은 비싼 차나 커피는 별로 좋아하지 않았는데 그것은 상류층의 기호품이기 때문이다. 노신은 일을 하기 위해서 주로 차를 마셨다. 그것은 물처럼 마시는 생존의 차이기도 했지만 글을 쓸 때 정신을 깨우쳐 주기 때문이다. 그렇지만 노신은 차를 품평하기 위해서 마시지 않했다. 노신은 좋은 차를 마실 줄도 안다. 그러나 좋은 차를 마시기 위해서 한가롭게 여유를 가지면서 마셔야 한다. 노신은 한가하게 차를 마실 시간적, 정신적 여유가 없었다.

그는 <차를 마시다>에서 "<흘교(吃教)>를 쓰는 중에 얼마 전에 쌌던 좋은 차를 가져와 마시니 좋은 맛은 어느새 사라지고 거친 차를 마실 때와 같았다."[15] 고 기술하였다. 이처럼 노신의 "거친 차관"(粗茶觀)은 노동자의 생존이라는 토대위에서 발생한 것이다.

그는 거친 차를 마신 사람들이 좋은 차를 마신 "고상한 사람들"보다 살아가는 능력을 더 잘 갖추고 있다고 생각했다. "좋은 차를 즐기는 사람들"은 감각을 너무 예민하게 하여 옷감의 털에도 민감하게 반응하여 살아갈 수 없다는 것이다. 그는 "차를 마시다"에서 다음과 같이 말했다.

15) 魯迅, <喝茶>, 앞의 책, 313쪽.

"우리는 고통을 느끼게도 하지만 보호해 주기도 하는 통각이라는 것이 있다. 만약에 통각이 없다면 등에 날카로운 칼이 꽂혀도 아무런 지각도 없게 되고, 피를 흘리며 바닥에 쓰러져도 자신이 쓰러지는 이유를 알 수 없게 된다. 그런데 이 통각이 너무 섬세하고 예민하다면 어떻게 되겠는가. 옷 위에 박힌 작은 가시도 감지할 뿐만 아니라 심지어는 옷감의 이음새, 솔기, 털까지도 모두 느끼게 되어 만약 '천의무봉'같은 옷이 아니라면 온종일 까끄라기가 붙어 있는 것 같아 살아갈 수 없을 것이다. 물론 예민함을 가장하는 사람들은 여기에 속하지 않는다."[16]

노신은 적당한 "통각"(痛覺) 생존하는데 필요하지만 감각이 너무 예민한 나머지 옷감의 이음새, 솔기, 털까지 모두 느끼게 되면 하루도 살아갈 수 없다고 주장하고 있다. 차를 마시되 차를 떠받들어서도 않되고 차에 눌려서도 않된다는 것이다.

"거친 차"를 마신다는 것은 품차를 하는 것도 아니고 "감각의 예민함"과 "느림의 미학"을 즐기는 것이 아니다. 지나친 감각의 예리함과 한가로운 정신은 "진화의 병폐"이다. "좋은 차를 마시는 것"은 "생존"에 유리하지 않고 "진화"에 장애가 된다는 것이다.

반면, 주작인의 차문화관은 어떠한가? 그는 용정차, 나개(羅芥)를 좋아했다. 고향에서 난 차잎 본산(本山) 잎은 둥그랗는데 그 차를 좋아했다. 특히 그는 운이 좋아 벽라춘(碧螺春)을 사 먹

16) 위의 책, 314쪽.

었다할 정도로 벽라춘를 높이 평가하였다.[17] 향편(香片)은 향도 맛도 없었기 때문에 좋아하지 않았다.

주작인은 차를 마실 때, 격식을 차려 마시는 것을 좋아했다. 그래서 그는 "차는 기와집에 종이로 만든 창문 아래서 우아한 도자기 다구를 이용해 두 세명이 함께 반나절 시간에 맑은 샘물로 만든 녹차를 마시는 것이 적절하며, 이것은 가히 십년의 속세의 꿈을 차단할 수 있다."[18] 그는 차를 마실 때는 한가롭게 반나절의 시간을 보내면서 여유롭게 마셔야 한다고 주장하였다.

이 점이 노신의 차문화관과 대조된다. 노신의 차가 '생존의 차'이자 '일상생활의 속의 차'라면 주작인의 차는 '여유로움의 차'이자 '예술적인 차'이다. 그래서는 그는 "내가 말한 차를 마시다는 청차를 마시는 것이며 색향미를 감상하는 것이다. 그 뜻은 단지 갈증을 해소하는데 있지 않으니 자연히 배불리 먹지 않는 것이다." 노신은 이러한 차의 관점에 대하여 "만약 생명을 상관하지 않거나 심지어 방해가 되는 지경에 이른다면 그것은 진화 속의 병태로서 머지않아 끝장나고 만다."[19]라고 날카로운 비판을 하였다. 민중이 도탄에 빠져 죽어감에도 불구하고 그 이웃의 생명을 상관하지 않고 상류문화를 즐기는 고아한 문사들과 사치스러운 차문화를 노신은 매섭게 질타하고 있는 것이다.

주작인은 <차를 마시다>에서 "다만 농촌에서 약간의 고풍

---

17) 廣西의 친구가 黃山細茶, 桂平西山茶. 白毛茶 등을 보냈는데 맛을 보니 원후하다 평가하였고 苦丁茶는 매우 쓰다고 평가하였다.

18) http://vip.book.sina.com.cn/book/chapter_56088_42363.html

19) 魯迅, <喝茶>, 앞의 책, 314쪽.

이 아직 보존되고 있지만 집안의 다구들이 초라하다, 이것을 혹은 꽤 차 마시는 의미가 있다고 할 수 있지만, 차 마시는 도를 얻었다고는 할 수 없다."[20]라고 서술하였다.

고아한 차 문화를 즐길려면 첫째 돈이 있어야 하며 둘째 여유가 있어야 한다. 주작인은 차를 마시는데 다구가 초라하면 차 맛이 없으며 차 마시는 의미가 없다고 여겼다. 좋은 차에 좋은 다완 그리고 이에 어울리는 분위기 속에서 유유자적하니 최소한 반나절 동안 마셔야 된다는 것이다. 여기 다식까지 가미된다. 반나절 동안 차를 마시니 소화가 다 되어 다식이 필요한 것은 당연한 것이다. 그는 다식의 중요성과 함께 중국과 일본의 다식을 품평하여 소개했다.

"중국에서 차를 마실 때 해바라기 씨를 많이 먹는데, 나는 적절하지 않다고 생각한다. 차를 마실 때 먹을 만한 음식은 당연히 담백한 다과이다."[21]라고 다식의 중요성을 말하였으며 이어서 그는 각양각색의 다식에 대하여 품평하였다.

"일본의 간식은 비록 콩과 쌀 제품이지만, 그 우아하고 고상한 형색과 소박한 맛은 다과의 자격에 매우 부합한다. 마치 각색의 양갱과 같은 것으로 특별한 맛을 가졌다. 강남의 찻집 중에는 일종의 말린 간두부가 있는데, 두부를 말려 잘게 썰어 짱쓰 간장을 넣고, 다시 뜨거운 물에 넣어 삶은 다음, 그 위에 참기름을 뿌려 손님에게 제공하였다."[22]

20) http://vip.book.sina.com.cn/book/chapter_56088_42363.html

21) 상동.

차를 마신데 있어서 다식은 필요하다. 그러나 인간대접을 받지 못하고 소나 말처럼 하루하루 살아가는 중국민중에게 있어서 이런 값비싼 다식은 그림 속의 떡이었으니 노신의 다관(茶觀)에서 보면 주작인의 다관은 시대의식을 반영하지 못한 한갓 구름 속의 신선놀음에 불과한 것이다.

4. 같지 않은 성향과 미에 대한 관점

이렇게 차를 보는 관점이 다를 수밖에 없는 것은 不同한 성향과 미의 관점에서 기인한 것이다.

노신이 차를 바라보는 관점이 거친 미라 한다면 주작인의 관점은 우아미이다. 노신은 사람도 야들야들하고 상냥한 남방사람보다 성질은 급하지만 솔직하고 강직한 북방사람을 좋아했다. 그래서 문학작품을 창작하는데 있어서도 현장이나 논밭이나 일하는 노동자나 농부의 건강미, 야성미를 찬미하였다.

노신의 거친 차의 찬미는 바로 여기서 기인한 것이다. 거친 속에는 원초적 생명력과 함께 활발함, 자연스러움이 내재되어 있다. 그러나 우아미라는 것은 겉보기에는 아름답지만 그것은 바로 인위적인 조탁미이며 천연성이 사라진 것이다.

조선도자기의 아름다움이 고졸의 미와 못생긴 아름다움을 가졌듯이 거친미라는 것은 바로 생명력이 살아있는 천연의 미를

22) 위와 같음.

의미한 것이다.

그래서 그는 <소품문의 위기>에서 "하물며 모래바람이 일고 이리 떼들이 무리지어 달려오는 이 때 누가 호박(琥珀)으로 만든 장식구슬이나 비취반지 따위를 감상할 틈이 있겠는가? 그것들이 우리의 눈을 즐겁게 해준다 할지라도 우리가 필요로 하는 것은 모래바람 속에 솟아오른 견고하고 웅대한 대형건축물이다. 설령 그것들이 우리의 마음을 만족시켜 준다 할지라도 우리가 필요로 하는 것은 비수와 투창과 같은 예리하며 견실한 것이어야 하지 우아함 따위가 아니다."[23]라고 주장하고 있는 것이다.

노신은 건축에 있어서 견고함을 중시했고, 동물에 있어서 호랑이나 사자, 독수리 등이 포효하는 웅혼한 아름다움을 중시했다. 그래서 그는 노신은 세상을 떠나는 전야에도 사람들에게 다음과 같은 의미있는 글을 남겼다.

> 나의 피와 살이 동물에게 먹힌다면 사자나 범, 매에게 먹히고 싶다.…장한 그들이 하늘이나 바위 위에, 사막이나 밀림 속에 출몰하는 것은 실로 볼만한 것이다. 그들을 잡아다가 동물원에 가두어두거나 표본으로 만들어도 사람들을 흥분시키고 속된 마음을 사라지게 할 수 있다.[24]

---

23) <小品文的危機>, 《魯迅全集》, 4권, 575쪽.

24) <半夏小集>, 《魯迅全集》, 6券, 597쪽.

거칠면서 웅혼한 것은 주로 생존하기 위해서 전투하는 고상한 이론과 정신을 핵심을 삼는다. 그 안에는 웅장하고 화려함이 내포되어 있다. 노신의 거친 위대한 아름다움은 일종의 숭고한 아름다움이다.

노신이 거친 것을 좋아한 것은 어쩌면 자신의 성격이 불의타협하지 않고 정의롭지 못한 이들에게 거칠게 대한 것과 친연성을 가지고 있다. 노신은 확실히 거칠고, 치열하며, 거센 면이 있다. 노신이 그러한 성격을 지니지 않았다면 그 시대를 정면으로 응시하여 살 수 없었을 것이다. 노신의 격렬하고 혈기있는 글은 적절한 전투력을 갖추고 있다. "욕을 잘하는 것"은 비록 거칠고 비속하지만 상황에 따라서는 아주 적합할 때가 있다. "거침"이 적절하게 표현되면 그것은 아름다움이다. 노신은 문인은 상냥(부드럽다)해서는 안되고 그른 것에 대하여 적극적이고 열렬하게 공격해야 한다고 주장했다. 그는 "조용하고 엄숙한 것"을 중시하지 않았고 "금강처럼 눈을 부릅뜨고 노여워하는 모습"을 중시했다.

노신의 "거침"과 "속"의 아름다움 속에는 "진실"의 아름다움이 함축되어 있다. 노신은 소박함과 참된 마음에서 우러나오는 정성을 숭상했으며 거짓을 반대하였다.

반면, 부드럽고 섬세한 성격의 소유자인 주작인은 우아미를 중시하였다. 그는 그의 성격답게 격정적인 문장을 잘 쓰지 못했다. 주작인의 한적한 소품문[25]은 아름답기로 유명한데 그의 정

25) 주작인은 1930년 < ≪近代散文抄≫序>라는 글에서 "소품문은 개인 문

서에 부합하였다. 주작인의 소품문은 만명(晚明) 소품산문의 영향을 받았는데 그는 성령이 깃든 작품을 좋아하고 정치적인 준명(遵命)의 작품을 싫어하였다. 그의 소품문의 특징은 청아, 함축, 우아, 고상, 조급, 담백하면서도 평화스럽다. 그의 작품의 소재는 보잘 것 없는 '파리'[26]부터 시작하여 거대하기는 우주에 이르기까지 광범위하다. 그는 영국수필, 명대 말기 소품 그리고 일본의 재담의 영향을 받아 '한담 스타일(闲话风)'산문을 창작하였는데 예술성이 있어 노신에게 조차 작품성을 인정받았다.

≪주작인 먹는 것을 논하다(周作人談吃)≫, ≪집에 있는 스님 주작인(在家和尙周作人)≫, ≪한적한 인생≫, ≪식후인생≫ 등은 제목에서부터 주작인을 일종의 미식가, 속세를 초월한 신선풍의 은둔자로 인식하게 한다.

주작인의 작풍은 5.4시기 전후로 대별되는데 5.4시기의 주작인은 사회를 적극적으로 개혁하고자는 열정이 존재하였으며 노신과 함께 문학혁명의 대열에 참여하였다.

그래서 그의 초기의 글들은 휴머니즘에 근간을 두고 있는데

학의 첨단이며 言志의 산문이다. 그것은 서사, 설리, 서정의 요소를 한 데 모아 자기의 성정 속으로 스며들게 하고 적절한 기법으로 처리하여 문장을 완성하는 것이다. 따라서 그것은 근대문학의 한 흐름이다." 孫郁 著, 김영문, 이시활역, 앞의 책, 308쪽.

26) 고대 그리스 전설 중 파리는 원래 미녀였다고 표현했고, 파브르의 곤충기에서는 파리가 용맹하고 민첩한 곤충으로 형용되어 있다. 중국 고대 때도 파리에 대한 반감이 없었다고 한다. 시경(诗经)에서는 일본인들은 생물을 형제 친구로 여겨서 파리와 관련된 재담이 많다고 적혀있다. 반면에 현대인들은 파리를 싫어하나 주작인은 파리를 귀엽게 표현했다. 이런 부류의 작품들은 성공하였고 "백화문으로는 미문을 못 쓴다"는 미신을 깼다.

그 대표적인 것들이 <인간의 문학>[27)]과 <평민문학>[28)], <사상혁명>[29)] <신문학의 요구> 등이다. 이 3편의 글에서 공통적으로 볼 수 있는 것은 "자신은 인류 가운데 하나의 개체"라는 것이다. 당시 주작인에게 개체, 개인, 평민은 모두 사람으로 대체될 수 있는 말이었다. 그는 사람과 사람의 관계가 국적, 민족, 인종, 계급을 떠나 문학, 예술을 통하여 맺어져야 한다고 생각했다. 그가 생각한 인간적인 생활이란 예술적 분위기 충만한 사회였다. 그의 눈에 신촌(新村)은 바로 이러한 이상향을 가시적으로 하나씩 시도해가고 있는 공동체였다.

얼마 후, 5.4운동의 실패 후 주작인은 그의 중심 사상이었던 신촌주의(新村主義)[30)]와 인류에 대한 믿음을 버리고 점차 개인

---

27) 주작인의 "인간의 문학"은 문학구호일 뿐만 아니라 미학구호 간주해야 한다. 그는 "우리들은 인간의 모든 생활 본능은 미적, 선적(善的)이라고 믿으며 이는 완전히 만족되어야 한다"라고 하면서, 그러기 위해서는 "인간의 도덕을 양성하고 인간의 생활을 실현"(≪중국신문학대계, 건설이론집≫)할 것을 선명하게 주장하고 있다.

28) 주작인은 구문학이 영웅호걸과 재자가인에 대해 다루고 있는 즉 민족문학이다면 평민문학은 사실적인 문체로 사회의 보통 남녀의 기쁨과 슬픔 그리고 성공과 실패를 다루는 것으로 보았다.

29) 문학혁명에 있어서 중요한 것은 문자개혁도 중요하지만 무엇보다도 사상개혁이 가장 중요하다고 강조하고 있다.

30) 신촌운동은 1918년 무사노코지 시네야스(武者小路実篤)를 비롯한 일본 백화파(白樺派)작가들을 중심으로 추진된 것인데, 도시적 자본주의의 문명을 거부하고, 한적한 시골에서 이상적인 공산사회를 꿈꾸며 공동 노동에 의한 공동체 생활을 영위했던 공상적 사회주의 운동이다. 주작인은 1919년에 일본으로 건너가 며칠간 직접 신촌주의를 경험해보기도 했는데, 매우 만족하여 쓴 문장만도 여러 편이다. 주작인이 신촌주의에서 발견한 것은 평화로운 방법의 개혁을 통한 이상적인 인간 사회의 달성이라는 비폭력적 평화운동이었다.

의 자유와 개성을 절대적인 위치에 올려놓는 개인주의자의 모습으로 변모하게 된다. 이 당시 발표한 문장으로는 <자기의 정원(自己的園地), 1922>, <개성의 문학(個性的文學), 1921>, <귀족적 평민적(貴族的平民的), 1922> 등이 있다. 이렇게 제목의 변화만 보아도 그의 사상적인 변천을 실감할 수 있다.

노신의 성격이 좀처럼 타협하지 않는 강직한 성격인 반면 주작인은 매우 유약한 성격을 지니고 있어 5.4운동이 실패하고 퇴조하자 실의와 절망에 빠졌고 현실에 안주하게 되었다. 더욱이 몸까지 아픈 주작인은 요양생활을 하면서 세상과 멀리하게 된다. 그래서 그는 문을 닫고 독서에만 열중하게 되고 급기야 "남들이 자신의 문학을 개인주의적 문예라고 하기도 하지만 개인 문예야 말로 자기가 말하는 진정한 인류의 문예라고 했다."[31]고 생각하게 된다. 이 말은 당시 주작인의 마음을 잘 대변해 준다. 그는 1923년 형 노신과의 불화의 계기로 세상과 타투지 않고 평화롭게 자신의 일과 취미에 만족하는 개인만족주의로 전락하게 되었던 것이다. 그래서 그가 추구한 미는 서민적이고 평민적인 것을 지향한 것보다는 고상하고 우아한 미를 추구할 수밖에 없었다.

주작인은 <귀족적인 것과 서민적인 것>이라는 글을 보면 그의 문학적 관점이 어떻게 변화되었는가를 알 수 있다.

"대부분 서민적인 것이 제일 좋고, 귀족적인 것은 모두 좋지 않다고 여긴다. 나 자신도 전에는 그렇게 생각하였으나, 지금은

31) (<文藝的討論> (1922.1.20. ≪晨報副鐫≫, ≪周作人文類編≫ 66쪽.

다소 회의적이다."라고 말하면서 "귀족풍과 서민풍 정신 모두 인간의 표현이다. 누가 옳고 누가 그르다고 지정할 수 없다."라고 두 계층의 문학에 대하여 평가를 내렸다.[32] 그러면서 "서민의 정신은 쇼펜하우어가 말했듯이 삶을 추구하는 것이다. 귀족의 정신은 바로 니체가 말했듯이 정신적 승리를 추구하는 것이다. 전자는 유한하고 평범한 존재를 추구한다. 후자는 무한하고 초월적인 발전을 추구한다. 전자는 완전히 인간 세상의 일이다. 후자는 거의 인간사 밖의 일이다. ……문학은 마땅히 서민의 정신으로써 기조를 이루되, 다시 귀족의 세례를 받아야만, 비로소 진정한 인간의 문학을 이룰 수 있다고 생각한다.……문학예술의 견지에서 말하자면, 평민의 귀족화가 제일 좋다."[33]

초기에 주작인의 미학관은 인도주의적 기초위에 세워졌으며 도덕론적인 색체를 농후하게 띠고 있다. 그리고 그는 귀족과 평민을 같은 인간으로 간주했으며 인간해방을 외쳤다. 사회문제에 있어서도 주작인은 개성해방, 여성해방, 성의 해방을 주장하면서, 봉건시대의 금욕주의에 반대하였다. 그는 여러 번 글을 써서 전족은 추악한 것이며 야만적이고 인간성에 위배되는 것이라 했다.

그러나 5.4운동이 실패하자 그는 명사의 기풍과 고아한 문풍, 귀족적인 문학을 추구하였다. 그는 개성적인 색채와 개인의식으로 인하여 그는 줄곧 생활의 표면에서만 미를 찾아내고자 하였

---

32) 주작인 저, 방철환 역, ≪연애쓰는 법≫, 태학사, 2003, 187-188.

33) 위의 책, 191-192쪽.

으며 구태여 생활 속으로 깊이 들어가서 미를 탐구하려 하지 않았다. 그는 예술미에 대하여 "예술의 즐거움"을 강조하였다. (≪신문학의 요구≫) 사회미에 관하여 그는 "현실사회와 비교적 격리되고", 환상적 경향을 가지 미를 얻는데 만족하였다.[34]

그는 삶에 있어서도 고아한 예술적인 삶을 지향하였다. 그래서는 그는 <생활의 예술>에서 다음과 같이 주장하였다. "삶은 쉬운 것이 아니다. 동물처럼 그렇게 단순하게 살아가는 것이 한 방법이고, 생활을 일종의 예술처럼, 신비롭게 아름답게 살아가는 것이 또 한 방법이다. 이 두자기 이외에 다른 길을 없다. 한 가지 더 있다면 금수보다 못하게 마구 살아가는 것이다."[35]

그러므로 그의 차문화관은 귀족문학을 지향하는 것처럼 화려하고 부미하며 우아한 것을 추구할 수밖에 없었고 형식과 격식을 따질 수밖에 없었다.

5. 나가는 말

이상으로 차를 통하여 노신 형제의 차문화관의 차별성을 살펴보았다. 두 사람의 차문화관은 개인의 성격과 취향, 성향이 같지 않은 것도 기본 요인이겠지만 무엇보다 그들의 인생관과 세계관, 미학관의 차이에 있다.

---

34) 鄧牛頓 著, ≪중국현대미학사상사≫, 양일모, 염정삼 역, 일월서각, 1991, 39쪽.

35) <생활의 예술> (1924. 11 ≪語絲≫1기), ≪雨天的書≫, 93쪽.

노신이 민중의 생명을 존중하는 세계관을 가졌다면 주작인은 다수의 생명보다 지나치게 자신을 중시하는 극히 이기주의적이면서 자유적인 세계관을 가졌기 때문에 광대한 인류를 보지 못했다. 미에 대한 관점에 있어서도 노신은 거친 일을 하는 '영차, 영차파'의 노동자나 농민의 거친 아름다움을 중시한 반면에 주작인은 돈과 시간, 여유가 필요한 고상한 아름다움을 지향하였다. 그러므로 그들의 차문화관은 다를 수밖에 없었다. 노신은 형식이 없이 편하게 언제 어디서나 먹을 수 있는 거친 차를 선호하였지만 주작은 격식과 분위기, 좋은 차와 좋은 다구가 갖추어져야 차를 마실 수 있다고 생각하였다.

노신은 일상적인 차를 중시하였다면 주작인은 예술적인 차를 중시하였다. 문학이 사회의 그물망에서 벗어날 수 없듯이 차문화도 인간이 살고 있는 그 사회와 분리할 수 없다.

1920, 30년대 중국은 생존에 있어 엄중한 위협을 받은 시기였다. 고상한 아름다움의 본질은 바로 책임을 방기한 '마비'였으며 비속의 아름다움의 본질은 바로 "최후의 몸부림"이자 "전투"였다. 역사적 현실을 떠나 고상한 아름다움과 거친 아름다움을 논한다는 것은 꿈에 가까운 것이다.

송대 차문화와 육유의 차시 연구

1. 들어가는 말

당대(唐代)의 귀족문화 속에서 뿌리내린 차 문화는 송대(宋代 960~1279년)에 이르러 더욱 다양하게 발전한다. 송대는 차문화의 번영기답게, 황제에서 일반 서민에 이르기까지 차가 쌀이나 소금과 같은 일상생활의 필수품이 되었다. 차의 품격을 겨루는 투다(鬪茶)가 일상적인 행위로 자리 잡으면서 차의 품질과 다구(茶具)의 고급화는 차문화의 발전에 결정적인 영향을 미쳤다.

당나라 때에는 차를 끓여 마셨으나, 송나라 때에는 가루 낸 차를 다완(茶碗)에 담은 후 뜨거운 물을 붓고 차선(茶筅)으로 거품을 내어 마셨던 점다법(點茶法)이 유행했는데 이것은 한국과 일본에서 행하고 있는 말차법이다. 이 가루차를 점다(點茶)라고 한 것은 송나라 휘종황제(徽宗皇帝)[1](1082년-1135년)가 ≪대관

다론(大觀茶論)≫을 저술한데서부터 비롯되었다.

≪송회요(宋會要)≫와 ≪송사예지(宋史禮誌)≫에 보면, 송대 조정(朝廷) 예절 가운데 차를 통한 예(茶禮)가 보편화되어 있음을 볼 수 있다.[2] 제사·종묘(宗廟)·신하들에게 하사품을 줄 때, 신하들과 잔치를 베풀 때 등 모두 茶禮가 있었다. 이것은 당시 조정에 다례(茶禮)가 필수적이었다는 것을 증명하는 것이다.

송나라 주자(朱子:1130년-1200년)가 쓴 ≪주자가례(朱子家禮)≫의 권5 <제례>편에는 점다에 필요한 기물들에 대한 기록과 제사 때 점다법으로 차를 올린 기록이 나온다. 이를 통해 보면 송대 이전에는 다례가 없었으나 주자의 가례 이후 제사 때에도 차

1) 중국 북송의 8대 황제(1100~25 재위). 예술의 후원자이자 화가·서예가로 유명하다. 그는 정치를 멀리하고 문학과 미술에 탐닉했다. 그의 화원(畵院)에서 일하는 화가들에게, 세밀한 표현기법을 도입하여 있는 그대로의 색채와 형태로 대상을 묘사해야 한다고 강조했다. 화조(花鳥)를 대상으로 한 자신의 작품 또한 정확한 색채, 정밀한 표현, 완벽한 구성 등을 이루고 있다. 그는 '수금체'(瘦金體)로 알려진 우아한 서체로 탁월한 재능을 발휘했다. 한편 3세기부터 당시까지 황실에 전해지는 많은 주요 화가들의 전기(傳記)와 그림 목록을 뽑아 <선화화보 宣和畵譜>를 편찬하도록 했다(선화는 휘종의 연호임). 그의 재위기간은 북송의 급격한 쇠퇴기였다. 그는 황실에 도교를 장려하고, 정원을 사치스럽게 꾸몄다. 황제가 총애하던 환관들이 조정에서 유례없이 막강한 실권을 장악하자, 보수파와 개혁파 간의 정치적 갈등은 계속되었다. 북쪽의 요(遼)나라가 세력을 뻗치며 위협하자, 그는 만주(지금의 둥베이[東北])의 여진족과 동맹을 맺었다. 요와의 전투에서 이기기는 했으나, 여진족의 세력이 점차로 커지게 되자 이에 두려움을 느낀 그는 1125년 아들 흠종(欽宗)에게 제위를 물려 주었다. 그러나 흠종이 제위에 오른 지 2년이 지난 1127년 여진족은 수도 카이펑[開封]을 점령하고 북송을 멸망시켰다. 휘종과 흠종은 만주에서 비참한 귀양살이 끝에 죽었다. http://100.daum.net/encyclopedia/view.do?docid=b25h3416a

2) http://cafe.daum.net/tnghtls69/C3Id/152?docid=Na4m|C3Id|152|20041014015128&q=%E1%E4%FC%E5%E9%A9

를 중요한 제수품으로 썼으며 손님 대접에서부터 관혼상제까지 모두 다례가 보편화되었음을 알 수 있다.

당나라 때에는 차문화가 황족과 귀족, 사찰, 문인들의 것이었다면, 송나라에 와서는 차 마시는 생활이 성행하여 일반 백성들에게도 일반화되었다. 많은 다서들이 출간되었으며 수많은 문인들이 차에 관한 시를 읊었다.

당시 대표적인 문인들로는 육유(陸游)[3], 매요신(梅堯臣), 양만리(楊萬里), 소동파(蘇東坡), 증공(曾鞏), 범중엄(范仲淹), 황정견(黃庭堅), 진관(秦觀), 주희(朱熹), 오문영(吳文英), (소성(蘇城), 구양수(歐陽修), 채양(蔡襄), 소철(蘇轍), 황정견(黃庭堅), 범성대(范成大) 등이 있는데 이 가운데 가장 많은 茶詩(차시)를 쓴 시인으

---

3) 자는 무관(務觀), 호는 방옹(放翁). 많은 산문과 1만여 편의 시를 남겼다. 시인으로 출발하여 간단하고 솔직한 표현, 사실주의적인 묘사로 당시 유행하던 강서시파(江西詩派)의 고상하고 암시적인 시풍과는 다른 시를 써서 명성을 얻었다. 그러나 형식에 있어서는 보수적이어서 고체시(古體詩)를 많이 썼다. 또한 당대(唐代)의 위대한 시인들이 완성한 것으로 평측(平仄)·압운(押韻)·대우법(對偶法)이 복잡한 근체시(近體詩) 가운데 하나인 율시(律詩)에서 탁월한 재능을 보였다. 그는 시에서 뜨거운 애국심을 표현하여 지금까지 애국시인으로 불린다. 시를 통하여 그가 태어난 해인 1125년에 일어난 여진족의 중국 침략에 항의했고, 침략자들을 몰아내고 잃어버린 북방 영토를 되찾지 못한 송(宋) 황실을 꾸짖었다. 평화정책을 추구하는 온건파가 황실을 지배하고 있을 때 그는 강경론을 주장하여 황실 관리로 승진하지 못했고, 과감하게 직언하여 4번이나 지위가 강등되었다. 결국 문관직을 사임하고 고향으로 갔다. 은퇴 후 그의 시 세계에서 2번째로 중요한 주제인 전원생활을 예찬하는 일에 전념했다. 도연명(陶淵明)의 시풍을 따라 평범한 소재로 전원생활을 묘사했는데, 생생하면서도 세밀한 비유법을 통해 전원생활의 분위기와 풍경을 묘사하는 데 있어서는 도연명을 앞질렀다. 저작으로 ≪검남시고(劍南詩稿)≫가 있다.
http://100.daum.net/encyclopedia/view.do?docid=b17a2000a

로는 육유와 매요신, 양만리 등을 들 수 있다.

육유는 일생동안 3만여 편의 시를 남겼는데 정리 작업하는 가운데 2만여 편을 삭제하여 1만여 편 정도를 남겼다 한다. 이 가운데 3백여 편 정도가 차와 관계된 것으로 육우의 ≪다경(茶經)≫을 이었다할 정도로 다신(茶神)의 경지에 이르렀으며 후에 차시에 지대한 영향을 미쳤다.

본고에서는 송대 차 문화와 육유의 차시를 분석하고자 한다. 육유시에 대한 연구는 국내외적으로 많이 연구되어 왔지만 육유의 차시는 거의 연구된 바가 없다. 육유의 시에는 당시의 차 문화와 그의 사상이 잘 드러나 있다. 육유의 시풍은 3단계로 나눈다. 초기, 중기, 말기 가운데 차시는 육유 말년에 거의 써졌으며 말년의 육유의 사상이 잘 드러나 있다.

제2장에서는 송대 차문화를 형성한 시대적 배경과 특징, 그리고 당시에 출간된 다서(茶書)와 다인(茶人)을 살펴본다. 제3장에서는 육유차시에 나타난 주제사상을, 제4장에서는 육유차시에 나타난 심미가치를 알아본다. 결론에서는 본고의 결과와 향후 연구해야 할 과제 및 기대효과를 서술하고자 한다.

2. 송대 차문화

잘 알려지다시피 송대는 차문화의 번영기이다. 단차(團茶)인 연고차(研膏茶)[4]가 중심이 되어 차 겨루기인 투다(鬪茶)[5], 飮茶法[6], 도자문화와 함께 다마무역(茶馬貿易)이 성행하였던 시기이다. 또한 차문화의 사회적 의미와 문화적 형식이 확대되면서 다사(茶事)와 다예(茶藝)가 꽃피었던 시대이다. 송대의 차문화를 알아보기 위해 먼저 당시 송대의 시대적 배경과 정치적 배경을 살펴보고자 한다.

960년 5대 10국의 혼란을 통일한 후주 출신인 조광윤(趙匡胤, 927~976년)이 송(960~1279) 을 세우고 제위에 오르자 변경에 도읍을 정하고 절도사 제도를 폐지하고 모든 군대를 황제에게 직속시킴으로 중앙집권적 전제정치를 실시하였다. 이와 함께 각 부처에 문신을 대거 등용하는 등 문치주의 원칙에 입각한 중앙집권적 전제정치를 실시하였으며, 과거제를 정비함으로써 귀족계급에서 신흥사대부 계층이 등장하였고 신유가도 대두되었다.

불교와 도교의 영향을 받은 성리학은 인간의 본질과 우주의 본질에 대한 연구를 심화시켰으며 송대의 학문을 한층 더 발전

---

4) 唐代의 차가 찻잎을 쪄서 절구 쳐 굳게 건조한 떡차(餅茶)라면 송대는 연고차의 시대이다. 연고차란 시루에서 쪄내고 압착기에서 즙을 짜낸 찻잎을 갈아서 틀에 박아낸 차라는 뜻이다.

5) 투차란 단순히 차 달이는 솜씨를 가리는 시합 정도가 아니라 차면에 일어나는 거품의 모양이나 색깔·향기·맛 등에 대해서 심오한 예술적 감상이 곁들이는 수준 높은 문화행위였다. 중국의 학자 王建平은 송대 투차의 주요 심사기준 3가지를 제시했는데, 첫째는 다탕표면의 탕화의 色澤과 균일도이고 둘째는 交盞이 풀려 생긴 물의 흔적이며 셋째는 다탕의 색, 향, 미가 가장 좋은 것이 승리한다고 보았다. 王建平, ≪茶具清雅≫, 光明日報出版社, 北京, 1999, 28쪽.

6) 첫 번째는 공차(貢茶)인 단차(團茶)의 음용법이 있었는데 조정과 사대부의 문인들이 즐겨 사용하였다. 두 번째는 양이를 대표로 하는 강남차와 말차의 음용법으로서 당시 사회에 유행되었던 점다법(點茶法)이다. 세 번째는 팽다법(烹茶法)과 포다법(泡茶法) 등 여러 가지로 음용하는 방법인데 자연을 숭배하는 문인아사(文人雅士)들 무리에서 유행되었다.

시켰는데 이러한 유불선의 심오한 철학은 송대 차문화 사상에도 깊은 영향을 미친다.

이와 더불어 인구증가와 군사적 지출, 송의 행정적 쇠퇴, 재정적 어려움 등이 건국 1세기가 안되어 나타나기 시작했다. 태종 때 연운 16주(燕雲十六州) 수복을 위해 요나라와 싸웠으나 패하고 거듭된 요의 침입으로 재정이 궁핍해진 것이다.

정치를 등한시하고 문학과 미술, 서예 등 예술과 차문화에 심취한 휘종은 정부의 재정을 더욱 궁핍하게 만들었다. 1127년, 금나라에 의해 송의 수도 개봉이 함락되었고 휘종과 흠종이 포로가 되어 사실상 송은 멸망하게 된다. 흠종의 동생 고종이 송조를 회복하여 중국의 경제적 심장부인 임안(항주)에 도읍을 정하니 이때부터 남송(1127~1279)이라 하였다. 북송(960~1126)보다 급속한 경제적 성장과 군사적 예산을 집행하였으며, 방대한 관료조직을 유지하였다.

남송은 1세기 반 동안 존속하면서 금나라를 치려하였으나 강화파인 진회(秦檜)가 주전파인 악비(岳飛)를 제거하고 굴욕적인 강화를 맺기도 하였지만 남송은 결국 몽골에 의해 멸망하게 되었다. 남송이 멸망하게 된 주된 이유는 강성해진 금나라의 침략 등 여러 가지 요소가 있겠지만 황제와 대신들이 정치를 멀리하고 무인들을 등한시하며 문인 중심의 찬란한 궁정문화와 호사스러운 차문화를 즐겼던 것과도 일정한 관계가 있다.

송대 차문화 형성 배경의 주된 이유로 첫째는 경제적 변화를 들 수 있다. 대운하로 남북무역이 증가하고 농업기술이 발전하면서 시장경제가 활성화되었으며, 24시간 시장 개방 정책으로 상업 활동이 자유화되면서 도시 인구가 급증, 이와 함께 차 수요도 증가하였고 차의 유통체제도 체계화되었다.

둘째, 신유학의 발전으로 당나라와 송나라 조정은 과거 응시자들에게 차를 제공하였다. 유학자들의 강한 신분 상승 의욕에 따라 이들은 황실 음다(飮茶) 풍습을 모방하였으며 손님 접대 시 술 대신 차를 대접하였고 승려 및 도가들과 빈번한 교류를 하며 차의 효능을 이용한 학문과 수도생활로 차문화를 확산시켜 나갔다.

셋째, 공차제도(貢茶制度)[7]의 흥성과 투다(鬪茶) 풍습의 일반화이다. 용봉단차[8] 제조 이후 고급 공차 제조는 신분 상승의 수단으로 작용하였으며, 황제들의 단차에 대한 관심이 더욱 고조되어

---

7) 넓은 중국 땅의 여러 차 산지에서 생산되는 차를 황실로 바치는 것.

8) 송인들은 사향이나 용뇌같은 향약을 섞어 차를 만들고, 떡 차의 표면에 금으로 용과 봉을 장식하여 이른바 '龍團鳳餠'을 만들었는데, 그 가운데에는 한 덩어리에 수만금이나 나가는 고가의 차도 있었다.
송대 웅번(熊蕃)의 ≪宜和北苑貢茶錄≫을 보면 40여종의 품종이 등장 한다. 절세명품으로 용단승설(龍團勝雪), 밀운용(密雲龍), 용봉단(龍鳳團) 등을 꼽는다. 용봉단(龍鳳團)은 제작이 어려워 생산량이 극히 적어 매년 10근 정도라고 한다. 밀운용(密雲龍)은 소용단중 가장 정선된 상품으로 황가 전용으로 단지 매년 천지에 대례를 올릴 때 황제는 중수성과 추밀원의 각 4명의 대신에게 1개씩(1냥6전: 약60g정도) 하사하였다고 한다. 이것은 황금보다 비싸다. 돈이 아무리 있어도 구할 수 없는 차였다. 대신들은 마시지 않고 귀한 손님이 오면 자랑했다고 한다. 신용단승설(新龍團勝雪)은 엄선된 숙아(熟芽)의 상피를 전부 벗겨내고 한 가닥의 심만 남겨 이것을 엄선된 청수(淸水)에 담가 흰 은선과 같이 만든다. 이것을 복잡한 가공을 거쳐 갈아서 단(團)으로 만들고 사치스러운 몇 겹의 포장을 거쳐서 마지막에는 옻을 칠한 상자에 넣었다고 한다.
http://cafe.daum.net/cishahu/F9Pc/9?docid=1L9AY|F9Pc|9|20100717150113&q=%F9%C9%EA%B9%F5%F0

갔다. 이와 함께 투다(鬪茶, 茗戰, 試茶)의 풍습이 유행하였는데 이것은 원래 공차 제조인들 사이에서 차의 품질을 겨루는 대회에서 시작하여 나중에는 황실부터 일반인들에게까지 일반적인 풍습으로 확산되어 나갔다. 이러한 투다(鬪茶)의 풍습으로 차의 품질과 茶具의 발전 등, 차문화 발전에 결정적인 역할을 하였다.

송대는 차문화의 전성기로 수많은 다서(茶書)가 출판되었고 다인(茶人)들이 배출되었다. 채양, 휘종, 웅번(熊藩), 조여려(趙汝礪), 심안노인(審安老人) 등의 저서가 대표적인 책들이다. 채양[9]의 ≪다록(茶錄, 1051)≫에는 차에 대한 전반적인 지식이 수록되어 있어 ≪다경≫의 맥을 잇고 있다.

"휘종의 ≪대관다론(大觀茶論, 1107)≫에는 찻잎의 생산, 단차

9) 채양(1012-1067), 자는 군모이며 북송의 저명한 서예가였다. 그는 소식(蘇軾), 황정견(黃庭堅), 미불(米芾)과 함께 "송대 4대가"로 불린다. 채양은 관직이 단명전 학사에 이르렀으며, 경력연간에 복건 전운사에 임명되었다. 채양은 차 마시는 것을 목숨처럼 좋아했으며, 품차(品茶)와 감차(鑒茶)에 능했고, 북송의 저명한 차인 "소룡단(小龍團)"을 만들었다. 용봉차(龍鳳茶)는 송대 가장 진귀한 차로, 둥근 월병모양으로 만들고, 용과 봉황그림으로 장식하여, "용봉단차(龍鳳團茶"라고도 불렸다. 이 차는 복건 건주에서 생산됐는데, "정위가 시작하여, 채양이 완성했다"는 설이 있다. 정위는 복건 전운사로 임명되자, 용봉단차를 황제에 납품하는 차로 만들기 시작했는데, 이것이 바로 대룡단(大龍團)이며, 8개가 한근이다. 이후 채양이 복건 전운사가 되어, 작은 모양으로 개조하였는데, 이것이 곧 소룡단(小龍團)이다. 새로 만든 차입은 더욱 정밀하며, 10개가 한근이다. 이 소룡단은 "상품용차(上品龍茶)"로 불렸다. ……채양은 다도에 조예가 깊어, 다사(茶事)에 관련된 수많은 내용을 "다록(茶彔)"에 체현해냈다. "다록"은 상하 양 권으로 구성되어 있으며, 상권에서는 차를 논했으며, 하권에서는 다기를 논하였다.
http://m.epochtimes.co.kr/news/view.html?section=182&category=184&style=title&page=119&no=8048

點茶法, 품질 등이 자세히 기록되어 있다. 웅번(熊蕃)의 ≪선화북원공다록(宣和北苑貢茶錄, 1121~1125)≫에는 북원의 역사, 찻잎의 종류, 공차의 규격, 제조연도, 채다가(採茶歌)10수와 38가지의 단차형태가 수록되어 있다. 조여려(趙汝礪)의 ≪북원별록(北苑別錄, 1186)≫은 복건 전운사(福建轉運使) 시절 공차에 대한 저술이다. 차를 따서 만들기까지의 복잡하고 까다로운 단차제조와 공차의 종류, 등급 등을 기술했다. 심안노인의 ≪다구도찬(茶具圖贊, 1269)≫은 다기에 각기 벼슬과 자(字), 아호를 붙여 의인화하였다."[10] 이는 남송 말 12가지의 점다 다기를 점다법의 순서에 따라 열거하고 그림을 첨부하여 송대 말기의 점다문화(點茶文化)를 알 수 있게 하는 귀중한 자료이다.

송대의 다인이자 문인으로는 육유(陸遊), 범중엄(范仲淹), 구양수(歐陽修), 왕안석(王安石), 소식(蘇軾), 소철(蘇轍), 황정견(黃庭堅), 매요신(梅堯臣), 양만리(楊萬里) 등이 있다. 이들은 당시 저명한 문인들로 차와 관련한 차시를 지었으며 다첩(茶帖)과 다화(茶畵)를 펴냈다. 차는 심신수양과 정신적 즐거움뿐만 아니라 예술로 승화시켜주는 도구가 되어, 문인과 선비들은 끊임없이 차문화에 심취하여 왔다.

---

10) http://blog.daum.net/_blog/BlogTypeView.do?blogid=0A56J&articleno=17059984&categoryId=619013&regdt=20100503073130

3. 창작내용과 차사(茶事)

육유는 금나라가 침략한 격동의 시기에 차의 고향 산음 잘강 소흥 (山陰 浙江紹興)에서 태어났다. 그가 생존한 시기는 북송이 멸망하고 남송이 건국하는 시점으로 당시 강화파인 진회(秦檜)[11]의 억압과 전횡이 극심했다. 육유 또한 그 전횡의 피해자이기도 했다.[12] 그는 강화파의 주장에 반대했으며 무력하게 무너지는 宋朝를 보고 수치스럽게 생각하였다. 그는 늘 "말을 타면 오랑캐를 무찌르고 말에 내려서는 병서를 썼다." (「上馬擊狂胡, 下馬草軍書」) 말년에 이를 때까지 그가 세운 포부는 변함이 없었다. 그래서 "임금의 군대가 북쪽을 정벌하여 중원을 되찾는 날, 집안에서는 잊지 말고 제사하여 나에게 알려주라"(「王師北定中原日, 家祭無忘告乃翁.」라는 명구를 남겼다. 애석하게도 그는 일생동안 벼슬길이 순탄하지 못했으며 원대한 꿈을 펼칠 수 없었다.

육유는 차의 고향에 살면서 "다신" 육우(陸羽: 号桑苎)의 가풍을 이어받았다. 그는 샘물을 길러 차를 우려마시면서 적막하고 청빈한 세월을 보냈다. 차에 대해 줄곧 깊은 뜻을 품고 있었던 그는 말년에는 정국, 나이, 건강 등의 이유로 정치활동을 재개할 수 없었다. 그러나 시가, 서예와 차에 대한 열정은 버리지 않았다.

---

11) 秦檜는 금의 밀명을 받고 악비를 전선에서 불러내고 항쟁파를 하나 하나 면직시켰다. 육유의 부친은 항쟁파와 친했으며 어렸을 때부터 그 모습을 보고 육유도 영향을 받았다.

12) 진사시험에 응시하였지만 秦檜의 손자 秦埙과 수위를 다투다 불합격하게 된다. 육유는 진회가 죽은 후에 진사가 된다.

육유는 일생동안 복주(福州), 진강(晋江)을 거쳐 입촉(入蜀)、감(赣)에 이르도록 각지를 전전하였으며 이러한 것이 그로 하여금 각지의 차를 맛보게 하였고 이를 바탕으로 시를 창작하였다.

그의 생애와 시풍은 크게 초기(1125년-1169), 중기(1170-1189), 말기(1190-1210)로 나뉘는데, 이를 다시 세분하여 중기를 전 후반으로 나누어 구분할 수 있다.

"초기는 강서시파(江西詩派)의 영향을 받아 형식기교 방면에 많은 힘을 기울였으며, 중기 중 전 '재촉시기'(在蜀時期)는 남정(男鄭)에서 종군경험을 계기로 새로 정립된 시관(詩觀)을 바탕으로 열정적이고 호방한 우국시들을 써낸 시기이다. 중기 후반 '재산음시기'(在山陰時期)는 기본적인 경향에 있어서는 이전 '재촉시기' 때와 같지만 북벌에 대한 좌절감으로 인해 많은 부분에서 울분과 비탄의 감정이 나타난다. 말기에는 고향에 한가로이 거주하면서 주로 평이하고 질박한 필치로 농촌의 일상적인 생활을 제재로 한 시를 썼으며 작품 양이 폭발적으로 증가한 시기이다."[13] 이때에는 선차수행(禪茶修行)과 더불어 차와 자연이 합일하는 모습이 두드러진다.

육유는 ≪饭店碾茶戏書≫에서 "江风吹雨暗衡门, 手碾新芽破睡昏。小饼戲龍供玉食, 今年也到浣溪村[14](강바람에 불어 닥친 비가 형문(衡門)을 두드리는데, 손으로 새로운 싹을 찧어 졸음의

13) 주기평 <陸游詩歌研究>, 서울대학교 대학원, 2005, i

14) ≪饭店碾茶戏書≫, 钱仲联 ≪劍南诗稿校注≫ 2권, 上海古籍出版社, 1985年版, 595쪽.

혼미함을 깨네. 소병용단(小饼龙团)에 맛있고 좋은 음식을 바치고 금년에 또한 완계촌(浣溪村)에 이르렀네)"라고 소병용단을 찬미하였다. 소병용단은 복건성 전운사(转运使)[15] 채양이 감독하여 만들어서 바친 '상품용차'(上品龙茶)이다. 황제에게 바치고 황제가 신하들에게 하사한 어차(御茶)이다。어차는 일반적으로 황제나 황제의 가족, 친척들이 마시는 차이다. 일반 신하들은 황제나 국가에 경사스러운 일이 있을 때 황제로부터 선물로 받는다. 당시, 송대의 높은 관료에 있는 구양수 같은 사람도 일 년에 한번 정도 밖에 어차를 하사받아 먹었다 하니 이 얼마나 귀한 것이었겠는가.[16]

그런데 뜻밖에 이 차의 맛을 나누어 맛볼 수 있게 되니 육유는 매우 기뻤던 것이다. 육유의 나이 50대 초반 그는 차와 소금을 관장하는 지방국의 장관직으로 복건에 부임하였다가 강서로 전임하는 그 시기에 건주 (현재 福建의 建瓯市) 에서 차시를 많이 썼다. 다차(茶道)에 대한 고상함, 투차의 기교, 건차(建茶)의 우아한 맛, 제차(制茶)의 정취, 제차의 묘법 및 건차(建茶)에 대한 품평(品评)과 불의한 세계에 대항 등을 차시에 반영하였다.

"北窗高卧鼾如雷, 谁遣茶香挽梦回.[17](북쪽 창문에 높게 누워

---

15) 중국의 전운사는 1로(路)마다 1명씩 임명하여 소관지역의 군사·경제·치안·형옥(刑獄)·재용(財用)의 일을 관장하고, 주현관리를 안찰하는 임무를 수행했으며 때때로 안찰사를 겸하기도 했다.
http://100.daum.net/encyclopedia/view.do?docid=b19j0610a

16) 인종 때 이르러 신하들에게 차 한근, 술 2호를 하사하였는데 이후에 이것이 정례화되었다. 王鞏, ≪甲申雜記≫ 1卷, 3쪽.

17) ≪试茶≫, 앞의 책 2권, 893쪽.

코를 고니 우레와 같네. 누가 차향을 보내 꿈속으로 끌어당기네)" 이 시는 건안(建安)에서 지어졌는데 다관(茶官)의 삶을 은연중에 반영한 것이다. 새로운 차가 나오면 다관이 시식하도록 봉정되었기 때문이다。诗人은 잠이 올 때면 차 일을 맡은 관리에게 차를 우려오라 하여 그로 하여금 시음을 하게 하였다. 그러면 차의 향기가 그를 깨웠는데 건차의 향기가 그렇게 강렬했던 것이다.

육유는 만년에 건차를 잊지 못했다. 개희원년(开禧元年) (1201年) 봄, 그는 다음과 같이 ≪팔십삼음(八十三吟)≫이라는 빼어난 시를 창작하였다.

"石帆山下白头人, 八十三回见早春。

(석범산 아래 흰머리 늙은이 83세에 이른 봄 맞이하네.)

自爱安闲忘寂寞, 天将强健报清贫。

(편안하고 한가로워 적막함을 잊으니, 하늘은 강건함으로써 청빈함을 보답하네.)

枯桐已爨宁求识, 弊帚當捐却自珍。

(마른 오동나무 장작을 부뚜막에 쌓고 깨달음을 얻네. 자만심을 버리고 스스로를 소중히 여기는 것조차 물리쳤네.)

桑苎家风君勿笑, 他年犹得作茶神。"[18)]

(상저옹 -陸羽의 가풍을 이었다고 웃지 마시게, 어느 해인가 이미 茶神이 되었다네)

---

18) ≪八十三吟≫, 위의 책, 7권, 3897쪽.

이 7언시는 창칼이 난무하는 현실 속에 장엄한 기개를 나타낸 것이다. 시인은 복건루 창평(福建路 常平)의 다사(茶事)을 꺼내서 건차에 대한 깊은 감정을 표현하였다.

그는 또 다음과 같이 노래한다. "名泉不負吾兒意, 一掬丁坑手自煎"[19](명천은 나의 뜻을 저버리지 아니하니 한 움큼 차를 손에 쥐어 차를 우려내네.) "雪液清甘漲井泉, 自攜茶灶就烹煎"[20](하얀 눈 같은 액체 맑고 감미로워 샘에 넘치니 차 도구를 가져가 차를 우려내네.) 좋은 차를 마시는데 있어서는 상급의 좋은 차도 중요하지만 물도 훌륭해야 한다. 여기에서는 차물을 우려내는데 있어서 물의 중요성을 설명하고 있다. 이처럼 그는 시종 차에 푹 빠져 득의하는 재미를 잃지 않았다.

그는 "家边煮泉品茗, 边奋笔吟咏"[21](집에서는 물을 끓여 차를 맛보고 한편으로는 붓을 들어 분발하여 시를 짓네) 라고 노래할 뿐만 아니라 또한 밖에 나갈 때에도 "차를 달이는 화로와 붓을 걸쳐놓은 도구가 항상 따라 다녔다"("茶灶笔床犹自随")[22]。이것은 지극히 깊은 다도의 경지로, 선차수행한 도인의 모습을 나타낸 것이다. 차는 일반적으로 고정된 장소에서 먹기 마련이다. 왜냐하면 차를 마시려고 한다면 뜨거운 물과 다완, 다호, 차, 화로 등 많은 기물이 움직이기 때문이다. 지금 자동차가 있어 싣고

---

19) ≪北窗≫, 위의 책, 6권, 3325쪽.
20) ≪雪后煎茶≫, 위의 책 7권, 4335쪽.
21) 위와 같음.
22) ≪流年≫, 위의 책, 3539쪽.

다니기 편리하지만 옛날에는 그런 운송 수단이 여의치 않았다. 그럼에도 불구하고 차를 마시기 위해서 화로를 가지고 다니며 차를 마시면서 글을 쓴다는 것은 차에 완전히 몰입했다는 것을 의미한다.

만년에 그는 소박한 식사와 차의 달콤함에 만족하였다. 그래서 그는 "반찬은 소박하지만 차는 감미로워 빈곤함을 느끼지 않네(眼明身健何妨老, 饭白茶甘不觉贫[23])"라고 말하였다. 마치 공자의 제자 顏子가 한 그릇 밥과 표주박으로 만족해하는 모습을 보는 것 같다.[24]

육유는 50대 초반에 복건로 평차공사(福建路 平茶公事)로 임명되었다. 복건성 무이산(福建省 武夷山)은 명차의 산지이다. 그는 무이차(武夷茶) 및 북건명차(福建名茶) 등을 맛보았으며 아미(峨嵋)、고저(顧渚)등지를 두루 구경하였다. 그 밖에 각지를 돌아다니면서 지역별로 차에 대해 품평하였다. 동시에 육우의 다경을 심도있게 연구하였으며 매우 절묘한 영차시구(詠茶詩句)로 다도를 평하였다.

"飯囊酒瓮紛紛是, 誰賞蒙山紫笋香"[25](밥주머니와 술독이 분분하지만 어느 누가 몽산의 자순향을 감상하지 않으리오). 이것은 세상에서 제일가는 몽산 자순차(蒙山紫筍茶)을 말한 것이다.

23) 《書喜》, 위의 책, 3532쪽.

24) 논어에 雍也篇(옹야편)에 보면, 공자의 제자인 顏子(안자)에 관하여 "한 그릇 밥 한 표주박 국으로 누추한 거리에서 삶을 사람들은 다 싫어하되 顏回(안회)는 그 즐거움을 고칠 줄 모른다"라는 기록이 있다.

25) 《效蜀人煎茶戏作长句》, 위의 책 4권, 2104쪽.

자순차 잎의 모양은 죽순과 비슷하여 차 잎이 여리고 곧으며 약간 길쭉하다. 자순차는 천하제일의 명차라 하여 황제의 사랑을 받았으며 공차로 보내졌다. 이 시는 육유가 몽산에 기거할 때 차를 친히 만들어 술과 밥 대신 마시고 감상하는 모습을 반영한 것이다.

"遙想解酲須底物, 隆興第一壑源春"[26](주독을 푸는 것을 생각한다면 隆興의 壑源春이 으뜸이로다). 이것은 복건(福建) 융흥(隆興)의 "학원춘"(壑源春)을 말한 것이다. 학원춘은 송대 북원차와 함께 정배(正焙)로 불리며 민간에서 제다된 공차의 대표로 꼽혔다.학원산에서 시배(試焙)된 햇차가 바로 상품의 용봉단차였다.

"焚香細讀 ≪斜川集≫, 候火親烹顧渚春"[27](차향을 사르면서 ≪사천집(斜川集)≫을 읽는다. 불을 지켜보면서 친히 고저춘(顧渚春)을 끓이네) 이것은 절강(浙江) 장흥(長興)의 고저차(顧渚茶)를 말한 것이다. 고저차의 모양 또한 자순차처럼 죽순과 많이 유사하다. 상등품 차 잎은 곧고 여리며 조금 길다. 그 모양은 난초 꽃과 흡사하며 완성된 차의 색깔은 비취빛이 난다. 난초 꽃향을 많이 함유하고 있으며 순하고 시원 상쾌한 맛과 함께 단맛이 돈다. 탕색은 맑고 깨끗하다. 우려 마신 후의 차 찌꺼기를 보면 그 잎이 여리고 매우 부드럽다. 맑고 그윽한 향이 사람을 취하게 할 뿐만 아니라 이 차를 마시면 정신을 일깨워 자꾸 마시고 싶게 한다. 장흥현 고저산(顧渚山)의 차는 당나라 중기부터

26) ≪谢王彦光提刑见访并送茶≫, 위의 책 1권, 72쪽.

27) ≪斋中弄笔偶书示子聿≫, 위의 책 5권, 2604쪽.

그 명성을 얻었는데 그렇게 유명하게 된 것은 당대 차성(茶聖) 육우(陸羽)의 영향이 크다. 그는 일찍이 고저산에 들어와 다원을 만들었으며 직접 찻잎을 따서 차를 만들고 맛을 본 후, 고저산기(顧渚山記)를 썼다. 여기에는고저산의 차에 관한 일이 낱낱이 기록되어 있다.

"春殘猶看小城花, 雪裡來嘗北苑茶"[28](봄 저무니 오히려 작은 성의 꽃을 볼 수 있고 눈 속에서 북원차를 맛볼 수 있네). 이 시는 공차 북원차(貢茶 北苑茶)를 노래한 것이다.

이 북원공차는 오대 민국 용계원년(933년)에 설치되어 4개 왕조 29명의 황제 458년 동안 지속되었다가 명 홍무24년(1391년) 홍무제 주원장에 의해 "공차로 인해 민폐를 주어서는 안 된다"고 하여 종결되었다.[29]

---

28) ≪适闽≫, 위의 책 2권, 835쪽.

29) 5대10국시기, 민왕은 다사(茶事)를 흥행시켰는데 건안부(무이산으로부터 100 여리) 성동의 봉황산에 있는 차상 장정휘에게 속하는 다원을 조정의 소유로 변경시키고 이름을 북원(北苑)이라고 칭하였다. 그리하여 북원차는 왕공귀족이 전문으로 마실수 있는 "공차"로 되였다. 북송왕조가 건립된 후 태평흥국원 년에 이르기까지 민나라의 옛 제도를 세습하여 북원을 줄곧 어다원(御茶園)으로 하였다. 관부에서 생산하는 이런 차는 모두 궁중에 진공하는 차로 되였기에 북원공차라고도 불리웠다. 북송시기 차가 날로 흥행함에 따라 상류사회가 북원차에 대한 수요가 많아졌기에 북원차원은 인근 지역으로 확장되였다. 이런 다원과 가공원은 건계양안을 따라 수백리가 이어졌는데 그중에 무이산도 포괄되였다. 그러나 그때의 무이산차도 북원차의 보충차로 되었기에 무이차도 북원차로 불리우게 되였다. 송휘종은 ≪대관차론(大觀茶論)≫을 저술하여 북원차에 관하여 논하였기에 북원차라는 명칭이 민북에서 생산되는 차를 일컫는 대명사로 될뻔하였다.
http://cafe.daum.net/hojungilweuljang/Fwbx/21?docid=11mek|Fwbx|21|20060304120229&q=%B0%C7%B0%E8%B0%FC%C2%F7

"建溪官茶天下絕, 香味欲全須小雪"[30](건계관차(建溪官茶)가 천하의 으뜸이며 향기로운 맛이 소설(小雪)을 음미하는 것 같다). - 이 시는 또 다른 공차(貢茶) 복건(福建) 건계차(建溪茶)를 말한 것이다.

송나라시기 무이산은 건주부(당나라시기에는 건안군, 명나라 시기에는 건녕부)의 관할지였고 유역은 민강 상류의 건계였기에 송나라 사람들은 무이산에 서 생산되는 차를 "건차" 혹은 "건계차"라고 불렀다. 당시 사람들의 마음속에는 건차, 건계차, 북원차, 무이차가 거의 하나의 개념이었다. 이 건계차는 육우뿐만 아니라 소동파, 범중엄, 주희의 차시에서 뛰어난 차로 언급된다.

이외에 육유는 많은 민간 차들에 대해서도 품평하였다. 복건의 무이차, 호북의 수유차(茱萸茶), 사천의 국화토명(菊花土茗), 절강의 감람차(橄攬茶) 등이 그것이다. 이 많은 차 가운데 그는 "건계관차는 천하에서 가장 뛰어난다"고 하였으며 "융흥(隆興)의 학원춘(壑源春)이 제일 으뜸이다"라고 칭찬하였다.

차의 고향에서 태어나 다관으로 벼슬길에 나갔고 만년에는 차의 고향에서 은거하였던 육유. 이렇게 그와 차와의 인연은 끊을 수 없는 것이었다. 그가 남긴 차에 관한 수백 편의 시문은 ≪다경≫의 연속이라고 말해진다.

30) ≪建安雪≫, 위의 책 2권, 851쪽.

4. 차시에 나타난 예술적 특색

차시는 중국시와 차문화가 결합된 종합적인 산물이다. 차의 시화(诗化)이자 시의 다화(茶化)인 것이다. 또한, 차시는 중국문인들이 차를 마시는 정겨운 모습과 명상하는 모습을 심미적으로 시화한, 중국고전문학의 뜰에 핀 진기하고 아름다운 꽃과 같은 것이다.

특히 육유의 차시는 진차(真茶)처럼 고아하면서 맑은 향기를 뿜어낸다. 육유는 독특한 예술의 눈으로 차의 질박함과 순결함을 결합하여 아름다운 차시를 창작하였다. 무엇보다도 육유 시의 '다선일체'(茶禅一体)는 그 아름다움과 함께 사상의 깊이를 보여준다.

> 驱除云雾极知难，敢意天公不作悭。
> 汛扫中庭待明月，攀跻危榭望青山。
> 取琴理曲茶烟畔，看鹤梳翎竹影间。
> 不为新晴宜著句，拟将幽事破除闲.31)
> (운무를 없애기가 지극히 어렵다는 것을 아노니
> 감히 생각건대 천하가 공평하여 인색하지 않네.
> 마당을 쓸고 밝은 달을 기다리다가
> 위태롭게 서있는 정자에 올라 청산을 바라보네.
> 거문고를 꺼내 곡조를 울리니
> 피어오르는 차연(茶烟)이 깃털을 빗으며

31) ≪秋雾≫ 위의 책 4권, 2059쪽.

대나무 그림자 사이에 서있는 학을 본 것 같네.
청신하고 멋진 시구 지으려 애쓰지 마시게
오히려 그윽한 일로 한적함 깰까 걱정스럽네.)

"차연"(茶烟)은 점다할 때 생기는 안개 자욱한 연기로 그 올라가는 수증기는 말로 전달할 수 없는 의경(意境)이면서 "茶禅一味"(다선일미)의 오묘하고 신비한 의미를 내포하고 있는 용어이다。불가에서 명심견성(明心见性)、돈오성불(顿悟成佛)을 강구하는데, 다도도 또한 감관을 초월하여 이러한 경지에 이르기를 요구한다. 이 두 가지는 사람들의 심신과 자연이 서로 조화롭게 어울리기를 강조한다. 차와 선은 서로 상통한다. 차는 시인들로 하여금 쉽게 물아의 경지에 이르게 한다. 시인 옆에는 항상 향기로운 차가 있으며 시인은 그 향기로운 차에 깊이 심취하여 세상의 번뇌를 잊으면서 고요함에 묻힌다. 때로는 억울함과 분함을 이 선정(禅定)에 든 다연(茶烟) 속에서 바람에 불려 날려버린다.

더불어 육유 시에 담긴 "설화"(雪花), "청산", "다연", "금"(琴), "학" 등의 의경(意象)은 모두 선염(渲染)된 경계(境界)를 보여주면서 사람들로 하여금 변화무쌍한 미감을 체험하게 한다.

小碨落雪花, 修绠汲牛乳。幽人作茶供, 爽气生眉宇。
年来不把酒, 杯榼委尘土。卧石听松风, 萧然老桑兰。[32)]
(작은 맷돌에 눈꽃이 떨어지고 두레박으로 우유 같은 샘물을

32) ≪幽居即事≫, 康丰编 ≪东岩先生诗选≫ (2卷) 275쪽.

푸네.

은자(隱者)가 차를 만들어 바치니 맑은 기가 이마의 눈썹 가에 생기네.

요 몇 해 사이 술을 마시지 않으니 술잔은 낡아빠져 먼지가 되었네.

바위에 누워 솔바람 소리 들리고 뽕나무와 난초는 쓸쓸히 시들어가네.)

시인은 차를 갈 때 분분히 떨어지는 눈꽃 같은 차 가루를 보면서 깊은 샘물 속에서 맑은 샘물을 길러 차를 끓인다. 차향기가 그윽하게 코끝에 올라오니 시인의 정신은 맑아진다. 오랫동안 술을 마시지 않아도 무슨 꺼릴 것이 있겠는가? 차는 시인이 가장 사랑하는 것으로 천지의 정화를 얻은 것이자 산천의 맑은 기운을 응축한 감로수다. 그러므로 이러한 차를 마시면 정신이 맑아지고 "천인합일"의 지극한 경지에 이른다. 이것은 마치 선정과 같은 열반의 경지이다. 시와 차 속에 동정의 결합과 허실의 상생이 있다. 이러한 의경은 시인이 고요하고 맑고 아름다운 심경으로 대자연을 관조한 결과로 생긴 것이며 생명 율동에 대한 깊은 체험이다.

槐火初钻隧, 松风自候汤。携篮苔径远, 落爪雪芽长。

细啜襟灵爽, 微吟齿颊香。归时更清绝, 竹影踏斜阳。[33)]

33) 钱仲联, ≪北岩采新茶用忘怀录中法煎饮欣然忘病之未去≫, 앞의 책 5권, 2364쪽.

(회나무 불꽃 처음에는 활활 타오르고 솔바람 세차게 부네.
대바구니 끼고 이끼 낀 먼 길 가며 눈밭에 발자국을 남기지만 차 싹은 자라나네.
약간의 차를 들어 마시니 정신과 마음이 맑아지고 치아와 뺨이 향기로워지네.
귀가할 때 더욱 정신이 맑아져 대나무 그림자 기울어진 석양을 밟네.)

숲 속에서 막 딴 새로운 차를 음미하니 얼마나 향기롭겠는가. 신선이 따로 없으리라. 시인은 돌아가는 것도 잊고 무아지경에 들어간다. 이 시는 독자로 하여금 시간과 공간의 한계를 벗어나 선가에서 말한 "순각수항"(瞬刻水恒)처럼 느끼게 하며 사람으로 하여금 고요한 의경 속에 빠지게 하여 선정의 경지에 들게 한다.

快日明窓試墨, 寒泉古鼎自煎茶.[34)]
(맑은 날 밝은 창가에서 한가로이 먹을 갈고
시원한 샘물로 낡은 찻잔에 차를 우려내네.)

이렇듯 육유의 많은 차시는 간단 질박한 언어로 다선일체의 정신을 표현한다. 또한 자연과 인간이 상통하며 변화무쌍한 아름다움을 그리고 있다. 그의 차시에 나타난 고요한 미감은 한 잔의 맑은 차를 음미하는 것 같다.

---

34) ≪幽居記)≫, 위의 책, 2300쪽.

육유는 차의 효능과 공덕에 대해서도 언급하였는데 여기에도 차시의 심미적 가치가 보인다.

> **"手碾新茶破睡昏", "毫盞雪濤驅滯思"**[35)]
>
> (손으로 새 차를 맷돌에 가니 자고 싶은 혼미함이 깨어지고 터럭만한 하얀 눈(차를 말함)이 막힌 생각을 뚫어주네)

차에는 잠을 좇고 깨는 효능뿐만 아니라 주독을 풀어주는 요소도 있다.

> **"遙想解酲須底物, 隆興第一壑源春"**[36)]
>
> (주독을 푸는 것을 생각한다면 융흥의 학원춘이 으뜸이로다.)

이것은 바로 차의 약리작용인 각성작용과 해독작용을 말한 것이다. 그는 "갈증이 나면 물을 마시고, 번민하거나 노여움을 덮어버리려면 술을 마시고, 혼미하여 졸음을 흩어지게 하려면 차를 마시고 머리가 아프거나 눈이 껄끄럽고 팔다리가 번거롭거나 마디마디가 잘 펴지지 않을 때 네댓 번 차를 마시면 제호(醍醐)나 감로도 저울대와 겨룰 만한 효능이다."[37)]라고 하면서 차의 공덕을 강조하였다.

또한, 차에는 다섯 가지 맛, 쓰고(苦) 떫고(澁) 시고(酸) 짜고

---

35) ≪梦游山寺焚香煮茗甚适≫, 위의 책 4권, 2175쪽.

36) 위의 책 4권, 2010쪽.

37) http://cafe.naver.com/haoxiang.cafe?iframe_url=/ArticleRead.nhn%3Farticleid=107&

(鹽) 단(甘) 맛이 있는데, 이것은 곧잘 희노애락고(喜怒哀樂苦)의 인생살이에 비유되기도 한다. 차에는 쓰고 떫은 맛이 있지만 이것을 잘 소화하고 포용할 때 하나의 단맛으로 승화된다. 마찬가지로 삶도 온갖 시련과 역경이 있게 마련인데 이것을 극복할 때 삶은 고고해지고 향기로워지는 것이다.

육유의 시는 인생의 달콤한 맛과 쓴 맛을 보여준다. 그의 시를 읽는 것은 마치 다양한 차를 음미한 것 같다. 이는 육유 차시의 큰 매력이기도 하다. 아래의 시는 차를 끓이면서 묵상에 잠겨 참선하는 시인의 모습을 보여준다.

> **"詩情森欲動, 茶鼎煎正熟",[38]**
>
> (시의 정취가 무성하게 움직이는 것은 차가 솥에서 끓어 마치 익어가는 것과 같다.)
>
> **"香浮鼻觀煎茶熟, 喜動眉間煉句成"[39]**
>
> (향기가 코에 넘치니 차가 익은 것을 볼 수 있으며 미간을 즐거이 움직이면서 글을 다듬어 완성한다)

'선다일미' 라고, 차를 마시는 행위는 바로 그 자체가 선이다. 차의 제조부터 차를 우려 차를 마시는 행위에 이르기까지 "중정"(中正)을 벗어나면 안 된다. 인간의 삶 또한 이와 마찬가지이다. 넘치지도 부족하지도 않는 중용의 삶, 이게 차를 바라보는

---

38) 《钓台见送客罢还舟熟睡至觉度寺》, 위의 책 3권, 1533쪽.

39) 《登北榭》, 위의 책 3권, 1393쪽.

다인의 마음이다.

육유는 바로 이러한 시각에서 차의 숙성을 바라보면서 묵상에 잠겨 인생의 철리를 깨달으며 그것을 글로써 옮긴 것이다.

육유는 분차유희(分茶游戏)에 대해서도 적지 않은 묘사를 하였다. 분차[40]는 예술성이 강한 것으로, 차를 달이는(烹茶) 유희이다. 이것을 잘하는 사람은 찻잔에 물무늬와 차의 거품을 사용하여 다탕 표면에 그림(꽃, 동물, 물고기, 풀 등)과 문자 등의 각종 형상을 그려낸다. [41]

육유는 ≪临安春雨初霁≫에서 "폭 좁은 종이 비스듬한 행간에 한가히 초서를 써보고, 맑은 창가에서 거품 띄우며 차 맛도 본다" ("矮纸斜行闲作草, 晴窗细乳戏分茶")[42]라고 서술하였다。 당시의 (다예)茶藝인 "분차"(分茶)의 유희를 말한 것이다. 찻잔에 끓는 물모양이 각종의 그림이나 문자를 만들어 내는 충포기예(沖泡技藝)이다. 차를 달여서 다탕표면에 물 단청을 담겨 시를 쓴다는 것은 보통 일이 아니다. 차를 달이는 최고의 경지에 이르러야만 할 수 있는 차 예술의 최고의 기술이다.

40) 분차는 ≪中國茶事大典≫에 의하면 송초에 시작하여 송·원대에 성행한 일종의 차예술이다. … 분차는 點茶와 煎茶의 별칭으로 쓰이기도 하고 음식점 등 다양한 의미로 쓰여 茶道의 별칭의 의미로도 확대 해석된다. 고연미, ≪송대 分茶와 吉州窯 茶盞의 문장양에 관한 一考≫, ≪한국차학회지≫ 제16권 1호, 2010. 4월, 45쪽.

41) 분차의 종류에는 3가지 형태가 있다. 水丹靑이라는 '물위의 서체'인 生成盞과 여러 가지 그림을 그려내는 茶百戱, 찻잔에 새긴 그림을 부쳐놓고 가루차를 뿌린 다음 종이 그림을 떼는 漏影春 등이 있다.

42) ≪临安春雨初霁≫, 앞의 책 3권, 1347쪽.

위 내용을 보면 분차가 문자인지 물상을 그려낸 것인지 확실히 드러나 있지 않다. 다만 앞 시문에 초서(草)가 등장하고 있어 분차는 그림이 아니라 문자일 가능성이 더 크다고 생각된다.[43)]

이와 같이 육유는 간단 질박한 언어로 다선일체의 정신을 표현하였다. 육유의 차시는 '설화', '청산', '다연', '금', '학' 등의 의상을 통해 사람들에게 신비로운 미감을 안겨줄 뿐만 아니라, 분차를 통해 한층 높은 심미적 가치를 느끼게 해주었다.

5. 나가는 말

송대는 시사가 매우 흥성한 시대다。차 풍속이 널리 전파되어 일반 백성들도 차를 마시기 시작한 송대에는 많은 다서들이 출간되었고 다양한 차시들이 출현하였다. 북송초의 저명한 시인 왕우칭(王禹偁), 중기의 매요신、구양수、왕안석、소식, 후기의 황정견과 강서시파, 남송의 륙유、범성대、양만리 등은 많은 사람들에게 회자되는 차시를 남겼다.

그 중 본고에서는 송대 차 문화와 연관하여 육유의 차시를 살펴보았다. 남송 제1의 시인이라 일컬어지는 육유의 생애는 초기, 중기, 만기 세 시기로 구분되는데 그의 작품 70%이상이 말년에 이루어졌다. 66세에서 86세에 해당되는 이 시기에 그는 젊은 시절의 비분과 울분을 가라앉히고 자연과 합일하게 된다. 그는 차

43) 고연미, 위의 논문, 47쪽.

를 즐겼고 한 잔의 차 속에서 자신의 번뇌를 잊었다. 육유의 차시는 그의 생애 및 시론과 밀접한 관계를 맺고 있다. 어쩌면 육유가 말년에 차시로 빠져든 것은 당연한 귀결이었다.

본고는 육유의 차시를 살펴보는 데 있어서 지면상 북송 매요신의 영향관계를 다루지 못했다. 사실, 육유의 시에는 매요신의 영향이 전반적으로 고루 나타나 있다. 이는 대부분 매요신의 시체에 대한 복제와 학습으로 인한 것으로, 그의 평이한 문체와 평담한 시풍을 흠모했음을 짐작할 수 있다.

또한 양만리의 차시와의 영향관계를 살펴보는 일도 향후 숙제로 남겨두었다. 육유는 남송4대시인 중 하나인 양만리와 평소 교류가 있었는데 그들의 교류와 사상의 유사성은 그들 차시의 공통적인 주제사상으로 이어진다. 두 사람은 모두 애국시인이자 전원시인으로 특징지어지는데, 국가와 백성들에 대한 애국애민사상, 부패한 조정과 관료에 대한 비판, 부정과 불의에 대한 분노 등이 주된 주제이다. 둘 다 말년에는 전원에 은거하여 차를 통해 울분을 삭였으며 자신의 존재와 우주의 일체감을 체득, 이를 시로 읊어냈다.

그동안 차를 중심으로 하여 중국문학을 살펴보는 시도는 거의 이루어지지 않았던 것 같다. 본고가 육유의 차시 연구에서 그치지 않고, 향후 중국차문화와 중국문학과의 관계연구로 확장하는데 있어서 물꼬가 되기를 바란다.

제3부

한중 작가의 생사관

- 노신의 생사관
- 한중 두 시인의 죽음의식 연구

노신의 생사관

- ≪납함≫과 ≪방황≫을 중심으로 -

1. 나가는 말

중국현대작가 중 노신만큼 엄숙하고 고통스럽게 생사에 대해 고민한 사람도 드물다. 생사의 문제는 노신작품에서 으뜸 되는 주제 중 하나였으며 평생 노신의 의식을 사로잡은 과제이기도 했다.

이 죽음에 대한 의식은 노신이 어렸을 때 아버지의 죽음을 목도하면서 시작되었다고 할 수 있다. 일본 유학시기에 노신은 영혼의 유무에 대해 연구한 적이 있는데, 죽음에 있어서 고통이 있느냐 없느냐의 문제는 노신의 사망의식의 맹아였다. 당시 센다이 의전 시절 환등기를 보았을 때 그는 중국국민의 마비성과 함께 직접적 혹은 간접적으로 죽음을 체험했던 것이다.

1913년 원세개의 공포정치를 거쳐 20년 초 형제간의 실화(失和) 이후 큰 병을 얻은 노신은 1926년 3.18사건 때 애 제자들의 죽음을 겪으면서 큰 충격과 함께 죽음에 대해 깊게 생각하게 되었다. 그 후 구추백, 은부, 유석, 호야빈 등 아끼는 후배 작가들의 사망통지는 노신을 더욱 절망하게 했다. 4.12 정변의 피의 숙청, 북벌군의 지명수배, 30년대 국민당 절강성 당부의 블랙리스트 등은 그로 하여금 끊임없이 죽음에 대해 생각하게 하였다.

그러므로 노신 작품을 읽다보면, 쉽게 눈에 들어오는 것이 허무, 절망, 어둠, 암흑, 적막, 죽음, 비극 같은 단어들인 것도 무리가 아니다. 이 단어들은 장르에 관계없이 그의 어느 작품에서나 쉽게 볼 수 있다. 그래서 노신의 문학을 '어둠의 문학' 혹은 '비극문학'이라 칭하기도 하며, "따라서 어둠에 대한 노신의 천착이 보여주는 특징을 밝혀낼 수 있다면, 그의 독특한 사유 방식을 규명해낼 수 있을 것이다."[1]는 생각을 누구나 하게 되는 것이다.

노신의 사유방식을 이해하는 직접적이고도 확실한 방법의 하나는 그의 작중인물을 살펴보는 것이다. 노신 소설의 등장인물은 대부분 병든 사회의 불행한 사람들이다. 그들은 하층계층의 민중들이자 억압받고 소외받은 사람들이다. 더러는 상류계층의 등장인물들도 있지만 노신이 묘사하고자 하는 주요 대상이 아니다. 노신작품에서는 구시대의 암울한 현실과 신해혁명전후부터 제1차 국내혁명전쟁 전후에 이르는 중국의 반식민지 반봉건

1) 고점복, <노신과 어둠의 풍경>, ≪중국현대문학≫ 45호, p.60.

의 사회제도 아래 신음하고 있는 농민, 여성, 지식인들의 비극적 삶이 극명하게 그려져 있으며 여기에 노신의 생사관이 직간접적으로 드러나 있다.

노신은 ≪납함≫, ≪방황≫, ≪고사신편≫ 등의 소설과 ≪야초≫, ≪잡문≫ 등 다양한 장르의 작품을 남겼다. 그 가운데 자살 혹은 타살이라는 비극적인 죽음을 맞이하는 주인공들을 쉽게 볼 수 있다. 타살된 ≪아Q정전≫의 가난한 농민 아Q와 ≪약≫의 혁명가 하유(夏瑜), 자살한 ≪흰 빛≫의 과거시험 낙방생 진사성(陳士成)과 간접적 타살에 의한 죽은 ≪축복≫의 무지하고 가난한 시골 여성 상림수(상림수)와 ≪공을기(孔乙己)≫의 옛 과거의 낙제 문인 공을기, 병사한 ≪내일≫의 선사(單四)부인의 유아 보아(宝兒), ≪약≫의 화소전(華小拴,) ≪고독자(孤獨者)≫의 고독한 지식인 위련수(魏連殳), ≪풍파≫의 가난한 뱃사공의 딸 아순(阿順), 연고 없이 죽은 ≪상서(傷逝)≫의 신여성 자군(자군) 등이 그들이다.

1924년에서 1926년의 ≪야초≫의 산생시기와 1936년 노신의 마지막 시기[2], 이 두시기에 노신의 생사관은 더욱 명확히 드러난다. "삶과 죽음"은 ≪야초≫에 일관되어 있는 바, 총 24편 중 18편에 기록되어 있다.[3] 1936년 병석에서 노신은 ≪죽음≫이라

2) 이 시기의 ≪且介亭雜文末編≫과 ≪附錄≫의 1/5의 글은 죽음의 신과 관련이 있다. (≪凱綏. 珂勤惠支版畵選集. 序目≫, ≪白莽作<孩兒塔> 序≫, ≪寫於深夜里≫, ≪半夏小集.七≫, ≪這也是生活......≫, ≪死≫, ≪女弔≫, ≪寫於深夜里≫에서는 죽음을 서술하였고 ≪女弔≫에서는 죽은 후 복수의 영혼을 부르는 것을 묘사하였다.

는 글을 남겨 불교의 윤회나 영혼의 존재를 부정하였다.

노신이 살았던 시대는 피를 부르는 도살의 시대였다. 노신은 삶과 죽음을 생각해야만 했는데 그것은 순수한 인생 철리의 추상적인 사고가 아니라 실천의 문제이자 사회개혁과 밀접한 관계가 있는 것들이었다. 그는 고통스럽게 현대중국변혁사업 중의 역사적 좌표를 탐색하였으며 점차적으로 '중간물 의식'을 형성, 발전시켰고 "빛과 함께 점차 사라져 간다는"[4] 인생의 명제를 제기하였다. 노신은 세계 본체를 무한한 진화론의 사슬로 표현했고 이 진화론의 고리에서 일체 모든 것은 중간물이라 했다. 모

---

3) 영웅의 죽음 대한 정중한 제사 ≪秋夜≫, 생명의 비상에 대한 극치의 환희 ≪복수≫, 전사가 "무물의 진영"에서 "壽終(목숨을 바친다)는 ≪這樣的戰士≫, 혹독한 하늘 아래 사멸해버린 비의 정령이 솟아오른다는 ≪雪≫, 새하얀 얼음 계곡 속의 "死火"가 불타고 있다는 ≪死火≫, 조물주가 암암리에 생물을 쇠락시키고 일체의 시체를 보존하게 하지 못하는 ≪淡淡的血痕中≫, "죽은 시체"가 묘 속에서 일어나는 ≪墓碑文≫에서는 그로테스크한 자아 해부의 표현양식으로서 사망세계를 그리고 있다. ≪死後≫에서는 기이한 상상력에 의탁한 사망 세계를 작품의 주요 구성으로 삼고 있으며 ≪잃어버린 지옥≫에서는 地獄, 太平, 三界 등의 불교 용어를 구사하면서 불교의 사망 세계를 상상으로 재구성하고 있다. 이밖에도 過客이 "무덤"을 향하여 걸어간다는 내용의 ≪過客≫라든지 <무너진 선의 전율(頹廢線的顫動)> 등의 작품은 직접적으로 사망세계를 그 구성형식으로 사용하고 있지 않지만, 폐허와 무덤의 묘사를 통한 사망적인 세계의 암시와 황폐한 인간성이 던지는 암울한 시적 풍격이라는 면에서 상통하는 성격을 지니고 있다. 이상에서 살핀 바에 의하면, ≪야초≫에서 사용하고 있는 내적 표현양식으로서의 사망세계는 현실 풍자를 위한 야유와 비꼬임의 세계, 아이러니의 세계로서의 성격을 가지며, 적나라한 자기 해부와 자아 갈등을 효과적으로 폭로하기 위한 기괴함과 음산함의 세계, 즉 그로테스크한 세계로서의 성격을 갖고 있다. 유세종, ≪노신 ≪야초≫의 상징체계 연구≫, 한국외국어대학교 대학원, 1993. 2 참조.

4) ≪寫在<墳>後面≫, ≪魯迅全集≫ 제1권, p.286.

든 것은 시간과 함께 사라진다. 그러므로 영원한 생명도 없다. 시간이 지나면 모든 생물은 흙속에 묻힌다. 묻힘이 없으면 역사의 신진대사가 없다. 심지어 절대적인 영원한 글도 사상도 없다 했다. 왜냐하면 역사는 하나의 유한적인 형태로 표현되기 때문이다. 끝없는 역사라는 긴 강물 속에서 어떠한 사람의 사상도 하나의 중간물이다. 이러한 의미에서 "삶과 죽음"의 사고는 노신에게 있어 실제적인 인생철학의 선택이었다.

2. 삶에 대한 관점

인류의 역사는 살아남기 위한 생존의 역사이다. 중국 또한 많은 지사들과 선현들이 20세기 중국민족의 생존을 위해 부단히 분투했는데 그것은 바로 중국민족의 "생존과 따뜻한 배부름, 발전"을 위한 것이라 할 수 있다. "생존, 배부름, 발전"은 인간의 가장 기본적인 본능이자 최대의 가치이다. 그러나 봉건중국에서는 이 기본적인 욕구마저 무시, 억압당했던 것이다.

"현재 우리에게 급선무는 첫째, 생존이며 둘째, 보원이고 셋째, 발전하는 것이다. 이 앞길을 가로 막는 것이라면 그것이 옛것이든 오늘의 것이든, 사람이든 귀신이든, ≪삼분(三墳)≫, ≪오전(五典)≫이든 백송천원(百宋千元)이든, 천구하도(天球河圖)이든 금인옥불(金人玉佛)이든, 세전 환약 산약이든 밀방으로 제조한 고약 단약이든 할 것 없이 모조리 짓밟아 무너뜨려야 한다."[5)]

노신이 여기에서 말하고자 한 것은 인간의 생존 권리와 존엄,

그리고 인간의 정당한 욕망이 보장되어야 한다는 것이었다. 당시 중국 사람에게 있어 가장 급선무는 생존하는 것이었는데 그것은 바로 충분한 물질의 공급을 의미했다. 무릇 곳간이 풍부해야 예도 나오고 합리적인 생각을 할 수 있는 바, 합리적인 인간의 생존방식을 쟁취한다는 것은 즉 "행복한 날을 보내는 합리적인 사람이 된다는 것이다."[6] 그래서 노신은 인간의 욕망을 억압하고 정신을 마비시키는 전통사상의 부정적 요소[7]를 질타했는데, 그의 부르짖음은 봉건전통의 인간의 가치 관념에 대한 대단한 반역이자 도전이며 신 현대인의 가치관념에 대한 일종의 확인이었다.

노신은 "생명을 보존하고 발전"해야 한다는 진화론적 관점에서 출발하여 인간의 자연적인 본능의 욕망을 선양하는 합리적인 도덕을 주장하였다. 그는 "중국인들은 이제까지 '사람'의 가치를 쟁취한 적이 없다."[8]고 일갈하면서 무엇보다도 먼저 "인욕을 말살하는 안빈낙도의 봉건윤리도덕을 깨야한다고 주장했다.

---

5) ≪忽然想到5-6≫, ≪魯迅全集≫ 제3권, p.45.

6) ≪墳·我們現在怎樣做父親≫, ≪魯迅全集≫ 제1권, p.140.

7) 노신은 유가문화와 불교문화에 대하여 이중적인 태도를 취하고 있다. 가치 있는 요소는 수용하되 부정적 요소는 파괴해야 한다고 생각했다. 노신은 유가문화의 봉건 등급제도, 효도, 조상숭배, 봉건절개관, 공자를 존경하는 독경론을 비판했지만 "入世"와 "參與"의 정신은 긍정하였다. 불교문화의 중용, 박애의 철학과 세상을 피하는 소극적 태도 등을 비판하였지만 지혜를 계발시키고 민심을 깨우치는 계몽작용은 중시하였다. 노신은 도교의 "無爲", "自然" 사상을 현실을 도피하는 소극적인 사상을 간주하여 "入世"의 난관에 부딪쳤을 때, 일련의 "사기와 기만"을 특징으로 하는 "정신승리법"을 제공한 근간으로 생각하고 통렬히 비판하였다.

8) ≪墳. 燈下漫筆≫, ≪魯迅全集≫ 제1권. 212쪽.

인간의 존엄에 대한 경시와 부정, 인간의 욕망에 대한 억압, 이것이 중국봉건제도와 봉건 윤리도덕의 본질인 바, 노신은 이를 다음과 같이 명쾌하게 지적해냈다.

"노자의 5천 마디의 말은 인심을 거스르지 않으려는데 그 목적이 있다. 인심을 어지럽히지 않기 위해서는 반드시 고목의 마음으로 "무위"(無爲)의 다스림을 세워야 한다. 무위로써 세상을 변화시키면 세상은 곧 태평해진다."[9]

노신은 이러한 "보수", "내향"의 심리 성격이 "무위"의 또 다른 극 즉, "사기와 기만"에 이르렀다고 봤다. 도교 사상이 포함하는 노장 사상은 유가문화로서 하나의 중요한 보충 작용을 한다. 그 특징의 하나는 바로 "入世"의 난관에 부딪쳤을 때, 일련의 "사기와 기만"을 특징으로 하는 "정신 승리법"을 제공한 것이다."[10]

중국인들의 실제 생활에서 지배적인 작용을 한 것은 "삶과 죽음에는 운명이 있고, 부귀는 하늘에 달렸다"는 숙명론과 "안빈낙도"(安貧樂道), "지족상락"(知足常樂)의 용인(傭人)철학이다. 소위 "부와 귀는 인간의 욕망이지만 도가 아니면 얻지 말라"[11]며 "불의로서 얻은 부귀는 나에게 있어 뜬구름과 같다."[12]는 공맹철학의 도덕 수양론에 대해 노신은 일찍이 다음과 같이 한마디

---

9) ≪墳. 摩羅詩力說≫, ≪魯迅全集≫ 제1권, 68쪽.

10) 졸저, ≪노신의 문화사상과 외국문학≫, 전남대출판부, 2006, 64쪽.

11) ≪論語, 里仁篇≫.

12) ≪論語, 述而篇≫.

로 지적하였다. "안빈낙도를 권장하는 것은 고금의 치국평천하를 하기 위한 경로(經絡)이다."[13] 20세기 중국에 있어서 "안빈낙도"란 앞에서 노신이 제기한 "생존, 보온, 발전"의 목표를 저해하는 가치 관념인 것이다. 노신은 자신의 생존론에 대해 좀 더 구체적으로 설명하고 있다. "내가 생존해야 한다는 것은 결코 구차한 삶이 아니다. : 소위 따뜻하게 배부르게 먹는다는 것은 결코 사치가 아니다. : 소위 발전이라는 것 또한 방종이 아니다."[14]

여기서 노신이 말한 '구차한 삶'이란 무엇인가? 인간의 생존이란 동물의 생존과 다르다. 인간은 생물학적 존재이지만 또한 사회적 존재인 것이다. 인간은 태어나자마자 단순한 생물적 단위에서 사회적 단위로 바꾸어진다. 태어난 순간 사회의 한 구성원으로 형성되며 그 사회의 모든 문화, 관습과 사상, 언어의 영향을 받는다. 인간은 자기가 태어난 사회를 떠날 수 없으며 그 사회를 이루고 있는 구성원들과 더불어 살아야 한다. 함께 살아야 하는 이웃, 사회 공동체, 나아가 민족, 국가들은 사회를 이루고 있는 대표적인 단위이다. 이러한 사회단체들이 합리적으로 운영되고 인간다운 삶이 영위되려면 인간만이 갖는 정신적 가치와 사회적 가치, 이상적인 삶의 목표가 있어야 한다. 이것이 일반 동생물과 다른 점이다.

무릇 바람직한 인간이란 개체의 생존, 발전이 반드시 국가와 민족, 자신이 살고 있는 사회의 총체적인 목표와 연결되어 발전

13) ≪花邊文學. 安貧樂道法≫, ≪魯迅全集≫ 제5권, 539쪽.
14) ≪華蓋集. 北京通信≫, ≪魯迅全集≫ 제3권, 51-52쪽.

해야 비로소 그 가치가 생겨난다. 근대 중국에서 국가, 민족의 생존과 발전은 무엇보다도 우선적 위치를 차지하고 있다. 근대 중국에서 국가와 사회, 민족과 유리된 생존과 발전은 필연적으로 "구차한 삶"인 것이다.

그런 의미에서 노신은 30년대 중국의 현대 은사들을 날카롭게 비판하였다. 그들은 국가와 민족, 사회에 대한 의무와 책임을 방기하였다는 것이다. "태산이 붕괴되고 황하가 범람해도 은사들은 못 본 체, 듣지 않은 체 하였다. 그러나 만일 그 자신이나 다른 동료들에 대한 논의가 있는 날에는 비록 천리 밖에서 한 말이고 반 마디 밖에 되지 않더라도 그들은 귀가 쫑긋해져 우주가 궤멸되는 것보다 더 큰 사건이라도 일어난 듯이 분연히 차고 일어나는데 그것은 바로 이 때문인 것이다."[15]

어떠하든 간에 그들의 생존방식은 구차한 삶인 것이다. 민족과 국가의 존망에는 오불관하고 개인의 이해에 급급한 삶이란 노신의 눈에 구차하기 짝이 없는 삶인 것이다.

노신은 임종 1개월 전 <죽음>이란 글에서 "아무 짝에 쓸모없는 작가나 예술가는 되지 말아라"[16]는 뼈있는 유언을 남겼다. 그는 죽기 열흘 전에도 혼신의 힘을 다해 병상에서 일어나 전국 木刻 전시장에 참석하여 젊은 예술가들은 지도했으며 죽기 이틀 전에도 글을 썼다. 우리는 그런 모습에서 순교자적인 작가의 모습뿐만 아니라 민중과 함께 하는 애민정신을 본다. "기실 혁명

15) 《且介亭雜文二集·隱士》, 《魯迅全集》 제6권, 224쪽.

16) 《且介亭雜文末編附集·死》, 《魯迅全集》 제6권, 612쪽.

은 결코 사람들에게 죽음을 가르치는 것이 아니라, 사람들에게 삶을 가르치는 것이다."[17] 는 노신의 말에 우리는 진정성을 느끼는 것이다.

또한 우리는 《납함<자서>》에서 들려준 나직하지만 깊은 울림을 가진 노신의 음성을 잊을 수 없다. "가령 창문이 하나도 없고 절대로 부술 수도 없는 쇠로 만든 방이 하나 있다고 하세. 안에는 수많은 사람들이 잠들고 있으니 오래지 않아 모두 숨이 막혀 죽을 것이 아닌가. 그런데 혼수에 빠져서 죽음에 이른다면 죽음의 비애를 느끼지 못할 것이잖나. 지금 자네가 큰소리를 질러서 잠이 깊이 들지 않은 몇 사람을 깨워서 그 불행한 사람들에게 도와줄 수 없는 임종의 고통을 맛보게 한다면 자네는 오히려 그들에게 더 미안하지 않겠는가? 그러나 그 몇 사람이 일어난 이상, 결코 이 쇠로 된 방을 부숴 버리는 희망이 없다고 자네가 말할 수는 없지 않은가."[18]

'철의 방의 외침'이라 축약되는 이 구절은 '절망 속에서 외치는 희망'이자 비정상에서 정상을 희구하는 지식인의 외침이다. 노신은 여기에서 깊게 잠들어 깨어나지 못한, 의식이 마비되어 가사상태에 이른 중국 민중에 대하여 절망적인 환멸감을 드러내면서도 동시에 그것을 뛰어넘고자 하는 지식인으로서의 소명의식, 삶에 대한 의지를 내보이고 있다. 그것은 그의 단편 《고향》에 언급된 그 유명한 '길' 만들기와 같은 연장선상에 있다.

---

17) 《二心集.上海文藝誌 一瞥》, 《魯迅全集》 제4권, 297쪽.

18) 《墳.吶喊<自序>》, 《魯迅全集》 제1권, 415쪽.

"본래 땅 위에는 길이 없었다. 걸어가는 사람이 많아지면 그것이 곧 길이 되는 것이다."[19)]

노신에게 있어서 삶이란 희망, 혹은 희망 찾기이며 동시에 실천을 의미했다.

3. 사망의식

노신의 사망의식을 지탱하는 가장 큰 기둥은 진화론이다. 노신은 다윈의 생물 진화론을 바탕으로 하여 하나의 참신한 사망관을 제기하였다. "신생하는 새로운 삶을 위하여 낡고 늙은 것들은 기꺼이 죽어야 한다", "죽음은 슬픈 것이 아니라 기쁜 것이다"라며 생명의 신진대사를 외쳤다. 노신은 진화론을 역사와 사회에 적용시켰을 뿐만 아니라 생사관에도 적용시킨 것이다. 노신의 사망의식은 때로는 비량하게 때로는 죽음에 대한 환희로 나타나는데 무엇보다도 절망 속에서 항전하는 노신의 심사를 반영하고 있다.

소설집 ≪납함≫과 ≪방황≫은 그 기조가 침울, 비량, 우울하다. 노신의 사망의식이 깊게 침투되어 비극적인 정서를 심화시키고 있다. ≪납함<자서>≫에서 노신은 깊게 잠들어 깨어나지 못한, 의식이 마비되어 가사상태에 이른 중국 민중과 사회에 대해 절망적인 환멸감을 드러낸다. 잠들어 죽어가고 있는 민중을

---

19) ≪故鄕≫, ≪魯迅全集≫ 제1권, 485쪽.

향해 외치는 노신의 일명 "철의 방의 외침"은 독자들에게 매우 깊은 인상을 준다. 이것은 노신의 독특한 사망의식의 상징이다. 노신은 절망 속에서 희망을, 죽음 속에서 삶을 노래한다.

사망체험의 각도에서 말하자면 소설 ≪시중(示衆)≫은 작가의 죽음에 대한 체험이다. 여기에는 20여 년 전 학생시절에 보았던 환등기의 기억이 예술적으로 가공되어 나타나지만 작가의 사망의식이 침투되어 있음을 알 수 있다. ≪시중≫에 나타난 일본 유학시절의 환등기 사건, ≪야초≫에 나타난 구경꾼들, ≪아큐정전≫의 구경꾼들, 잡문 ≪죽음≫, ≪깊은 밤에 쓴다≫의 구경꾼들- 아이들, 부녀, 학생, 노인, 인력거꾼, 상인, 지식분자, 노동자 등-의 마비된 의식에 대하여 노신은 깊은 분노를 표시하였다. 생명을 빼앗기고 살육당하는 상황에서도 냉담하게 지켜보는, 의식이 마비되어 현실인식을 하지 못하는 그 우매함에서 노신은 민족의 사망관념의 천박함을 보았으며, 민족의 사망의식의 결핍에서 울분과 실망을 금치 못했다.

노신은 아Q가 죽기 전의 마지막 심리상태를 다음과 같이 적나라하게 표현하고 있다.

> "그때 그는 문득 느꼈다.――이건 내 목을 베러 가는 것이 아닌가? 그는 그만 기겁하여 아찔하였다. 눈앞이 캄캄해지고 귀가 윙윙거리며 까무러칠 것 같았다. 그러나 그는 완전히 까무러치지는 않았다. 속이 막 바싹바싹 타며 안타깝기도 하였으나 더러는 오히려 태연하였다. 그는 사람이 세상에 살다 보면 때때로 목을 잘리

우는 일도 있는 법이라고 생각하는 것 같았다. …'이십년 뒤에 또 다시 태어나 …'. 아Q는 그 와중에 '스승 없이 스스로 통달한다'는 식으로, 이제까지 해본 적이 없는 말을 반 구절 내뱉었다."[20]

아큐는 죽음에 대하여 처음에는 매우 놀라 겁먹는 태도를 보이지만 곧 죽음을 수용하고는 죽음을 삶과 동일시한다. 이러한 모습은 호적의 ≪차불다선생(差不多先生)≫에 등장하는 '차뿌뚜어 선생'을 연상케 한다. 이것은 바로 중국전통문화가 만들어낸 현상으로 대표적인 죽음의식의 결핍의 한 예이다. 아무런 이유 없이 죽어감에도 불구하고 그 원인을 규명, 저항하려들지 않고 죽음을 받아들이는 아큐의 모습을 통해 노신은 중국민족의 비겁함, 나약, 마비된 정신을 드러냈는데 여기에서 우리는 작가의 깊은 사망체험을 볼 수 있다.

≪약≫은 노신의 사망의식이 보다 더 직접적으로 드러난 이중비극이다. "혁명가 하유는 민중을 위하여 투쟁하다가 희생되지만 우매한 군중은 그 혁명가의 죽음의 의의를 알지 못한다. 그의 희생은 사람들에게 구경거리일 뿐이며 찻집 사람들의 이야깃거리를 보태주었을 뿐이다. 더욱 비분을 자아내게 하는 것은 그 혁명가의 피가 폐병을 치료하는 좋은 약이 될 것이라 믿는다는 것이다."[21]

작가자신의 사망의식이 투영된 작품으로는 아무래도 지식인

---

20) ≪阿Q正傳, 吶喊≫, ≪魯迅全集≫ 제1권, 525-526쪽.

21) 졸저, ≪노신문학의 리얼리즘≫, 전남대학교출판부, 2004, 234쪽.

을 소재로 한 작품을 들 수 있다. 지식인에 대해 상당한 애정을 가지고 있었던 노신은 누구보다도 지식인들의 허위와 모순, 그리고 그들의 절망과 좌절, 비극적인 삶을 깊이 있게 관찰할 수 있었으며 그들의 삶에 대해 동정하고 분노했다. 노신 작품에 반영된 지식인은 구지식인과 신지식인 두 부류이다. 신해혁명 이전, 농촌에서 자라 오로지 과거에 몰두하다가 몰락한 구독서인 공을기, 벼슬과 재물에만 정신이 빠진 과거시험 낙방생, 진사성 같은 인물들은 구지식인으로서, 모두 시대의 흐름을 읽지 못하고 구습에 얽매여 살다가 비극적 최후를 맞는다.

신해혁명 후 5.4 운동의 세례를 받은 보다 진보적인 지식인으로는 ≪술집에서≫의 여위보, ≪고독자≫의 위련수, ≪단오절≫의 방현작 등이 있다. 이들은 5.4시기에 이상을 품었던 참신한 인물들로 봉건세력에 대항했지만 5.4운동의 퇴조기에 구사회에와 타협, 투항하는 길을 걷다가 마침내 비극적인 종말을 맺는다.

노신은 이들 작품에서 등장인물의 육체적 죽음보다는 정신적 죽음, 영혼의 파멸을 통해 마비된 국민정신을 깨우치고자 했는데 이것이 노신의 사망의식의 독특한 점이다.

노신의 사망의식은 고독과 절망 속에서 산생된 것으로 죽음을 초월한 것이다. 그 바탕에는 진화론이 놓여있다. ≪야초·제사(野草·題辭)≫에서 말하기를 : "과거의 생명은 이미 죽은 것이다. 나는 이 죽음에 대하여 매우 기뻐한다. 왜냐하면 나는 이것을 빌어 그것이 살아난 것을 알기 때문이다. 죽어야 할 생명은 이미 부패했다. 나는 이 부패에 대하여 매우 기뻐한다. 그것으로써 아직도 그것이 공허하지 않은 것을 알기 때문이다."[22)]

노신은 진화론을 생사에 적용하여 생명의 신진대사를 주장했다. 낡은 것이 죽어야 새로운 것이 산생하는 것이다. 그러므로 신생을 위하여 낡은 것은 기꺼이 사라져야 한다는 것이다. 즉 낡은 세계는 새로운 세계를 창조하기 위하여 사멸해야 하는 것, 이것이 바로 진화의 길이다. "설령 사람들이 멸망할지라도 결코 그것 또한 적막하고 슬픈 일이 아니다"[23)], "생명의 길은 진보적인 것이고 무한의 정신 삼각형의 경사면을 따라 전진할 것이며 어떠한 것도 그것을 저지할 수 없다."[24)] 그러므로 노신 작품의 비극적인 죽음의 주인공들은 구역량을 대표한 인물들로서 신생역량에 압도되어 파멸되어 간다. 이들은 모두 새로운 세계를 위하여 마땅히 방기되며 죽어가야 하는 존재이다.

"낡은 것"과 "늙은 것"은 "새롭고" "젊은 것"에게 길을 터주어야 하며 격려해주어 그들로 하여금 나아가도록 해야 한다는 것이다. 이것을 인류의 발전사에 비추어 보면, 개인의 희생(죽음)이 있어야 인류의 발전(생)이 있는 것이며 이것이 바로 인류의 역사낙관주의인 것이다. 노신은 맑스주의를 수용한 후 개인의 생명가치를 무산계급과 대중의 생명 가치에 연결시켜 구체적으로 역사낙관주의를 견지하였다.

그는 다음과 같이 말했다. "혁명에는 피와 오염이 있지만 신

---

22) ≪野草.題辭≫, ≪魯迅全集≫ 제2권, 159쪽.

23) 위의 주)와 같음.

24) 위의 주)와 같음.

생아가 있다.…즉 앞길(前途)이 사멸되어야 하는데 이 '사멸'은 개인의 의의를 잃어버리고 대중과 함께 결합한 것이다. 그러므로 신생의 영아, 궤멸은 바로 신생의 일부분이다."[25)]

이 개체의 죽음은 신생하는 군체(群體)와 생명을 바꾼 것이다. 개인의 생명가치가 대중의 것으로 나아감으로써 "죽음"은 다시 "생"으로 전화되는 것이다.

이렇게 진화론과 유물론의 기초위에 세워진 노신의 이러한 생사관은 일종의 새로운 사상관념으로 중국전통의 도교나 불교의 생사관과는 대립된 것이다.

도교는 보통 중국인들의 심리나 성격, 행위 방식과 긴밀히 연결되어 있다. 특히 중국문화는 낙감문화(樂感文化) – 현세를 중시하고, 내세를 즐기며, 원만함을 중시하여 비극의식이 결핍되어 있다-에 속하며, 도교문화는 바로 이런 문화의 특징을 가장 두드러지게 보여주고 있다. 도교문화는 사람들로 하여금 보수, 무욕, 초연한 심리를 조성하여 준다.[26)]

노신은 불교의 "육도윤회설", 불교와 도교의 천당, 지옥설을 수용할 수 없었다. 고통스러운 현실을 과감하게 수용해내면서 죽음에 임하여 영원히 자신을 위로하거나 자신을 속이고 싶지 않았다. 중국전통의 가족주의 "사후관"에 대해서도 냉담했다. 노신은 영혼의 존재를 부인하였으며 치열한 현실을 직시해야

---

25) ≪譯文書跋集. <潰滅> 第2部 1至3章譯者附記≫, ≪魯迅全集≫ 제10권, 336쪽.

26) 졸저, ≪노신의 문화사상과 외국문학≫, 전남대학교출판부, 2006, 63쪽.

한다고 생각했다.

우공이산(愚公移山)의 전설에는 유가화 된 원시사상이 잘 표현되어 있다. "내가 비록 죽을지라도 자식이 있다. 자식이 또 손자를 낳고 손자가 다시 자식을 낳으며 자식이 또 자식을 낳고 자식이 또 손자를 낳아 자자손손 끊임없이 산을 판다" 노신은 이같은 유가가족주의의 봉건윤리개념을 타파하고자 했으며 자녀들이 사업을 계승하는 것에 대해서 냉담한 태도를 취하였다. 그는 친구에게 다음과 같은 편지를 썼다. "나는 사람의 죽은 혼이 존재한다는 것을 믿지 않으며, 후사도 구하지 않는다."[27)]

그러나 중국인들은 귀신과 영혼 그리고 윤회를 믿으며 죽은 후 여전히 삶이 계속된다고 생각한다. 이러한 사망관념은 중국 민족 정신의 두드러진 특징이다. 죽음을 회피하는 이러한 습속은 세월이 흐르면서 더욱 무성해지고 공고해져 죽음에 대한 내재적 정감과 인식에 대하여 갈수록 멀어지게 되었고 상사의례(喪事儀禮)가 일종의 의식으로 독립하게 되었다.

봉건여성을 소재로 한 ≪축복≫과 ≪내일≫이 이러한 예의 대표적인 작품이다. ≪축복≫에서는 노예가 되고 싶어 했던 그녀의 마비된 정신, 봉건예교에 사로잡혀 죽어가면서도 자각하지 못한 채 미신을 믿어야 했던 가엾은 여성, 제사에 정성을 들임으로써 현실에서 이루지 못한 것을 이승에서 해결하려는 우매한 영혼 등을 꼼꼼히 해부해 보이면서 봉건예교의 심각한 폐해를 지적하고 있다.

---

27) ≪書信. 310306. 李秉中≫, ≪魯迅全集≫ 제12권, 41-42쪽.

≪내일≫의 선사부인(선사부인) 등에서 우리는 미신적이고 노예적인 삶과 현실과 내세의 세계를 동일시하는 현상을 두드러지게 볼 수 있다. 봉건예교의 미신성은 다음과 같이 아들의 장례식 때 더욱 두드러진다.

> 선사부인은 보아(寶兒)에게 지극한 정성을 다 기울였다. 어제는 종이 돈 한 묶음을 태웠다. 오전에는 49권의 대비축문(大悲呪文)을 태웠다. 입관할 때는 보아에게 새 옷을 입혔고 평소에 좋아하던 장난감 – 흙인형 하나, 나무공기 두개, 유리병 두 개 – 을 베갯머리에 놓아주었다. 왕구(王九)할머니가 뒤에 손가락으로 꼽아가며 이것저것 헤아려 보았으나 거의 빠뜨린 것이 없을 정도다.[28)]

죽은 사람에게 주문을 외우거나 대비주문을 태워주면 저승에서 재화를 모면하고 극락에 가서 살 수 있다는 봉건적인 미신은 단지 선사부인에게만 드러나는 것이 아니라 당시 중국보통사람들에게 모두 해당되는 보편적인 믿음이었다.

이렇게 죽음에 대한 회피, 사망인식에 대한 심각한 사고의 결핍은 삶에 대한 적극적인 의지를 위축시켰다. 사망의식의 심각한 결핍은 민족의 열근성을 초래하였고 현실에 대한 무감각, 외세의 침략이나 타인의 억압에 대한 무저항을 야기했다. 노신은 이같은 국민성이 오랜 세월 동안 국민의 의식을 지배해 온 봉건적인 전통문화에서 기인한다고 봤다. 전통문화란 민중 심

28) ≪明天≫, ≪吶喊≫. 위의 책, 455쪽.

리의 반영이자 행위의 표현으로서 국민성 혹은 민족성을 드러내주는 거울이다. 노신은 전통문화의 봉건성을 타파하지 않으면 새로운 국가도 국민도 있을 수 없으며 나라도 일으킬 수 없다고 생각했다.

이렇게 노신의 생사관은 중국전통문화와 대척점에 있다. 그 이론의 기초와 기본적인 출발점은 진화론이며 유물론 사상이다. 이를 토대로 역사의 낙관주의를 견지하여 노신은 절망 속에 좌절하면서도 미래에 대하여 낙관할 수 있었다.

“생명은 죽음을 두려워하지 않는다. 죽음의 앞에서 웃고 뛰면서 멸망하는 사람들을 뛰어넘어 전진한다.…인류는 적막하지 않을 것이다. 왜냐하면 생명은 진보적이며 낙천적이기 때문이다.”[29]

그러나 죽음이란 어쩔 수 없이 비량(悲凉)한 것이다. 20년대 중기이후 허광평에게 쓴 편지에서 노신은 완전히 다른 목소리를 낸다. “나는 항상 흑암과 허무를 때때로 느끼는데 바로 실제 있기 때문이다.”[30], “나는 확실히 하나의 종점을 알고 있는데 바로 그것은 무덤이다”[31] “나의 반항은 어둠에 대한 교란에 지나지 않는다.”[32] 이렇게 죽음은 존재의 고통, 어찌할 수 없음, 황당함, 적막함을 의미하며 피할 수 없는 멸망의 비극을 의미한다.

그는 말년(1935년) 짧은 1년 동안에 죽음에 관한 글을 7편이

---

29) ≪熱風.隨感錄 66.생명의 길≫, ≪魯迅全集≫ 제1권. 368쪽.

30) ≪兩地書(4)≫, ≪魯迅全集≫ 제11권, 20-21쪽.

31) ≪寫在<墳>後面≫, 앞의 책, 284쪽.

32) ≪兩地書(24)≫, ≪魯迅全集≫ 제11권, 79쪽.

나 썼는데 친구들과 친척들에게 공개적으로 발표한 글에는 죽음에 대하여 태연한 자세를 보이지만 비공개적인 편지에는 초조, 두려움, 비통 등을 드러내고 있다. 이것은 모순적인 양면으로 노신의 죽음이 임박했음을 알려준다. 노신은 죽음이 임박함에 따라 정작 자신의 병에 대해서는 경시와 무심한 태도를 취하였다. 그는 글을 계속 썼으며 빨리 완성하기를 원했다. 그는 생명을 다하여 죽음에 대해 최후의 반항을 하였으니, 그의 죽음에 대한 태도는 한마디로 "직면"이라 할 수 있다. 그는 죽음에 직면했을 때 더욱 절박하게 삶에 직면했으며, 죽음으로부터 삶을 찾았다. 몸은 비록 아프지만 "이것도 생활이다.", 생명의 아름다움과 귀함을 느끼면서, 그는 죽음의 현실을 수용하여 삶의 최후까지도 '쟁찰'(挣扎)[33]한 전투를 벌였던 것이다.

4. 나가는 말

노신의 생사관은 수많은 문화 배경과 교직(交織)되어 있으며 그의 격동적인 삶을 반영한다.

노신은 평생 동안 죽음에 대한 글을 끊임없이 썼다. ≪납함≫, ≪방황≫, ≪야초≫, ≪조화석습(朝花夕拾)≫ 등에는 죽음에 대한 묘사와 죽음에 대한 화제가 끊임없이 등장한다. 심지어 역서를 포함하여 조기의 ≪역외소설집(域外小說集)≫ 중 ≪침묵≫,

33) 발버둥 치다, 몸부림치다, 힘써 버티다, 고집을 세우다 등의 의미이다.

≪만(漫)≫에서부터 임종전의 ≪죽은 혼령≫에 이르기까지 죽음은 그의 글의 중요한 주제였다.

재미학자 하제안(夏濟安)은 일찍이 다음과 같이 말하였다: "노신은 그의 산문체 시뿐만 아니라 단편소설에서도 죽음의 추악함을 잘 묘사하는 전문가였다. 그의 소설에 나오는 많은 살아있는 인물들은 마치 시체처럼 창백한 빛깔과 돌같이 굳은 응시, 소리없고 느린 동작들을 갖고 있다. 장례식, 무덤, 목을 베는 사형집행 그리고 질병조차도 노신의 독창적인 상상력을 끌어내는 되풀이 되는 주제이다."[34] 이처럼 노신 작품에는 죽음에 대한 형상, 주제, 제제, 화제 등이 많은데 이것은 구시대에 대한 그의 항쟁이자 노신의식의 복잡함을 드러내준 것이다.

본고에서는 편의상 노신의 삶에 대한 관점과 사망의식을 나누어 살펴보았는데, 사실 이것은 종이의 양면처럼 나누어 볼 수 없는 하나의 본체이다. 노신은 살아있으면서 죽음을 보았고, 죽음 속에서 또 삶을 보았다. 노신의 삶은 한마디로 이야기하자면 절망에 저항하고 항전하는 '쟁찰'(挣扎)한 삶이었으며 희망 찾기이며 동시에 실천이었다.

노신은 삶에 있어서 "생존, 보온, 발전"을 주장하였는데 이것은 인간의 생존권리와 존엄, 인간의 정당한 욕망의 보장에 대한 강조였다. 인간의 욕망을 억압하고 정신을 마비시키는 전통사상의 부정적 요소를 비판한 노신은 마비된 국민성을 깨우치고자 평생 노력했다. 현실을 직시하지 못하고 살아가는 '식인문화'의

34) 夏濟安, ≪魯迅作品的暗黑面≫, 見樂黛雲編 ≪國外魯迅論集≫, 373쪽.

근원을 노신은 사망의식의 결핍과 봉건예교에서 찾았다. 노신은 자신의 소설에서 등장인물의 육체적 죽음보다는 정신적 죽음, 영혼의 파멸을 강조했고, 이를 통해 마비된 국민의식을 개조하고 인생을 개량, 올바른 사회를 건설하고자 하였다.

노신의 생사관은 한마디로 요약하면 이런 개혁의지를 추동시킨 진화론과 유물론이다. "죽음을 자연의 한 현상으로 생명의 신진대사"라고 파악했던 노신은 후기에 들어 유물론을 수용하여 개인의 생명가치와 대중의 생명 가치를 융합시켜 인류 역사의 낙관주의를 수립하였다. 개인의 죽음은 집체의 새로운 생명을 위해 희생하며 낡은 세계는 신생하는 세계를 위해 없어진다는, 이런 생사관은 중국전통의 생사관과는 확연히 대립된 것이다.

한중 두 시인의 죽음의식 연구

- 삶과 죽음의 이중 변주곡 -

1. 들어가는 말

"사랑을 잃고 나는 쓰네

잘 있거라, 짧았던 밤들아
창밖을 떠돌던 겨울안개들아
아무것도 모르던 촛불들아, 잘 있거라
공포를 기다리던 흰 종이들아
망설임을 대신하던 눈물들아
잘 있거라, 더 이상 내 것이 아닌 열망들아
장님처럼 나 이제 더듬거리며 문을 잠그네
가엾은 내 사랑 빈 집에 갇혔네"[1)]

1) 기형도, <빈집>, ≪기형도 전집≫, 문학과 지성사, 1999, 89쪽, 이후의 나

기형도[2] 시 가운데 가장 많이 알려진 시라 할 수 있는 이 '빈 집'을 가만히 읊조려본다. 빈 집에 '갇히'다니. 사랑을 상실한 가슴의 참혹함이란 무덤과도 같을 터이니 시인을 가둔 '빈 집'을 우리는 그 자신의 '관'이라 이해해도 좋을 것이다. 이 짧은 단시에서 시인은 '잘 있거라'를 세 번이나 반복하고 있다. 마치 세상과의 고별사 같은 이 시를 써놓고 시인은 죽기 일 주일 전에 친구에게 고백했다고 한다. "나는 뇌졸중으로 죽을지 몰라." 라고.

평소 기형도는 하이즈[3]와 달리 죽음을 찬미하지 않았다. 오

오는 《기형도 전집》은 《전집》으로 약칭한다.

2) 중학교 때부터 시를 쓰기 시작했다는 기형도는 인천광역시 옹진군 연평도에서 3남 4녀 중 막내로 태어났다. 중학교 때부터 시에 관심이 있었던 (1975년 그의 바로 손 위 누이가 불의의 사고로 죽는 일이 벌어졌다.) 그때부터 그는 시에 관심을 가졌다고 한다.그는 1979년 연세대학교 정치외교학과에 입학해서 잠시 방위로 군복무를 한 뒤 1985년 정치외교학과를 졸업했다. 대학 재학 시절 윤동주 문학상 등 교내 주최 문학상을 받았고, 1985년 동아일보 신춘문예 시부문에 《안개》가 당선되면서 문예지에 시를 발표하기 시작하였다. 중앙일보에 근무하는 동안 여러 작품을 꾸준히 발표하면서 주목받기 시작하였다. 그리고 1989년 시집을 준비하던 중 뇌졸중으로 죽었다. 기형도는 미발표된 시 20편과 함께 총 95편의 시와, 단편소설 8편, 기행문, 일기초, 시작메모, 서평을 함쳐 4편의 산문을 남겼다.

3) 1964년 황산이 있는 안휘성(安徽省) 회녕(懷寧)에서 태어났다. 원명은 자하이성(查海生). 1979년 북경대학 법학대학에 입학, 1983년 졸업 후 북경 중국정법대학철학연구실에서 근무했다. 1989년 3월 26일, 河北省 山海關 부근 기차 레일에 누워 자살했다. 25살의 짧은 삶을 사는 동안 하이즈는 240여 편의 서정시와 세 편의 장편 서사시 (<토지>, <메시아>, <유적>과 시극 <태양과 환상>, <살해>를 비롯한 미완의 작품의 구상을 남겼다. 하이즈 자살이후, 그의 신드롬은 시단에 번져나갔으며 그의 작품에 대한 높은 평가를 아끼지 않다. (戈麥, 顧城 그리고 駱一禾 등을 포함한 14명 이상의 시인들이 차례로 세상을 떠났으며 이러한 사건은 당시 시단

히려 그는 입 속에 달라붙은 혀처럼 그를 집요하게 따라다니던 죽음의 그림자를 떨쳐내려고 애썼다. 그가 남긴 많지 않은 시 95편 속에서 그가 '희망'을 갈구했던 모습을 우리는 쉽게 찾아볼 수 있다. 그렇다면, 무엇이 전도양양한 스물아홉의 젊은 시인을 죽음으로 이끌었을까?

기형도가 죽은 동년 동월(1989년 3월7일/3월 26일)에, 스물다섯 살 하이즈는 철길 위에 누워 스스로 생을 마감했다. 하이즈는 기형도와 달리 평소에 죽음을 찬미하였다. 스스로를 천재시인이라 여기며 단명하리라는 것을 기정사실로 받아들였던 그는 많은 시에서 죽음에 대한 사모의 마음을 노래하곤 했다. 그에게 과연 죽음은 친숙한 동반자였을까? 하이즈가 죽기 두 달 전에 쓴 시를 보자.

> "내일부터는 행복한 사람이 되리라
> 말먹이고, 장작패고, 세계를 여행하리라.
> 내일부터는 양식과 채소에도 관심을 가져야겠지
> 나에게 집 한 채있어, 너른 바다 마주하고 봄이 되면 꽃을 피우리
> 내일부터는 친척들에게 편지를 써서
> 이 내 행복을 말해 주리라
> 그 번개같은 행복이 내게 가르쳐 준 것을
> 모든 이들에게 알려줘야지

과 사회에 커다란 충격을 주었다.

모든 강물들과 모든 산들에게 따스한 이름을 지어주어야지
낯선 이여, 당신을 위해서도 축복하노니
그대에게 찬란한 미래가 펼쳐지기를
사랑하는 이와의 사랑이 이루어지기를
속세에서 행복을 얻을 수 있기를
내가 바라는 것은 단 한 가지, 너른 바다 마주하고, 봄이 되면 꽃이 피기를"[4)]

아직 행복하지 못한 젊은 시인이 '내일부터는' 하며 행복한 사람이 될 것을 갈구하는 모습은 눈물겹지 않는가. 그 어디에 죽음의 그림자가 어른거린가. 너른 바다 마주하는 집 한 채를 소유하고 그곳에서 김도 매고 채소도 가꾸며 사랑하는 사람들에게 편지를 쓰는 삶이라니, 얼마나 소박한 꿈인가! 그러나 하이즈에게 이 소박한 꿈은 이뤄질 수 없는 꿈이었다. 꽃이 피는 그 봄에, 그 무엇이 그를 죽음으로 내달리게 했을까? 그렇게 젊은 나이에 삶보다 죽음을 선택하게 만든 그의 의식세계는 어떠한 것이었을까?

---

4) <面朝大海, 春暖花開>, 고교생들의 학습자료로 사용될 만큼 유명한 시이며, '내게는 집이 한 채 있어, 너른 바다 마주하고 봄이 오면 꽃이 피리'라는 구절은 한 아파트 전설회사의 광고문안으로 사용되어 중국 곳곳의 거리에 걸렸다. ≪海子詩全篇≫, 上海三聯書店, 1972, 436쪽. 이후에 나오는 ≪海子詩全篇≫은 ≪全篇≫이라 약칭한다. 이 시의 번역은 오윤숙, <하이즈 후기 단시에 나타난 삶과 죽음의 역설에 관하여>, ≪중국현대문학≫, (37호, 2006.6)을 참고하였다. 그밖에 <詩人葉賽寧>, <春天, 十個海子>, <麥地>, <死>, <抒情詩>, <死亡之詩> 등의 번역도 참조했다. <孤獨的東方人>, <5月的麥地>, <麥地>는 유성준의 ≪중국현대시와 시인≫, 신아사, 2007의 번역을 참고하였지만 일일이 밝히지 않았다.

본고는 이런 소박한 의혹과 독자로서의 애도로부터 시작하여 동시대 한. 중 요절시인인 기형도와 하이즈의 죽음의식을 살펴보고자 한다.

2. 트라우마와 죽음의 내재화

한 인간을 형성하는 데 있어서 가장 중요한 것은 역시 환경일 것이다. 같은 시기에 요절한 두 시인은 성장환경 또한 공교롭게도 몹시 흡사하다. 두 시인 모두 가난한 농촌에서 태어나 풍요로운 물질의 혜택을 보지 못했으며 일찍이 가족과 친지의 죽음을 겪으면서 자랐다. 조숙한 두 시인은 삶과 죽음을 누구보다 일찍, 그리고 깊이 이해할 수 있었다.

먼저, 기형도를 살펴보자. 그의 어둡고 우울하면서도 그로테스크한 정조는 어린 시절의 가난[5]과 죽음에 대한 아픈 기억으로부터 비롯된다. 특히 중학생 시절 누이의 죽음은 기형도에게 결코 지울 수 없는 아픔으로 남았다.

> "누이야/ 네 파리한 얼굴에/ 철철 술을 부어 주랴// (중략) 우리는/ 신경을 앓는 중풍병자로 태어나/ 전신에 땀방울을 비늘로 달

5) 1969년 아버지가 중풍으로 쓰러짐으로 인해 얼마 없던 전답은 약값으로 남의 손에 넘어가고 모친이 생계 일선에 나선다. 당시의 가정 상황이 시에도 나타나지만 소설 <영하의 바람>에도 형상화된다. 소설 속의 주인공과 누나는 고아원에 잠시 맡겨지는데 가난에 얼마나 사무쳤는지 엄마가 갑부가 되어 나타나는 꿈을 꾸기까지 한다.

고/ 쉰 목소리로 어둠과 싸웠음에랴.//편안히 누운/ 네 누이야./ 네 파리한 얼굴에 술을 부으면/ 눈물처럼 튀어 오르는 술 방울이/ 이 못난 영혼을 휘감고 /온몸을 뒤흔드는 것이 어인 까닭이냐."[6]

중풍에 걸린 아버지의 모습이 리얼하게 그려진 <폭풍의 언덕>은 시인의 죽음체험이 강렬하게 드러난 작품으로서, 작가의 죽음의식에 대한 내재화를 잘 드러내주고 있다.

"이튿날이 되어도 아버지는 돌아오지 않았다. 아버지는 간유리 같은 밤을 지났다.

그날 우리들의 언덕에는 몇 백 개 칼자국을 그으며 미친바람이 불었다. 구부러진 핀처럼 웃으며 누이는 긴 팽이 모자를 쓰고 언덕을 넘어갔다.(중략)

아으, 칼국수처럼 풀어지는 어둠! 암흑 속에서 하얗게 드러나는 집. 이 불끈거리는 예감은 무엇일까. 나는 헝겊 같은 배를 접으며 이 악물고 언덕에 섰다. 그리하여 풀더미의 칼집 속에 하체를 담그고 자정 가까이 걸어갔을 때 나는 성냥개비 같은 내 오른 팔 끝에서 은빛으로 무서운 섬광을 보았다. (중략)...

다음날이 되어도 아버지는 돌아오지 않았다. 그리고 그날 이후 나는 폭풍의 밤마다 언덕에 오르는 일을 그만 두었다. 무수한 변증의 비명을 지르는 풀잎을 사납게 베어 넘어뜨리며 이제는 내가 떠날 차례였다."[7]

---

6) <가을 무덤-祭亡妹歌>, 앞의 책, 158쪽.

7) <폭풍의 언덕>, 위의 책, 117-118쪽.

이렇게 유년시절이 기형도에게는 '구부러진 핀' 모양의 누이나 '성냥개비 같은' 내 팔, '헝겊 같은 배'로 소환된다. 따스하게 기억되어야 할 집은 '칼국수처럼 풀어지는 어둠' 속에 무기력하고 그로테스크하게 드러난다. 시인은 굳이 연을 바꾸어'다음날이 되어도 아버지는 돌아오지 않았다'고 나직이 진술하고 있다. 아버지의 부재를 강조하는 그 어조는 무감한 듯 담담하면서도 침울한데, 시인은 곧이어 '이제는 내가 떠날 차례'라며 죽음을 내재화시킨다.

"늦봄 아버지는 유리병 속에서 알약이 쏟아지듯 힘없이 쓰러지셨다.… 아버지, 여전히 말씀도 못하시고 굳은 혀. 어느 만큼 눈이 녹아야 흐르실런지."[8] 마침내 아버지의 존재는 "장마비, 아버지 얼굴 떠내려 오신다… 우수수 아버지 지워진다."[9]

이렇게 기형도 시에서 번번이 등장하는 아버지에 대한 암울한 분위기는 어린시절의 불행한 가계사(家系史)와 밀접하다. 아버지의 가사(假死) 상태, 누이와 삼촌의 죽음 등은 시인으로 하여금 참을 수 없는 존재의 가벼움을 겪게 했으며 죽음이 일상화되어 항상 옆에 있다는 것을 느끼게 했다. 삼촌의 죽음을 회고하는 그의 아름다운 시 <삼촌의 죽음.겨울 -판화4>를 읽다보면 삼촌의 '마른기침'과 함께 '생철 실로폰'을 두드리는 소리가 아직도 들리는 것만 같다.

어린 나이에 죽음을 목도한 기형도의 머리 속에서는 죽음에

8) <위험한 家系>, 위의 책, 92-95쪽.

9) <물 속의 사막>, 위의 책, 62쪽.

대한 상념이 떠나지 않았을 것이다. 그래서 그는 "오오, 그리운 생각들이란 얼마나 죽음의 편에 서있는가"라고 절규하며 "내 지친 정신을 가을 속에서 동그랗게 보호하기 시작했으니 나와 죽음은 서로를 지배하는 각자의 꿈이 되었네."[10]라고 확신하는 것이다. 기형도의 시상의 바탕에는 어린 시절의 아픈 상처들이 고스란히 담겨져 있다.

> "누군가 내 정신을 들여다보면 경악할 것이다. 사막이나 황무지, 그 가운데 띄엄띄엄 놓여 있는 물구덩이, 그렇다. 그 구덩이는 어디에서 왔을까. 내가 아직 죽음 쪽으로 가지 않고 죽은 듯이 살아 있는 이유를 그 물구덩이에서 볼 수 있을 것 같았다."[11]

이렇게 기형도는 죽음의 경계에 놓여있는 고독한 자신의 존재를 '사막이나 황무지', 혹은 '물구덩이'로 비유하면서 언젠가는 그 물조차도 말라버려 무화될 것이라는 절박한 심정을 토로한다. 시인이 생전에 가장 애정을 가졌다는 시 <정거장에서의 충고>는 "미안하지만 나는 이제 희망을 노래하련다"로 시작되었다가 "나는 이미 늙은 것이다"[12]로 끝난다. 이같은 허무주의는 일찍이 1981년에 쓴 <쓸쓸하고 장엄한 노래여>에서도 잘 드러나 있다.

---

10) <10월>, 위의 책, 77쪽.

11) <짧은 여행의 기록>, 위의 책, 295쪽.

12) <정거장에서의 충고>, 위의 책, 64쪽.

"가라, 어느덧 황혼이다 살아있음도 살아 있지 않음도 이제는 용서할 때 구름이여, 지우다 만 어느 창백한 생애여 서럽지 않구나 어차피 우린 잠시 늦게 타다 푸시시 꺼질 몇 점 노을이었다."[13)]

인간다운 삶에 대한 불확실성이나 상실감에서 비롯된 이러한 정서는 기형도의 시집 도처에서 만날 수 있다. "나를 한번이라도 본 사람은 모두 나를 떠나갔다. 나의 영혼은 검은 페이지가 대부분이다. 그러니 누가 나를 펼쳐볼 것인가"[14)], "도대체 또 어디로 간단 말인가!"[15)] 라는 탄식에서 드러나는 정서는 모두 '불안'과 '공포'이며, 이는 역시 유년의 체험에서 비롯된 것이라 하겠다.

하이즈는 1964년 빈곤한 농촌에서 태어났다. 부친은 무학인 재봉사였으며 모친은 초등학교 5학년까지 다닌 적이 있는 농촌 여자였다. 하이즈에게는 위로 두 누이가 있었는데 첫 번째 누이는 2살 때 영양부족으로, 둘째 누이는 태어나자마자 죽었다.

가정의 빈곤과 두 누이의 사망 등 유년환경은 그의 성격을 다소 완고하고 폐쇄적으로 만들었다. 하이즈는 단순했고 감상적이었으며 우울했다. 다만 총명했던 그는 4살 때 모택동 어록 암기대회에서 1등을 했고, 15살에 북경대학 법학계에 우수한 성적으로 입학하는 등 천재로 불렸다. 하이즈는 북경대학 시절부터 시

13) <쓸쓸하고 장엄한 노래여>, 위의 책, 144쪽.

14) <오래된 서적>, 위의 책, 47쪽.

15) <여행자>, 위의 책, 55쪽.

추안, 뤄이화와 더불어 시작 활동을 하였다. 기형도가 누이의 죽음 이후 그 고통을 달래기 위해 중학생 때부터 시를 창작했다는 점을 상기해볼 때 두 사람의 창작시기가 거의 비슷하다 하겠다. 성적이 우수하며 내성적인 성격을 가진 이들 두 시인에게 있어서 유년시절의 가난함과 죽음의 체험, 천재성은 하나의 트라우마로서 창작의 근원이 되었다.

그런데, 이 트라우마, 혹은 죽음의 그림자가 기형도의 작품에는 시종 곳곳에 드리워져있는 반면 하이즈의 경우에는 다르게 나타난다. 하이즈의 240여 편의 단시 중 대략 40여 편이 죽음을 노래하고 있는데, 이 모두가 후기에 집중되어 있는 것이다. 무엇이 하이즈의 서정시를 죽음으로 경도하게 만들었을까? 죽음의 그림자가 돌연히 하이즈의 정신세계로 침입해온 것일까? 그것이 아니라면 이미 내재화된 죽음을 무엇이 촉발시킨 것일까?

대학졸업 후 정법대학에 조교로 입명된 하이즈는 그곳에서 정식으로 시작활동을 하면서 교편을 잡는다. 아직 무명의 시인이었던 그는 매우 적은 월급으로 농촌의 부모님과 동생을 돌봐야했다. 북경 변두리 창평에서의 생활은 매우 고통스러웠는데, 경제적인 문제뿐만 아니라 교류하는 사람이 거의 없었으며 학교에서조차 인정을 받지 못했다. 이 기간에 하이즈는 밤을 새워 치열하게 창작활동을 하였는데, 그의 심경은 오직 고독과 빈곤, 그리고 초탈적인 현실의식으로 일관되어 있었다. 다음은 창평에서의 그의 생활단면을 이해하게 해주는 시이다.

"고독은 물고기 광주리/ 물고기 광주리 속의 샘물이/ 샘물 속에 놓여 있네//

고독은 샘물에서 잠자는 노루왕/꿈에 본 노루 사냥꾼은/물고기 광주리로 물을 뜨는 사람이다//...언덕 위로 끌어내는 것은 물고기 광주리/고독은 말할 수 없네" 16)

고독과 빈곤 속에서 고통을 견디고 있는 하이즈의 심경이 잘 드러나 있다. 그는 적막과 절망 속에서 죽음을 조금씩 내재화시키고 있었다.

고독한 동방인, 처음 달빛이 땅에 두루 비치는 것을 느끼네/달은 유연한 야수처럼 수풀을 밟고 들어 오네/고독한 동방인은 처음 나와 함께 달에 오르네"17)

"두 마리 말이 한대의 마차를 끄는 것처럼/나를 끌고 병원의 병상으로 향해 가네/불행한 질병의 아픔과 함께"18)

자신을 '고독한 동방인'에 비유하면서 불행한 질병에 걸린 자신의 모습을 형상화하고 있다. 하이즈에게 있어서 커다란 트라우마는 자신이 천재시인이며, 천재는 단명한다는 자기암시이다. 어린시절부터 들어온 '천재' 소리야말로 하이즈 자신을 끊임없

16) <在昌平的孤獨>, 《全篇》 107쪽.

17) <孤獨的東方人>, 《全篇》, 90쪽.

18) <不幸>, 《全篇》, 151쪽.

이 들볶게 하는 트라우마로 작용했는지 모른다.

"작가와 예술가의 창작과 천명의 신비한 관계를 재분석한 후에 하이즈는 하나의 결론을 얻어냈다. 그는 단명한 천재들을 존칭하여 "빛나고 정결한 왕자"로 불렀다. 때로는 하이즈는 그들과 더불어 심리와 창작에서 동일한 인식을 가지고 있었다. 그리하여 단명은 그의 생명과 창작방식에 대하여 커다란 압력을 준 것이다."[19]

> "사람들은 나를 일컬어/시인 예세닌/방랑자 예세닌이라고 부른다/예세닌은/러시아의 입술/…대지여/아름다운 것은 너/추악한 것은 나/시인 예세닌은/대지 가운데서 죽었다가 다시 태어난다."[20]

> "내가 열렬히 사랑했던 소녀…네가 나의 아내가 되어줄 수 없다면/반드시 내 왕관이 되어다오/나는 장차 세상의 위대한 시인들과 함께 왕관을 쓰게 되리"[21]

이렇게 하이즈는 자신을 러시아의 천재 시인 예세닌과 동일시하면서, 죽었다가 부활하여 장차 세상의 위대한 시인들과 함께 왕관을 쓰고 돌아올 것을 희망한다. 어렸을 때부터 신동이자 천재라고 불린 그는 항상 천하를 가슴에 품은 왕자의 패기를 가지고 어떤 영역에서든지 우두머리가 되어야 한다는 나르시즘을

---

19) http://blog.sina.com.cn/s/blog_4e51063201009lsk.html 《死亡后记》/ 西川

20) <詩人葉賽寧>, 《全篇》, 327-328쪽.

21) <十四行.王冠>, 《全篇》, 389쪽.

갖고 있었으며 그것을 작품에 형상화시켰던 것이다.

> "가을이 깊어지자, 왕이 마침 시를 쓰고 있다/가을이 깊이 깊어가는 이 세상에 얻을 것은 아직 얻지 못하고/잃어야 할 것은 이미 잃었네"22)

하이즈는 초기에 서정적인 시를 많이 썼다. 그는 농촌 출신으로 향촌과 보리, 태양과 달빛, 하늘, 강물, 토지 등을 소재로 한 낭만적인 시를 썼다. 그 또한 행복한 삶을 동경하면서 유토피아 같은 세계를 갈망하였던 것이다. 그러나 그의 희망은 실연과 친구의 배신, 문단의 냉대 등으로 인해 곧장 절망으로 뒤바뀌고 죽음의 그림자가 성큼 다가올 뿐이었다. 실연의 고통 속에서 하이즈는 다음과 같이 노래한다. 냉혹한 현실 대신 죽음을 희망하는 것이다.

> "나는 불이 꺼지기를 원한다/무쇠의 빛, 애인의 빛과 햇빛
> 나는 비가 오기를 바란네/나는 바라네/어둠 속에 죽어가기를"23)

하이즈는 평생 4-5명의 여인과 사귀었는데, 그 중 첫 번째 여인은 하이즈의 자살과 깊은 연관이 있어 보인다. 그녀의 아버지는 하이즈가 현실성이 없고 경제적 능력이 없으며 가문이 좋지 않다

---

22) <秋>, 《全篇》, 374쪽.
23) <我請求:雨>, 《全篇》, 72쪽.

는 이유로 교제를 반대했다. 두 사람은 2년 정도 사귀다가 헤어졌는데, 자살하기 직전 하이즈는 그녀를 만나고는 크게 마음의 상처를 받는다. "나는 곧 출국하게 된다. ...하이즈 당신은 시가에 대해 너무 집착한다. 당신은 시대도 사회도 이해하지 못한 사람이다. 당신은 시가에 미쳐 북도(北島), 고성(顧城), 휠더린, 예세닌보다도 더 심해. 만약 일찍이 시가를 포기하고 강사, 교수 자리를 얻었다면 당신이 오늘날처럼 이러지는 않았을 것이다."[24]

그 밖에 하이즈의 가슴에 죽음을 깊이 내재화 시켰던 중요한 요인으로는 당시 문단의 냉대와 동료 문인의 배신을 들 수 있다. 몇몇 친구들은 하이즈의 재능과 작품의 가치를 알았지만 어떤 시인들은 "과장이 너무 심하다"고 비평하는 편지를 보냈으며, '생존자'라는 시가단체의 구성원들은 하이즈의 장시에 대해 시대성의 착오를 범하였다고 비난했다. 또한 하이즈는 1987년 남쪽 여행 중에 만난 상중민(尙仲敏)에게서 커다란 상처를 받는다. 상중민은 <자신으로부터 배운다 (向自己學習)>이란 글에서 하이즈의 만 여행이 넘는 장시를 두고, 실로 "이 세상의 단테는 한 명으로 족하다"라고 권고하고 싶었으며, 궁색하고도 지루한 시어들 뒤에는 무미건조하고도 폐쇄적인 영혼이 숨어있었다며 머지않아 "그는 나의 적이 될 것이다"라고 다소 자기 과시적이고 시니컬한 비판을 가했던 것이다.[25] 그 밖에, 작품 발표가 순조롭지 않았던 하이즈는 마음에 드는 자신의 시를 각지의 친구들에게

24) 周玉冰 著, ≪面朝大海, 春暖花開≫, 安徽文藝出版社, 2005, 224-225쪽.
25) 燎原, ≪搏向太陽之豹-海子評傳≫, 上海, 南海出版社, 2001, 333-338쪽.

보내기를 좋아했는데 그 당시 유명한 시인 모씨가 이를 모두 표절하였으며 더 나아가 시 잡지에 발표하는 일까지 발생했다.[26]

그러나 이 모든 상황에도 불구하고 하이즈를 죽음으로 돌진하게 만든 가장 큰 요인은 바로 그 자신에 있었다고 생각된다. 우울하고 조숙했던, 이미 천재시인이라 할 만한 그를 스스로 들볶게 만든 것은 자신이 천재여야만 하는 강박, 그 트라우마가 아니었을까. 그래서 필자에게는 다음과 같은 말이 설득력 있어 보인다.

"하이즈가 자살하는 데에는 내재적 이유가 있다. 그것은 바로 창작방식이다. 본인은 괴테의 파우스트 같은 작품을 쓰고 싶었지만 그렇게 쓰지를 못했다. 그는 격정적인 창작 방식으로 그의 서사시 ≪태양≫을 완성했다. 그는 낭만주의 입장에서 고전주의의 괴테로 뛰어 오르고자 하였지만 결국에는 예상 밖으로 그는 낭만주의와 고전주의 사이에 있는 횔더린으로 떨어지게 된다. 하이즈가 쓴 최후의 시학문장 ≪내가 열렬히 사랑하는 시인－－횔더린≫은 횔더린에 대한 경의가 담겨져 있는데! 횔더린은 결국 미쳤고 하이즈는 자살하였다. 여기에서 하이즈의 창작 본신의 비극을 말할 수밖에 없다. 그의 창작방식과 창작목표에는 거의 넘을 수 없는 한계가 있었던 것이다."[27]

---

26) http://blog.sina.com.cn/s/blog_4e51063201009lsk.html ≪死亡后记≫ / 西川.

27) 위의 주)와 같음.

3. 삶과 죽음의 이중변주곡

기형도와 하이즈, 두 시인은 비록 육체적으로는 소멸되었을지라도 시를 통해 여전히 20대의 젊은 모습으로 우리 곁에서 살아 숨쉬고 있다. 문학에 젊음을 바친 두 시인에게 어쩌면문학은 다시 영생의 삶을 돌려주었는지 모른다.

80년대 한국은 군사정권의 억압아래 신음하는 어두운 시대였다. 기형도는 시대의 어둠을 직시하면서 내적으로는 개인의 실존적 고통에 압도당하여 절망의 언어를 벗어나지 못했다. 그는 자본주의와 도시화의 시대에 개인이 처한 고립과 절망을 비극적 언어로 표현했다. 기형도가 바라보는 세계가 리얼의 현실이었다면 하이즈의 경우는 또 다른 현실이었다.

80년대 말 중국은 개혁과 개방의 기치를 내걸고 자본주의 시장경제를 수용하기 시작했다. 공업문명이 농업문명을 침식하고 상업화, 시장화 되었으며 사회는 시끄럽고 욕망이 팽창하는 시대였다. 게다가 문혁의 폐허 위에 새롭게 생존의 기틀과 가치관을 마련해야 하는 시대였다. 중국은 경제의 급속한 발전과 서방문화의 유입 및 충돌로 인하여 문화계는 전면적으로 변화가 일어났다. 대중문화가 문화의 주류형태가 되고 통속작품이 넘쳐나기 시작한 그 당시 중국 시인들은 초조할 수밖에 없었다. 감수성이 예민하고 내성이 약한 시인들은 그러한 혼돈 앞에서 무너져야 했는데 그들 중 한명이 바로 하이즈였던 것이다.

1) 리얼의 현실

기형도 시에 나타난 세계의 모습은 모순과 부조리로 가득 찬, 후기 근대사회의 획일화된 모습이라 할 수 있다. 그 속에 시인을 닮은 고독한 사람들이 살고 있다. <입속의 검은 잎>은 80년대 5.18과 부조리한 우리사회를 고발하면서 동시에, 침묵으로 일관하는 자신과 방관하는 소시민을 그리고 있다.

> "그 일이 터졌을 때 나는 먼 지방에 있었다.
> 먼지의 방에서 책을 읽고 있었다.
> 문을 열면 벌판에는 안개가 자욱했다.
> 그해 여름 땅바닥은 책과 검은 잎들을 질질 끌고 다녔다
> 접힌 옷가지를 펼칠 때마다 흰 연기가 튀어나왔다.
> 침묵은 하인에게 어울린다고 그는 썼다.
> – 중략 –
> 백색의 차량 가득 검은 잎들은 나부꼈다.
> 나의 혀는 천천히 굳어갔다. 그의 어린 아들은
> 잎들의 포위를 견디다 못해 울음을 터뜨렸다
> 그해 여름 많은 사람들이 무더기로 없어졌고
> 놀란 자의 침묵 앞에 불쑥불쑥 나타났다
> 망자의 혀가 거리에 흘러넘쳤다.....
>
> 그렇다면 그는 누구인가, 내가 가는 곳은 어디인가
> 나는 더 이상 대답하지 않으면 안 된다, 어디서
> 그 일이 터질지 아무도 모른다, 어디든지

가까운 지방으로 나는 가야 하는 것이다
이곳은 처음 지나는 벌판과 황혼
내 입 속에 악착같이 매달린 검은 잎이 나는 두렵다."[28]

'그 일'이란 광주의 5.18 민주화 항쟁을 가리킨다. 80년 5월 18일, 그때 '나'는 무엇을 하고 있었는가? 수많은 광주시민들이 싸우다가 쓰러지고 실종되었던 그 시점에 '나'를 포함한 학생들과 지식인들은 조용한 지방에서 책이나 읽고 있었다. 택시운전사도 믿지 못하는 그 불신의 시대, 무슨 말을 할 수 있었겠는가? 이 시는 불의의 시대에 항거하지 못하고 침묵하는 입, 굳어버린 혀에 대한 절망감을 표현하는 시이다. 시인이 '두렵다'고 고백한 이 '검은 잎'은 더 나아가 발설하고 폭로하고 싶어하는 자신의 은밀한 '욕망'일 수도 있으며, 도처에서 따라붙는 '죽음'이기도 하다.

당시의 암울한 현실은 <대학시절>에서도 적나라하게 묘사된다.

"나무의자 밑에는 버려진 책들이 가득하였다
은백양의 숲은 깊고 아름다웠지만
그곳에서는 나뭇잎조차 무기로 사용되었다
그 아름다운 숲에 이르면 청년들은 각오한 듯
눈을 감고 지나갔다, 돌층계 위에서

28) 기형도, <입 속의 검은 잎>, 앞의 책, 72-73쪽.

나는 플라톤을 읽었다, 그때마다 총성이 울렸다
목련 철이 오면 친구들은 감옥과 군대로 흩어졌고
시를 쓰던 후배는 자신이 기관원이라고 털어놓았다
존경하는 교수가 있었으나 그분은 원체 말이 없었다
몇 번의 겨울이 지나자 나는 외톨이가 되었다
그리고 졸업이었다, 대학을 떠나기가 두려웠다."[29]

80년대 학교를 다닌 학생이라면 누구나 공감하게 되는 시이다. 최루탄이 난무하고 수많은 동료들이 감옥으로 군대로 끌려갔던 그 시절, 교수는 침묵하고 시를 쓰던 후배는 기관원이라고 고백하고 있으니 누구를 믿고 의지하겠는가? 졸업을 하고 대학을 떠난들 무슨 희망이 있겠는가? 폭력과 공포가 난무하는 세상도, 대학을 떠나는 것도 모두 두려웠던 시인은 이렇게 1980년대 사회에 대한 회의와 불안, 갈등을 소극적인 자신의 모습과 함께 생생히 그려보이고 있다.

비록 시에서는 자신을 무력하고 소극적인 모습으로 그리고 있지만 결코 기형도는 부패한 시대 앞에서 방관자가 아니었다. 대학시절 철야농성과 교내시위에 가담하기도 하였던 그는 오히

29) <대학시절>, ≪전집≫, 43쪽. 그의 친구이자 동료 시인이었던 원재길의 회상을 보면 기형도가 1980년대라는 엄혹한 터널을 지나면서도 그 시대의 아픔에 대해 크게 공감했던 흔적은 보이지 않지만. 1980년 '서울의 봄' 시기에 그는 철야 농성과 교내 시위에 가담했다가 형사가 찾아와 조사를 받기도 했다. 그리고 그는 바로 이듬해 방위병으로 입대했다. http://cafe.daum.net/rladlstn7/ByX2/11?docid=1DwIO|ByX2|11|20080705104203&q=%B1%E2%C7%FC%B5%B5%C0%C7%20%B4%EB%C7%D0%BD%C3%C0%FD&srchid=CCB1DwIO|ByX2|11|20080705104203

려 첨예한 현실인식의 소유자였다. 1984년 중앙일보에 입사하여 1985년 2월에 정치부로 배속되었던 그는 1년 만에 그 자리를 고사하고 문화부로 자리를 옮겼다. 당시 정치부는 총리실을 드나들 수 있었고 입신양명을 할 수 있었던 요직이었다.[30] 그는 '이 시대의 양심 한겨레신문'이라는 기사를 썼다가 데스크로부터 삭제를 당하고 급기야 편집부로 좌천되기도 하였는데,[31] 이는 감수성 예민한 이 젊은 시인의 현실인식을 잘 보여주는 일화라 하겠다.

기형도는 훗날 속죄의식을 가지고 광주를 방문, 망월동 묘지를 찾아가기도 한다. 이에 대해서는 <짧은 여행의 기록>에 생생하게 묘사되어 있는데, 불과 그가 죽기 7개월 전인 1988년 여름휴가에 있었던 이야기였다. 그러나 그 무엇보다도 기형도 시인이 시에서 말하고 싶었던 것은 이 삶의 모순과 불완전한 세계가 아니었을까.

> "김은 중얼거린다. 이곳에는 죽음도 살지 못한다
> 나는 오래 전부터 그것과 섞였다. 습관은 아교처럼 안전하다

---

30) 정규웅의 증언에 의하면 기형도가 "저를 문화부에서 일할 수 있게 힘 좀 써주세요. 소원입니다"라고 요구하였다 한다. 대개의 젊은 기자들이 정치부나 경제부 같은 실속 있는 부서를 원하고 있었으므로 나는 그의 부탁을 귓등으로 흘려버리고 말았는데 그로부터 얼마 지나지 않아 그는 문화부로 발령을 받았다. 정규웅, <기형도, 그 짧은 삶 속의 긴 흔적들>, ≪시인 세계≫, 창간호, 2002년 가을, 223쪽.

31) 권태효, <기형도 시에 투영된 빈집의 이미지와 그 지향점>, ≪경기인문논총≫ 8집, 경기대 인문과학연구소, 2002년, 95쪽.

> 검은 비스듬이 몸을 기울여 본다. 쏟아질 그 무엇이 남아 있다는 듯이
> 그러나 물을 끝없이 갈아주어도 저 꽃은 죽고 말 것이다. 빵 껍데기처럼
> 검은 상체를 구부린다. 빵 부스러기처럼"[32)]

시인이 바라보는 현실세계는 "죽음도 살지 못"할 정도로 모순에 가득 차 있다. 물을 아무리 갈아주어도 죽게 되어있는 '꽃'이나 한갓 "빵 부스러기"처럼 부서지는 존재의 모습이란 바로 세계 속에 닫힌 화자의 모습이면서 동시에 현대인의 모습이라 할 수 있는 것이다.[33)] 이처럼 기형도는 리얼한 현실을 정면으로 응시하는 가운데 부조리하고 모순에 찬 이 세계를 음산하면서도 아름다운 시어로 그려내고 있다.

기형도가 절망의 세계에서 하나의 탈출구로서 선택했던 것은 독서였다. 그런데 그곳조차 '죽은 자들에 대해 추억이 바쳐지는 곳'(<흔해빠진 독서>)이었다. "때때로 죽은 자들에게 나를 빌려주고 싶을 때가 있다"[34)]고 절망했던 그는 "나를 한번이라도 본 사람은 모두 나를 떠나갔다. 나의 영혼은 검은 페이지가 대부분이다. 그러니 누가 나를 펼쳐볼 것인가"[35)] 하면서 마음의

---

32) <오후 4시의 희망>, ≪전집≫, 51쪽.

33) 김정효, ≪기형도 시의 비극적 세계인식연구≫, 대구대학교 교육대학원, 2004.

34) <흔해빠진 독서>, ≪전집≫, 59쪽.

35) <오래된 서적>, ≪전집≫, 47쪽.

문을 닫는다.

이렇게 타자와의 소통이 불가능하고 스스로 고립된 닫힌 세계에서 기형도 자신이 생존할 있는 유일한 대안은 '쓴다'는 행위였다. 시작메모에서 그는 '글을 쓰지 못하는 무력감이 육체에 가장 큰 적이 될 수도 있다'는 사실을 알았다고 말한다. 암울하고 부조리한 현실, 개인의 실존적 고민, 가족의 죽음 등 참을 수 없는 고통의 완충지대가 바로 이 '쓴다'는 행위였을 것이다. 그래서 그는 '사랑을 잃고 나는 쓰네'(<빈집>)라고 말할 수 있었다. 실연의 아픔을 노래하고 있는 <빈집>은 기형도에게 있어서 '쓴다'는 의미가 얼마나 중요한가를 극명하게 드러내준다. 그것은 고통과 절망 속에서 자신의 존재감을 어루만질 수 있는 유일한 행위일 것이다. 그러나 운명의 여신은 이 젊은 시인에게 그 '쓰는' 행위마저 길게 허락하지 않았다. 어둡고 부조리한 현실세계에서도 끊임없이 희망[36]을 갈구했던 기형도의 삶은 '입 속의 검은 입'처럼 악착같이 달라붙던 죽음의 그림자에게 너무 빨리 자리를 내어주고 말았던 것이다.

2) 환상적 현실

하이즈는 한 마디로 낭만적인 서정시인이다. 그의 초기 서정

---

36) 이 '희망'이란 단어는 기형도의 시와 산문 곳곳에서 빈번하게 등장한다. 전혀 희망이 없어 보이는 지점에서도 희망을 노래하는 시 <희망>을 보라. – 이젠 아무런 일도 일어날 수 없으리라/언제부턴가 너를 생각할 때마다 눈물이 흐른다/이젠 아무런 일도 일어날 수 없으리라//그러나 언제부턴가 아무 때나 나는 눈물 흘리지 않는다. <희망>, ≪전집≫, 164쪽.

시는 행복한 삶에 대한 무한한 동경과 생명으로 충만해있으며, 전원적이고 낭만적인 정서가 듬뿍 배어있다. 그는 '보리시인'이라 불려질 정도로 보리와 보리밭을 소재로 하여 환상적인 농촌을 노래했다. 시골출신인 하이즈는 자연풍경을 몹시 사랑했는데, 온화하고 부드러운 어머니 같은 고향이미지를 풍기는 보리와 보리밭이야말로 그가 가장 사랑하는 풍경 중 하나였다.

하이즈의 보리밭 서정시는 1985년-1988년 사이에 쓰였다. 경제, 공업, 문화 등 여러 분야에서 변화가 일어난 이 시기 하이즈는 농촌에 관한 향토시를 쓴 것이다.

> "전 세계의 형제들/보리밭에서 포옹하고자 하네/동방, 남방, 북방과 서방/보리밭의 네 형제, 좋은 형제/옛날을 회상하고/각자의 시가를 외우며/보리밭에서 포옹하고자 하네."[37]

여기서 보리밭과 시가는 지극히 깨끗하고 아름다운 정감을 상징한다. 보리밭이 주는 고향같은 푸근함은 그의 어둡고 패쇄적인 심령에 커다란 위로를 가져다주면서 현실의 고통을 잊게 한다. 하이즈에게 있어서 전원적 정서는 어두운 현실에 대한 부정이자 행복한 삶에 대한 강렬한 희구이다.

> "....
>
> 우리는 보리밭 마음 속에 있는 사람/보리 거두는 이날 나는 원

37) <5月的麥地>, ≪全篇≫, 353쪽.

수와 손잡고 말하네

우리는 함께 말을 마치고, 눈을 감고, 숙명적인 일체를 결정하네/이 때 우리는 마음에 만족하며 받아들인다//.....달 아래 모두 두 사람이 있네/가난한 사람과 부유한 사람/뉴욕과 예루살렘/또 내가 있네/우리 세 사람이/함께 시내 밖의 보리밭을 꿈꾼네"[38]

하이즈에게 보리는 정신을 의탁하는 고향이자 생명을 지탱하는 근원이다. 보리밭은 증오하는 원수일지라도, 가난하고 부유한 사람일지라도, 인종이 다른 민족일지라도 서로 화해를 가능케 한다.

"보리를 볼 때 나는 땅에서 잠을 자네/ 달은 나를 비추고 우물을 비추는 것 같다.

고향의 바람과/ 고향의 구름은/ 날개를 접고/ 나의 양 어깨에서 자고 있다."[39]

얼마나 편안하고 아름다운 정경인가? 도시생활에 지친 하이즈는 방학 때면 고향으로 돌아와 전원을 보면서 지친 마음을 달랬으며 보리는 그의 피곤한 삶을 충전시켜 주었던 것이다.

그 밖에도 하이즈의 시에는 푸른 풀밭, 황톳길, 비, 시골 마을, 달, 태양, 강물 등 자연 경물들이 많이 등장한다. 이러한 시어들은 자신이 회귀해야 할 기억 속의 유토피아이자 영혼의 쉼터였다.

38) <麥地>, 《全篇》, 101-102쪽.

39) 위의 글, 100-101쪽.

> "나는/푸르른 풀을 밟고 있으면서/온몸으로 정갈한 검은 흙더미에 있다는 것을 느끼네//
> 진귀한 인간의 세상에서 사니/진흙탕이 높이 뿌려져서/얼굴에 내리치네/진귀한 인간 세상에 사니/인류와 식물이 똑같이 행복하고/애정과 빗물이 똑같이 행복하네"[40]

진흙에 대한 이런 정감은 도시에 사는 사람들은 가질 수 없는 것이다. 진흙, 푸른 초원, 빗물과 식물은 시인에게 있어서 신선한 시골생활과 아름다운 추억이 혼재된 매개체로 나타난다. 하이즈에게 있어서 고향은 영원히 끊을 수 없는 향수이면서 행복의 원천이었다. 그러므로 그는 가장 환상적이고 유토피아적인 세계를 농촌과 관련된 서정시로 표현했던 것이다.

> "마을 안에 어머니와 아들이 살고 있네/아들은 고요히 자라고/어머니는 조용히 주시하네/갈대꽃 무더기 속에/마을은 한 척의 하얀색의 배/나의 여동생은 갈대꽃/나의 여동생은 매우 아름답네"[41]

얼마나 평화롭고 아름다운 마을인가? 그의 몸은 도시에 있었지만 그가 소망했던 세계는 어린시절에 기억됐던 평온하고 고요한 환상속의 세계였다. 그런데, 1986년에 쓴 다음과 같은 시는 마을에 대한 또 다른 정감을 느끼게 한다.

---

40) <活在珍贵的人间>, ≪全篇≫, 52쪽.
41) <村庄>, ≪全篇≫, 34쪽.

> 마을, 오곡이 풍성한 마을/나는 편안하다/내 손에 만져지는 것이 적으면 적을수록 좋다!
>
> 석양에 노을진 마을과 비가 오는 마을은 얼마나 소중한가/만리에 구름이 없는 것은 영원한 나의 비애와 같네.

이 시에는 개혁개방으로 인해 농촌이 도시화, 산업화되면서 피폐해져가는 데에 대한 하이즈의 상심이 깃들어있다. 사실 농촌은 하이즈의 출생지이지 그의 문화적 신분이 아니었다. 15살 때 농촌을 떠나 줄곧 북경에서 거주하였던 그에게 고향의 현실은 실망감을 가져다주었다. 고향은 황폐화되어 가고 있었고 젊은이는 도시로 떠나 예전의 고향이 아니었다. 그가 노래했던 고향은 미화된 추억이었으며 상상의 고향이자 비현실적인 고향이었다.

하이즈의 서정 단시 240여 편 중 애정시가 80여 편을 차지하고 있다. 그는 정법대학교 조교시절 한때, 열렬히 한 학생을 사랑했다. 그 2년간의 사랑이 어쩌면 하이즈에게 있어서 가장 행복한 시절이었을 것이다.

> "이 도시에는/나의 월급이 있고/나의 물이 있고/이 도시에는/내가 사랑하는 사람이 있다.
>
> ……이 도시에서 쾌활하게 걷고 있는 사람이면/누구이든 나는 사랑한다."[42]

---

42) <城裏>, ≪全篇≫, 92쪽.

연애하기 즈음 그의 심정을 그린 시이다. 사랑에 빠진 그는 그가 사는 도시의 모든 사람마저 사랑하고 싶을 만큼 행복하다. 그는 대초원에서의 사랑을 꿈꾸며 다음과 같이 노래한다.

> "우리 둘, 초원에서 검게 그을리면서/최초의 행복을, 최초의 키스를 맛보지 않을래요?//
>
> 맑은 뭉게구름 피어오를 때/당신과 나의 키스 소리 들리고/신비한 불꽃이 양쪽 볼에 튀네요//이것은 나의 어머니가 나에게 준 입술/이것은 당신의 어머니가 당신에게 준 입술/지그시 눈을 감고 키스를 하네/마치 끝없이 펼쳐진 순결한 양떼들이 풀을 음미하듯이 (후략)"[43]

이외에 <당신의 손>[44], <절반의 시>[45], <육체2>[46] 등에서도 하이즈는 여자 친구와 나눈 농밀한 사랑을 기쁨과 환희에 찬 심정으로 서술하고 있다. 이렇게 낭만적이고 감미로운 하이즈의 서정시는 1986년, 사랑의 실연을 기점으로 급변한다. 이제

---

43) <幸福>, ≪全篇≫ 120쪽.

44) 북방/당신의 손을 끌고 있다/ 장갑을 벗으니/ 그들은 두 개의 작은 등이어라/내 어깨에/ 두 개의 옛 집이 있 어/많은 것을 수용하며/ 심지어 밤까지 용납하네/당신의 손/그의 위에 있어/그들을 밝게 비추네 <你的手>, ≪全篇≫, 85쪽.

45) 당신은 내 것/ 절반의 시/절반은 마음으로 사랑하고/절반은 육체로 감추네/당신은 내 것/절반의 시/다른 사람으로 하여금 글자 하나 수정하지 못하게 하네 <半截的的詩>, ≪全篇≫, 115쪽.

46) 육체는 아름답다/육체는 숲속이다/유일하게 살아 있는 육체/육체는 아름답다 <육체2>, ≪全篇≫, 131쪽.

그의 시 속에는 고독과 함께 죽음의 그림자가 본격적으로 드러난다. 낭만과 현실, 삶과 죽음의 이중주가 하이즈를 어지럽게 하기 시작한 것이다.

> "……
>
> 나는 바란다/한 바탕 비가 와서/나의 뼈를 깨끗이 씻기를/나는 눈을 감는다
>
> 나는 바란다/비/비는 일생의 과오/비는 슬픔과 기쁨, 이별의 만남"[47]

이렇게 그는 이미 세속의 행복과 물질적 생존을 버리기로 결의한다. 오직 환멸의 고통에서 이제 시인은 절규한다. "이것은 절망의 보리/ 네 자매에게 말해 주오 : 이것은 절망의 보리라고."[48] 시인에게 생명의 근원이자 희망이었던 보리가 이제는 절망의 보리가 되어버렸다. 더 나아가 보리와 보리밭은 이제 황량함과 우울함, 두려움과 죽음의 상징으로 변하고 만다.

> "풍성한 수확 후에 황량한 대지/사람들은 일 년의 수확을 취하러 간다."[49]
>
> "보리밭에서/나의 뼈를 잘 정리해 주오/한 다발 갈대꽃 같은 뼈/"[50]

---

47) <我請求:雨>, ≪全篇≫, 72쪽.

48) <四姊妹>, ≪全篇≫, 445쪽.

49) <黑暗的獻詩-獻給黑夜的女兒>, ≪全篇≫, 477쪽.

그동안 하이즈가 노래했던 행복한 전원생활은 결국 현실이 아니라 유토피아였다. 경제적인 궁핍과 직장생활의 부적응, 시단에서의 냉대, 애인과 친구의 배신, 잘못된 기공수련으로 인한 환청, 새로운 창작방법의 전환에 대한 고민, 친구들과의 교류가 단절된 고독하고 쓸쓸한 생활 – 이런 가운데 하이즈가 노래한 것은 결국 이루지 못할 꿈, 환상적 현실이었다.

그리하여 이제 하이즈는 다음과 같이 죽음을 찬미하기에 이른다.

> "봄날, 열명의 하이즈가 모두 다시 살아나
> 찬란한 풍경 속에서
> 이 어리석고 슬픈 하이즈를 비웃으리
> 이렇게 오랫동안 깊은 잠에서 헤어 나오지 못하는 것은 대체 왜냐고
> 봄날, 열명의 하이즈는 나지막이 울부짖으리
> 너와 나를 둘러싸고 춤추며 노래하리
> 네 검은 머리칼을 흩뜨리고, 너를 타고 내달리면, 흙먼지 바람에 일고
> 분열로 인한 너의 고통은 대지를 뒤덮으리
> 봄날에, 어리석고 슬픈 하이즈는
> 겨우 혼자만 남으리, 최후의 한 사람으로
> 이는 흑암의 아들, 겨우내 죽음을 사모하며 깊이 잠들어 있다가
> 끝내 헤어 나오지 못한 채, 공허하고도 차디 찬 시골 마을을

50) <莫扎特在安魂曲中說>, 《全篇》, 149쪽.

사랑하게 된 아들..."[51]

여기서 죽음은 하나의 옷에 불과하며 영계의 세계에 들어가기 위한 한 과정일 뿐이다. 장자의 나비가 나이고 내가 나비이듯 이제 하이즈에게는 삶이 죽음이며 죽음은 또 하나의 삶이었다. 그는 육신의 소멸을 통해 다시 재생, 부활할 것이라 생각했다. 그 같은 하이즈의 죽음관에 대해서는 다음 장에서 살펴보기로 하겠다.

4. 죽음 이미지의 형상화

기형도의 시에는 유난히 절망, 고독함, 쓸쓸함, 생명의 상실, 나약함, 차가움, 날카로움, 답답함, 어둠, 죽음과 같은 단어가 많이 등장한다. 이는 살아가는 공간에서 중심을 잃고 방황하는 화자의 어두운 내면의식을 보여주는 시어들로서, 기형도 시의 전반에 나타나는 특징이다.

> "아으, 칼국수처럼 풀어지는 어둠! 암흑 속에서 하얗게 드러나는 집"[52]

> "마른 수건처럼 쓸쓸한 가을의 임종을
> 두 눈 부릅뜨고 지켜보고 있다."[53]

---

51) <春天, 十個海子>, ≪全篇≫, 470쪽.

52) 기형도, <폭풍의 언덕>, 앞의 책, 117쪽.

"쉽게 잠이 오지 않는 축축한 의식 속으로/실내등의 어두운 불빛들은 잠깐씩 꺼지곤 하였다......청년들은 톱밥같이 쓸쓸해 보인다."[54]

여기에 드러나는 시인의 내면세계는 한결같이 음울하고 쓸쓸하며 어둡다. 시인의 눈에는 풍성한 수확의 계절인 가을이 죽음의 계절로 파악되며 생동감 넘치는 청년들도 '톱밥같이' 쓸쓸해 보이기만 한다.

"사람들은 장례식 행렬에 악착같이 매달렸고
백색의 차량 가득 검은 잎들은 나부꼈다.
나의 혀는 천천히 굳어갔다. 그의 어린 아들은
잎들의 포위를 견디다 못해 울음을 터뜨렸다.(중략)
이곳은 처음 지나는 벌판과 황혼
내 입 속에 악착같이 매달린 검은 잎이 나는 두렵다."[55]

위의 시를 읽다보면 독자 또한 혀가 '천천히 굳어'가는 걸 느끼게 된다. 그리고 뭔가 칙칙한 잎사귀 하나가 목에 걸리는 듯한 여운이 독자를 머뭇거리게 만든다. 독자들에게 이같이 색다른 심리적 경험을 일으키는 기형도의 독특한 시풍은 그가 만들어내는 어두운 이미지에 힘입은 것 같다. 하필 '검은' 잎인가?

---

53) <쓸쓸하고 장엄한 노래여>, 위의 책, 144쪽.
54) <오치원>, 위의 책, 39-41쪽.
55) <입 속의 검은 잎>, 위의 책, 72-73쪽.

기형도의 시에서 '검은색'은 너무도 낯익다.

> "나는 그때 크고 검은 한 마리 새를 본다. 틀림없이 사내는 땅 위를 천천히 날아가고 있다. 시간은 0시. 눈이 내린다."[56)]
>
> "검은 외투를 입은 그 사람들은 다시 저 아래로 태연히 걸어가고 있는 것이다."[57)]
>
> "그는 천천히 얇고 검은 입술을 다문다."[58)]
>
> "어느 교회의 검고 은은한 종소리"[59)]
>
> "공중의 나뭇잎 수요만큼 검은 옷을 입은 햇빛들 속에서 나는 곰곰이 내 어둠을 생각한다."[60)]
>
> "저녁의 정거장에 검은 구름은 멎는다"[61)]

이렇게 시인의 눈에는 검은 나무, 검은 외투, 검은 입술, 등 모든 사물의 검정색이 일차적으로 포착된다. 심지어 그는 은은한 종소리마저 검정색으로 듣는다. 그에게 검정색이란 바로 '어둠'과 동의어이다. 그래서 어둠의 이미지는 그의 시 도처에 산재해 있다. "긴 어둠에서 풀려나는 검고 무뚝뚝한 나무들[62)]", "어두운 차창 밖에는 공중에 뜬 생선가시처럼/놀란 듯 새하얗게

---

56) <오치원>, 위의 책, 41쪽.
57) <어느 푸른 저녁>, 위의 책, 48쪽.
58) <가수는 입을 다무네>, 위의 책, 69쪽.
59) <나무공>, 위의 책, 107쪽.
60) <10월>, 위의 책, 76쪽.
61) <정거장에서의 충고>, 위의 책, 64쪽.
62) <안개>, 위의 책, 33쪽.

서 있는 겨울나무들[63)]", "어둠 속에서 몇 개의 그림자가 어슬렁거렸다.[64)]", 등등 헤아릴 수 없이 많다.

그는 서슴없이 "때때로 죽은 자들에게 나를 빌려 주고 올 때가 있다. "[65)]라고 고백하거나 "내 청결한 죽음을 확인할 때까지 나는 부재할 것이다."[66)]라고 외친다. 그에게 죽음은 "죽음이여, 그러나 언제 우리가 너를 두려워했던 적이 있었던가[67)]"에서 알 수 있듯이 이미 받아들여진 숙명이다. 한 걸음 더 나아가 "죽음이란 가면을 벗은 삶"[68)]이라고 노래하고 있다.

일반적으로 어둠의 의미는 외부 세계와의 단절이자 현실에 대한 강한 부정이다. 이는 자신만의 절대고독이자 생명현상에 대한 부정으로 이어진다. 기형도 시의 특징 중 하나는 생명을 상실한 이미지들이다. 일반적으로 시인들은 땅위에 굴러다니는 하찮은 돌이나 메마르고 보잘 것 없는 모래알, 무정한 사물에도 황홀한 생명력을 부여하여 독자들에게 삶의 활력과 생기를 준다. 그러나 기형도의 시는 그 반대다. 무생물은 물론이고 살아있는 생물조차 생명력을 상실한 이미지로 표현된다.

"죽은 맨드라미처럼 빨간 내복이 스웨터 밖으로 나와 있었다."[69)]

---

63) <오치원>, 위의 책, 39-40쪽.
64) <나쁘게 말하다>, 위의 책, 42쪽.
65) <흔해빠진 독서>, 위의 책, 59쪽.
66) <겨울.눈.나무.숲>, 위의 책, 137쪽.
67) <쓸쓸하고 장엄한 노래여2>, 위의 책, 182쪽.
68) <겨울.눈.나무.숲>, 위의 책, 137쪽.

"비닐 백의 입구같이 입을 벌린 저 죽음 감정이 없는 저 몇 가지 음식들"[70]

"노랗고 딱딱한 태양이 걸릴 때까지"[71]

"하늘은 딱딱한 널빤지처럼 떠 있다."[72]

"달걀노른자처럼 노랗게 곪은 달"[73]

"헝겊 같은 배"[74]

"고고한 달도 야윈 낮의 형상으로 공중 빈 밭에 힘없이 걸려 있다."[75]

이렇게 기형도의 시에서는 사람들에게 생명의 원천으로 상징되어 온 하늘과 해와 달마저 철저히 무생물화 되고 고체화되며 부정된다. 생물과 무생물, 그 모든 존재를 어둠과 죽음의 세계로 몰아넣어 생명력 상실의 공간으로 이끌어버리는 것이다. 시인의 어두운 내면세계가 이렇듯 시를 생기없는 시정으로 몰고 가는 걸까, 혹은 어두운 이미지의 시어들이 앞장서서 시인을 죽음으로 끌고 가는 걸까. 기형도의 시를 읽고 나면 오직 이 죽음의 이미지만 강렬하게 남는다.

---

69) <위험한 가계>, 위의 책, 93쪽.
70) <죽은 구름>, 위의 책, 57쪽.
71) <안개>, 위의 책, 33쪽.
72) <백야>, 위의 책, 38쪽.
73) <위험한 가계>, 위의 책, 93쪽.
74) <폭풍의 언덕>, 앞의 책, 117쪽.
75) <이 겨울의 어두운 창문>, 위의 책, 78쪽.

앞에서 서술한 바 있듯이, 하이즈의 서정시는 후반기에 들어서 급변한다. 낭만적이고 생명력 넘치던 초기시는 1986년을 기점으로 하여 어둠과 불꽃, 핏빛을 띠며 죽음을 향해 달려간다. 다음은 1986년 8월 첫 애인과 헤어지고 나서 쓴 시들이다.

"당신은 여자 중 가장 아름다워/ 당신은 나의 관/ 나는 당신의 관"[76]

"10월의 마지막 밤/이제부터 당신을 쓰지 않을 거야"[77]

"불탄 말로/시체를 실어 운반하네/ 땅에서 튀쳐나오니/나는 바로 미쳐버리네

알몸으로/죽어버린 시인의 말을 태우네/ 온 도시는 내 상처 때문에 밝힌다

무수한 화살이 내 몸을 찔렀다/피로 스며드니/ 불타는 옥수수 같다"[78]

실연 당한 심정은 화살이 찔린 것처럼 고통스럽다 못해 '불타는 옥수수' 같다. 시인은 이제부터 그녀에 대해서 절대 시로 쓰지 않을 것이라 다짐한다. 청년기에게 있어서 사랑의 실연은 홍역과 같은 것이며, 특히 첫 번째 실연은 견딜 수 없이 강렬하다.

---

76) <葡萄圆之西的话语>, ≪全篇≫, 127쪽.

77) <泪水>, ≪全篇≫, 152쪽.

78) <马>, ≪全篇≫, 109-110쪽.

그는 <夜色>에서 다음과 같이 자신의 일생을 축약하고 있다.

> "밤빛 속에
> 나는 세 번의 수난이 있다 :유랑, 애정, 생존
> 나는 세 번의 행복이 있다 ; 시가, 왕위, 태양"[79)]

이 시는 1988년 2월 28일 티벳으로 가는 도중에 쓴 것인데, 하이즈의 생각을 잘 보여주는 시이다. 15살 때 고향을 떠나 북경에서 고독하게 살아온 하이즈는 4명의 여자와 사랑을 했다가 모두 실패했다. 그가 꼽는 '세 번의 수난' 중 '유랑'과 '애정'은 그런 맥락에서 쉽게 이해할 수 있는데, '생존'에서는 잠시 시선이 멈추게 된다. 그에게는 과연 생존 자체가 수난이었나? 이 의문은 그 다음 구절, '세 번의 행복'을 통해 어느 정도 풀리게 된다. 그는 시가를 쓸 때 가장 행복했다. 또한, 위대한 시인(왕관을 쓴)이 되어 영원히 태양처럼 존재하고 싶었다. 그러나 그것은 현실에서 이루어질 수 없는 것으로 죽음을 통해서만 가능한 것이었다. 그러므로 하이즈는 이제 다음과 같이 본격적으로 죽음을 노래한다.

> "이 평온하고도 칠흑 같은 세계에/무슨 일이 일어날 수 있단 말인가
> 죽음만이 사실이다/유일한 사실이다"[80)]

---

79) <夜色>, ≪全篇≫ 385쪽.

"칠월이면 나는 늘 갑자기 황량한 벌판으로 돌아가는/막차에 몸을 싣고
머리에는 밀집을 덮어 쓰고 조용히 죽어간다네/
이번엔 산골 고향의 공동묘지에 묻히지 않으리"[81]

"칠흙같은 밤에 웃음소리 있어 나의 무덤의 목판을 웃으며 끊는다
너는 알 수 있다. 이것은 한 조각 호랑이를 묻은 토지이다"[82]

생명의 상실은 어둠을 동반하고 허무를 가져온다. 하이즈의 내면은 이제 수확 후 텅 빈 들판의 황량함과 허무함 그 자체이다. 검은 밤, 고독과 두려움에 찬 시인의 초상을 더 들여다보자.

"검은 밤이 대지로부터 올라온다.
찬란한 하늘을 가린다.
풍성한 수확 후의 황량한 대지
검은 밤이 너의 내부로부터 올라온다.
……
곡창 속은 너무 어둡고, 너무 조용하며, 너무 풍성하다
또 너무 황량하여, 나는 풍성한 수확 중에 염라대왕의 눈을 보았다."[83]

---

80) ≪詩人的最後之夜>, ≪全篇≫, 505쪽.
81) <抒情詩>, ≪全篇≫, 642쪽.
82) <死亡之詩>(之一), 133쪽.
83) <黑夜的獻詩>, ≪全篇≫ 477쪽.

풍성한 수확은 농민에게 커다란 기쁨이자 환희이며 수고의 결과이다. 그러나 하이즈의 눈에는 캄캄한 밤의 황량한 들판과 어둡고 정적이 머문 창고만 부각된다. 그가 풍성한 수확 중에 염라대왕의 눈을 보았다는 것은 풍요 속에 빈곤을, 그리고 죽음을 보았다는 것이다.

> "복숭아꽃이 핀다/나무우리(죄수 운송용)에 선혈이 흐르는 것처럼
> 두 도끼에 선혈이 흐르는 것처럼/사형 집행인의 고향에/선혈이 흐르는 것처럼//
> 꽃이 왜 이렇게 붉은가/설산이 장엄하고 아름답게 불타는 것처럼//
> 나의 나무우리에 불이 인다/나의 감옥이 무너진다/쇠사슬과 쇠꼬챙이에 불이 붙는다/
> 사방의 어두운 고원을 향해 던진다"[84)]

아름다운 복숭아꽃을 선혈이 흐르는 '나무우리'로, 불에 달궈진 '쇠사슬과 쇠꼬챙이'로 묘사하다니! 이것은 하이즈의 내적 심리가 분열되어 가고 있음을 보여준다. 이미 심리적으로 생명력의 상실상태였던 하이즈는 후기에 복숭아꽃에 대하여 6편의 시[85)]나 썼다. 중국 고전시에서 아름답고 요염한 자태의 상징이

---

84) <桃花> ≪全篇≫, 448쪽.

85) <桃花> (1987.11), <桃花開放> (1987), <你和桃花> (1987), <桃花時節> (1989), <桃樹林> (1988), <桃花> (1989).

되어왔던 복숭아는 이제 하이즈에게서 붉은 피, 불꽃, 붉은 태양, 사람을 죽이는 시퍼런 칼로 변한다. 처참하고 비통스런 죽음의 이미지이자 피의 대명사가 된 것이다.

다음은 하이즈가 죽기 전 마지막 4교를 거친 시[86]이다. 그의 죽음의식 뿐만 아니라 시인으로서의 치열한 작가정신을 짐작케 한다.

> "복숭아 꽃이 핀다/태양의 두개골이 꿈틀 꿈틀, 화염과 손이 머리에서부터 뻗는다.
>
> 한 무리의 들짐승이 화염을 핥고 있다/칼 움푹 파인 강 계곡 모서리로 향해간다.
>
> 피 맺힌 상처를 잘라낸다/그들은 물을 불의 아름다운 몸으로 변화시킨다.
>
> ……
>
> 너는 비교적 짧은 시간 때문에 태양과 지옥을 완성하지 못하고 /내재했던 불은, 몹시 차게 소리없이 타고 있다."[87]

마치 짧은 시간 때문에 자신이 작품 <태양7부>를 완성하지 못하고 죽음을 맞이한다는 것을 암시하는 듯한 시이다. 붉은 불꽃과 함께 붉은 피는 죽음의 이미지로서 그의 후기 서정시를 온통 붉고 어둡게 물들이고 있다.

---

86) 1988년 초고, 1988년 초 수정, 1988년 말 수정, 1989. 3. 14재수정.

87) <桃花時節>, 452-453쪽.

"왜 나는 도끼로 물을 마시는가! 피를 물처럼 마신다"[88)]

"여명에 손으로 친 아들의 선혈의 잔을 받쳐 든다"[89)]

"등(燈)을 부수고 머리를 부수고, 여인의 피를 흘리는 달을 부순다"[90)]

"나는 그녀의 선혈과 어둠이다"[91)]

이렇게 붉은 피를 이용하여 어둠을 더욱 강조하며 동시에 잔혹과 두려움을 느끼게 한다. 죽음에 임박하면서 그의 시어는 더욱 극단적이고 강렬한 색채를 띠어간다. 그가 죽기 직전까지 다듬었던 또 한 편의 시를 읽어보자.

"봄의 시간은 하늘로 올라
열 손가락에 묻은 선혈을 핥고
봄은 휑뎅그렁
욕망을 키우며 죽음을 부추긴다.
바람은 이토록 거세고
흙먼지는 이토록 난폭하니
다시는 매장하는 일에 손대지 않으리
땅을 비집고 얼굴을 내민 해골들은 또 얼마인가
봄, 잔인한 봄날
모든 손들과 모든 신들은

---

88) <眺望北方>, 《全篇》, 382쪽.
89) <黎明3>, 《全篇》, 442쪽.
90) <桃樹林>, 《全篇》, 454쪽.
91) <春天>, 《全篇》, 462쪽.

선혈을 뚝뚝 흘리며
대지의 앞가슴을 찢어 놓았다."[92)]

봄은 얼었던 세상을 따뜻하게 하며 만물을 소생시키는 계절이다. 그러나 여기에서 묘사되는 봄은 탄생이 아닌 죽음과 피의 계절이다. 하이즈에게 죽음을 재촉하는 '잔인한' 봄인 것이다. 이 시는 죽음이 임박한 하이즈의 심상을 잘 전해준다. 그런데 이보다 더 자신의 죽음장면을 생생히 보여주는 시가 또 있다.

"…
황량한 대지는 황량한 하늘의 천둥소리를 견디고 있다
성서의 상권은 나의 날개, 찬란히 빛나는데
어떤 때는 마치 어둑어둑한 오늘 같기도 하다
성서의 하권은 추악하나 즐겁다
당연히 이것 또한 내 상처 입은 날개
황량한 대지는 더욱 황량한 하늘을 견디고 있다.

내 텅 빈 대지와 하늘은
상권과 하권으로 한권을 이룬
성서이자, 내 무겁고도 쪼개진 몸뚱아리
2월의 진눈깨비와 눈물을 흘리고 있다."[93)]

92) 이 시는 87년에 작성되나 88.2월에 다시 고쳐지고 89년 3월 죽는 그 달에 마지막 3교를 거쳐 발표된다. <春天>, ≪全篇≫, 460쪽.

93) <黎明.之二>, ≪全篇≫, 440쪽.

1989년 3월 26일, 하이즈가 산하이관에서 용가영(龍家營)으로 향하는 철로에서 죽었을 때 그의 옆에는 성서가 있었으며, 그날은 바로 자신의 생일이자 예수의 부활절이었다. 그는 죽기 전에 친구에게 자살할 방법을 말한 적이 있다고 한다. 평소에 죽음의 방법까지 모색했던 그가 산해관의 철로를 택한 것은 하늘의 사닥다리(철로)를 타고 하늘나라로 가기 위한 것이다. 그는 예수처럼 면류관을 쓴 중국 시가의 왕이 되고 싶었다.

"나는 구름송이를 노래 부르리/ 나는 내 자신이 행복할 수 있다는 걸 알고 있네/ 깨끗한 사람들과/ 천당에서 만나리라"//[94) 죽은 후의 천당을 이렇게 노래한 하이즈는 죽음이 끝이 아니라 또 하나의 삶의 시작이라고 간주한다.

낭만주의 시인 하이즈, 그는 이렇게 스스로 몸을 던져 삶과 죽음, 그리고 부활의 전 과정을 경험하고자 했다. 죽음을 통하여 시를 완성하고자 하였고 영원한 생명을 추구하였던 것이다.

5. 나오는 말

가족의 죽음과 가난 등의 유년시절 체험이 하나의 트라우마로 작용하여 기형도의 시를 초지일관 죽음에서 벗어나지 못하게 했다면, 하이즈의 경우에는 '천재의식'이 그를 옥죄는 트라우마로 작용했다. 하이즈를 죽음으로 이끈 요인으로는 경제적인

94) <给母亲>, ≪全篇≫, 93쪽.

궁핍과 시단에서의 냉대, 실연과 친구의 배신, 고독한 생활, 창작방법의 한계, 등 다양했지만, 가장 근원적인 것은 그 자신의 내부에 있었다. 시가의 왕관을 쓰고 싶다는 천재의식, 그 도저한 낭만주의였다.

전기의 하이즈는 전기에 환상적이고 유토피아적이며 행복한 삶을 노래했다. '보리시인'이라 불리울 정도로 고향과 전원을 아름답게 노래했던 서정시인 하이즈는 실연 이후 더욱 격정적인 열정으로 창작에 몰두하였다. 새로운 창작방법으로 장시와 극시를 창작하려고 하였지만 '천재시인'과 현실의 간극을 뛰어넘지 못했다. 그는 '죽음'으로 그 한계를 뛰어넘고 싶어했다. 하이즈가 노래한 것이 이루지 못할 꿈, 환상적 현실이었다면, 기형도가 바라보는 현실은 리얼의 현실이었다. 어둡고 비관적인 정조 속에서도 기형도는 끊임없이 희망을 찾고자 애썼다. 죽음의 그림자가 끈질기게 그를 따라다녔고, 그가 비록 "나는 따라갈 준비가 되어 있다."[95]고 죽음에 대해 자신감을 보이기까지 하였지만 결코 그는 그렇게 죽음이 빨리 도래하기를 원치 않았다. 죽음은 어느 날 순간적으로 그를 덮쳐왔고, 그 죽음은 하이즈의 방식과 달랐다.

두 시인이 그려내는 죽음이미지의 형상화 또한 사뭇 달랐다. 기형도의 그것이 검정색과 어둠, 생명의 상실과 차가움, 날카로움과 답답함이라면, 하이즈의 시는 붉은 피, 타오르는 불꽃, 붉은 태양, 칼과 도끼 등 보다 강렬한 형태로 드러난다. 기형도 시

95) 기형도, <시작메모. 기타>, 앞의 책, 333쪽.

에 나타난 죽음은 소멸, 그 자체로 바라보는 죽음이다. 한마디로 재생을 꿈꾸지 않는 죽음인[96] 반면, 하이즈 시 속에 나타난 죽음은 재생과 부활을 꿈꾼다.

이렇게 두 요절 시인의 죽음의식은 다른 양상을 보인다. 개인의 실존뿐만 아니라 시대의 고통과 아픔을 같이 노래했던 기형도의 죽음에 대한 사유가 유물론에 가깝다면, 하이즈의 죽음관은 오히려 유심론에 가까운 것이다. 이러한 차이는 개인의 기질과 성향에서 비롯되겠지만, 80년대 당시 중국의 사회적배경과 문단 흐름과도 밀접한 관련이 있다고 생각된다. 천재 시인 하이즈는 자기 내부에 깃들어있는 낭만주의 성향을 추동시키는 보이지 않는 기류를 앞서 감지했던 것인지 모른다.

죽음이란 예술가들에게 있어서는 일반인들과 다른 의미를 가지는 것 같다. 특히 요절 시인에게 있어서, '죽음'은 그들의 시적 완성도를 높여주는 '면류관' 같은 것인지도 모른다.

96) 박상찬, <기형도 시에 나타난 죽음의 상상력 연구>, 부산대 대학원 석사 학위논문, 2001.

제4부
양삭과 진충실

- 양삭 산문의 미학
- <백록원> 연구

양삭 산문의 미학

1. 들어가는 말

양삭(1913-1968)은 중국당대 저명한 소설가이며 또한 산문가이다. 그는 중국 진찰기변구와 서북지구의 전쟁에 참여하였는데, 이러한 경험을 기초로 하여 매우 많은 통신보고문과 소설을 썼다. 그는 더욱이 한국의 6.25전쟁을 참가하였으며, 게다가 한국을 제재로 삼아 ≪삼천리강산(三千里江山)≫과 ≪압록강남북≫, ≪보통인민≫, ≪중국인민의마음(中國人民的心)≫, ≪조선에 봄날이 왔다(在朝鮮春天來了)≫를 썼다. 그의 문장은 시와 같고 그림과 같아, 정교하고 아름다워 당시 중국의 매우 많은 독자들이 그의 작품을 즐겨봤다.

양삭의 문학작품 중에, 산문은 인물묘사, 예술적 풍격에 있어서 기묘한 구상과 경지를 지니고 있어, 중국당대 산문에 대한 영향이 매우 컸다. 그의 문학적 가치와 성과가 우리나라(조선)에 영향을 미쳤음에도 불구하고, 한국국내에서는 그의 작품에 대한 연구가 전개된 적이 없다.

비록 양삭이 몇 부의 소설과 매우 많은 수의 산문작품을 남겼으나, 본 연구자는 단지 그중에서 문학사적가치와 문학적 가치를 유지하고 있는 산문을 선택하여, 양삭산문의 사상성, 철리성 재인식과 예술특색의 면면의 고찰 및 그 서정성송가산문의 언어풍격을 살펴보았다.

그의 창작생애는 세 개의 시기로 나누어진다. 첫째 시기는 1938년에서 1949년에 이르는 항일전쟁과 해방전쟁이 발생한 시기이다. 둘째 시기는 1950년에서 1954년에 이르는 한국6.25전쟁에 참가한 시기이다. 셋째 시기는 1955년에서 1968년에 이른다. 그는 이 시기에 중국사회주의혁명과 건설을 묘사하였고, 아시아, 아프리카 인민의 반제국, 반식민지 투쟁생활을 반영하였다. 산문창작에 있어 두드러진 성과를 얻은 시기이다.

첫째시기, 주로 통신보고문과 소설을 창작하였는데, ≪삼천리강산≫ 이외에, 나머지 작품은 커다란 문학적 가치를 가지고 있지는 않다. 양삭의 우수한 산문은 대부분 둘째시기와 셋째시기 사이에 쓰인 것이다. 본문은 둘째 시기와 셋째시기 사이에 창작된 우수한 작품에 대하여 한 층 깊은 분석을 할 것이다.

2. 사상성, 철리성 재인식

양삭 산문은 서사와 서정이 주로 결합되어 있다. 그러나 그의 작품 가운데에는 자주 문학의 "이율성(二律性)"을 겸비하지 않았다. "이율성"이라는 것은 문학이 독자에게 영향을 미치고, 독자가 사회에 작용한다는 각도에서 보는 것으로 문학의 실용가치를 강조한 것이다. 문학이 상호간의 감정을 소통시키고 국민성을 개조한다고 본 것이다. 다른 한 방면은 문학본신의 각도에서 보는 것으로 문학의 심미특징과 독립존재의 가치를 강조하는데 "미"를 문학의 본질적 특징으로 간주한다.

양삭은 자주 과도하게 문학의 실용성을 강조하였다. 독자가 경물 묘사에 한참 몰두하고 있을 때, 철리가 있는 듯한 한 구의 문장을 삽입하여 전체적인 감상 분위기를 깨뜨린다. ≪물보라(雪浪花)≫에서, "서녘하늘에 물든 찬연한 저녁노을은 태산 노인의 얼굴을 불게 물들였다. 노인은 숫돌을 외바퀴차에 놓은 다음 나와 작별하고 수레를 밀고 몇 걸음 가다가 멈추었다. 그는 허리를 구부려 길섶의 들국화를 꺾어서 외바퀴차에 꽂고서야 수레를 밀고 천천히 걸어갔다. 그는 줄곧 불타는 노을 속으로 걸어 들어가는 것이었다."[1)]

작가는 여기에서 '찬연한 저녁노을'과 '붉게 물든' 주인공의 얼굴을 연관시켜 인물과 자연경치를 서로 교차하고 '줄곧 불타는 노을 속으로 걸어 들어갔다'를 통하여 인물과 자연경치를 완

1) 譚興戎 外編, ≪楊朔代表作≫, 河南人民出版社, 1995年(4版), 201-202쪽.

전히 융합시킴으로써 아름답고 매력있는 시적 화폭을 그려냈다. 그리하여 마치 시 속에 그림이 있고 그림 속에 시가 있는 듯한 감을 준다. 작가는 바로 이처럼 독자들을 우아하고 감동적인 예술세계로 끌어들이면서 생활 중에서 자기가 발견한 서정을 묘사하였다.

그러나 곧바로 이어서 양삭은 또 사족처럼 한 구절을 첨가한다 : "순간 나는 태산 노인이 흰 물보라와 같이 보였다. 그는 무수한 물방울과 함께 이 시대의 물결을 이루어 낡은 강산을 깨끗이 변화시키고 인민의 새 강산을 부지런히 창조하고 있는 것이리라."[2] 여기서 자연의 물보라와 태산 노인의 성격이 통일됨에 따라 작품의 전반적 함의가 제시되었다. 작가는 이처럼 물보라가 바위에 부딪치는 범상한 사실로부터 강산을 다스리는 근로인민들의 위력을 제시하면서 사상적 승화를 완성함과 동시에 아름다운 시적 경지를 창조하였다. 양삭이 이렇게 묘사한 이유는 자연경물을 통하여 독자로 하여금 중국 민중의 위대함을 일깨우기 위함이었던 것이다.

≪향산의 붉은 단풍≫에서도 똑같은 살풍경한 문장이 나타난다. "또한 어떤 사람이 생각하기에 좋은 붉은 단풍의 한 잎을 보지 못한다면, 아무래도 아름다움에 부족함이 있다고 여긴다. 나는 오히려 귀한 붉은 단풍의 한 잎을 따서 나의 마음속에 간직하였다."[3] 만약 여기에서 멈춘다면 아직 회상의 여지를 남겨둘

---

2) 위의 책, 202쪽.

3) 위의 책, 106쪽.

수 있었을 것이다. 그러나 양삭은 독자들의 이해력이 지나치게 낮음을 두려워한 나머지 그가 희망하는 향산 붉은 단풍의 상징적 의의는: "이것은 일반적인 붉은 단풍이 아니다, 이것은 일찍이 인생에서 온갖 풍상을 겪은 붉은 단풍이다. 가을이 점점 가까워질수록, 더욱더 붉어 아름다워 진다."[4]고 명확하게 밝히고 있다. (마지막으로 그는 독자가 단지 어리석을 뿐만 아니라 더욱 백치와 같을 수 있다는 것을 걱정하여 차라리 그 안의 비밀을 드러냈다. "말할 필요 없이, 내가 가리키는 것은 그 늙은 가이드이다."[5] 그는 독자들이 중국민중의 사랑스러움과 귀함을 이해하지 못할까 걱정했다.

"50년대 말 60년대 초, 천재지변과 人災로 중국이 매우 고난에 빠졌던 시기, 양삭산문은 여전히 지난날과 다름없이 아름답고 이상적인 사회와 자연을 노래하고 있었다. 사회에 대한 어떠한 우려나 초조함은 거의 찾아볼 수 없었다."[6] 그의 작품의 소재는 동백꽃, 여지, 향산의 붉은 단풍, 물보라, 벚꽃 등으로 그는 자연계내의 오직 아름다운 경색에 더욱 몰두한 듯하였다. 이러한 생활의 아름다운 경치가운데서 철학적 사상을 발굴하는 것을 기대하였다. 그리고 이러한 소위 철학적인 사상은 단지 무산계급과 중국민중의 공덕과 은덕을 찬양하는 것에 지나지 않는다.

4) 위와 같음.

5) 위와 같음.

6) 李運拓, <中國當代散文五十年文化思考>, 暨南學報, 2000 (5).

양삭은 각 한 송이의 동백꽃, 각 한 알의 여지 가운데서 개체의 생명이 허망한 집체개념(예를 들어, 국가, 시대, 계급, 인민 등)의 행복에 용해되는 것을 보여주는데 양삭이 기근이 횡행하는 시대에 쓴 ≪해시(海市)≫를 보면 그의 사유가 어떠하다는 것을 알 수 있다.

> "한명의 젊은 부녀가 있다, 살쩍 위에 한가지의 야생화가 꽂혀 있다. 호미에 기대어 나무그늘아래 서있다. 그녀는 지금 무엇을 하고 있지? 아! 바로 공동체 확성기 나팔에서 전국 밀 풍작의 좋은 소식을 방송하고 있구나."[7)]

이러한 서정은 심령 깊은 곳에서 흘러나는 진실한 감정이라고 말하기 어렵다. 우선 그것이 진실인지 거짓인지 따지지 않고 현실을 미화시키고 있는 것이다.

양삭의 문학에 대한 개조성의 과장은 그의 인생 경력과 불가분하다. 중국지식분자가 중국역사 발전 가운데에 차지한 위치와도 긴밀한 관계가 있다. 우리는 먼저 양삭의 인생 역정을 한번 살펴보자.

지식분자란 단어는 근대서방에서 왔으며 영문 intellectual을 번역한 것이고, 어원은 intellect, 재지, 심지가 있음을 뜻한다. 일반적 의미인 knowledge(지식)과 차이가 있다. 양삭은 한명의 지식인으로 단지 지식만 있는 선비가 아니다. 양삭의 부친 양청천

---

7) 앞의 책, 160쪽.

(楊淸泉)은 청조말의 수재였다.

양삭은 어려서 가정교육을 받고, 7살에 초등학교에 입학하여 공부하여, 4,5학년에는 이미 한수의 좋은 문장을 써서 선생님과 학생들의 높은 평가를 받았다. 이후에는 이중도(李仲都)문하에서 수업을 받았고, 중국 고전시문을 공부했으며, 일찍이 ≪국제협보(國際協報)≫, ≪오일화보(五日畵報)≫에 고체시를 발표하였다. 그는 고결하고 분방하였으며 벗들과 모여 자주 술을 통쾌하게 마시고 시를 읊곤 했다.

그가 살았던 시대는 마침 중국이 열강에게 침략을 당한 때로 중국민족의 독립자유를 쟁취하고 신 중국을 건립하는 역동적인 시대였다. 그는 애국적인 중국지식분자와 같이 구국운동에 가담하였다. 그러나 민족문화의 고양에 따라 원래 신문화 이성과 개성주의 정신을 지니고 있던 양삭을 비롯한 지식인들은 검증을 당하는 위치에 처했다. 검증의 결과 지식인은 신문화인으로서 민족전쟁 가운데 절대열세의 위치에 처하게 되었다. 이것은 그들로 하여금 항상 부끄러움과, 공농계급의 경건함과 성실함에 대한 병적인 태도를 지니게 되었다. 그들은 줄곧 공농계급에 의해 구현된 농촌문화의 개조상태 가운데 처하였다.[8)]

지식분자는 줄곧 개조를 당하고, 교화를 당하는 열악한 사회환경 가운데 처해졌으며 어떤 때에는 자신의 문화지식을 이용하여 민족에 영향을 미치고, 교화개조 하였다. 양삭의 작품 가운

8) 張鴻聲, <都市與智識者: 對中國現代小說的一種考察>, 華中師範大學人文社會科學出版社, 2000 (4).

데에는 시종 선명한 계급적 낙인이 뚜렷하게 있다. 군사제재이건 아니면 자연풍경 혹은 민속풍경이든지 모든 것이 상층 혹은 지배계급을 위해 크게 찬양하는 노래였다. 그는 일찍이 말한 적이 있었다: "나는 산문 쓰는 것을 좋아한다. 그 중 한 가지 중요한 원인은: 산문을 통하여 항상 삶의 격류 속에서 하나의 임무와 하나의 재미있는 생활단면을 취하여 이 시대의 측면의 모습을 신속하게 반영해 낼 수 있다." 그리고 이 시대의 요구는 자아를 망각하고, 조건 없이 국가에 복종하는 것이었다.

그의 이러한 한 가지 마음태도는 거의 매 한편의 산문 가운데 적나라하게 드러나는데 그의 작품을 쓴 의도가 드러난다. 그의 이러한 창작방식은 노래와 같은 예술적 매력을 크게 손상시켰다. 그리고 그가 조급히 표현하려한 노동인민에 대한 존경과 조국에 대한 열애는 후세 사람들의 눈에 자그마한 철리로 지나치게 천박하단 비평을 받았다. 그는 계급이익을 꾀하는 선전기로 여겨졌다.

지식인이 억압받은 시대에 어떤 사람들은 침묵하고, 어떤 사람들은 인격을 상실하였는데, 양삭은 창작의 영감을 잃어버렸다. 작품은 이미 작품이 될 수 없었고, 병태적인 위정자의 공적과 은덕을 찬양하는 것으로 변하였다. 마지막에는 곤혹과 오해, 억울함 속에 생명을 마감하였다. 독립성과 창조력, 인성의 자유, 인성가치가 존중받는 오늘날, 양삭 작품의 사상성은 갈수록 부정당하고 있다.

3. 예술특색의 고찰

양삭산문작품의 주인공은 대부분 이름 없는 영웅, 혹은 보통 노동자이다. 작가는 이러한 인물들을 통하여 부지런히 일하는 보통 인민의 고상한 정신풍모를 열정적으로 찬양하였다. 새로운 사회와 새로운 인물에 대한 찬양에 기초하여, 중국현실 생활내의 시적정취를 묘사하였다. 그의 문장은 화려한 문채와 정교한 구성, 완약하고 섬세한 풍격을 전개하였다. 양삭산문의 특색은 아래와 같은 몇 가지 방면으로 귀납한다.

첫째, 평범한 생활에서 시의적인 풍부한 소재를 선택하였고, 중국의 새로운 면모와 국제정세의 추향을 반영하였다. ≪여지꿀(荔枝蜜)≫은 벌꿀을 묘사하고 또한 노동에 대한 칭송을 하였다. 벌꿀을 특별히 좋아하는 작가는 양봉을 하는 지방에 가서 벌꿀의 가치를 깨달았다. ≪물보라(雪浪花)≫, ≪동백꽃(茶花賦)≫, ≪해시≫, ≪봉래선경≫작품 등도 유사한 특징을 지니고 있다. ≪앵화우(櫻花雨)≫, ≪인도정사(印度情思)≫, ≪금자탑의 달밤≫, ≪파리의 화염(巴厘的火焰)≫은 외국을 주제로 삼아, 여행 중에 느낀 감상을 통해 반제, 반식민지사상을 반영하였다.

둘째, 양삭산문 중의 경물묘사는 작품의 중요한 구성부분이다. 그것은 상세한 해석에 대해 중대한 작용을 승화, 심화시켰고, 시적인 정취와 그림 같은 아름다움을 더하였다. 작가의 감정을 토로함으로써 열렬한 분위기를 부각시켰다.

주제는 작품전체에서 나오는 것이다. 경물묘사는 결국 주제를 표현하기 위해 사용하는 것이다. 다만 이러한 표현은 직접적인 것이 아니라 간접적인 것이다. 좋은 경물묘사는 산문의 주제를 승화, 심화시키는 것에 대해 중대한 작용을 일으킬 수 있다. 만약 "주제"를 "벌꿀"로 보고, 산문의 각 부분을 한잔의 샘물로 본다면, 기예가 출중한 산문가는 단지 "주제"를 산문의 각각부위에 용해시킨다. 확실히 풍경을 묘사하는 부분은 당연히 작품주제를 상세히 해석하는 하나의 장소인데, 경물을 묘사하는 것과 주제사상을 유리시키는 작품은 분명히 수준이 떨어지는 작품이다. 약간의 작품 "주제"는 고약과 같이 산문의 어떠한 한 부위에 붙어 있는 것을 자주 볼 수 있는데, 볼수록 사람들에게 혐오감을 일으킨다. 양삭산문 중의 경물묘사는 오히려 자연스럽지 못하다. ≪물보라≫의 첫머리에 묘사한 것을 보자:

"시원한 가을 팔월, 날씨는 유달리 상쾌하다. 나는 때때로 해변암초위에 앉아 조류가 들고 나는 것, 구름이 일어나고 나는 것을 바라보는 것을 좋아했다. 달이 둥글던 때, 큰 호수가 마침 밀물이었다. 그 망망무변한 넓은 바다를 바라보니, 군군탕탕, 일파일파가 점점 높아지며 암초 위를 때리고 땅을 씻으며 높이 올라가는 물보라가 맹렬히 해변의 암초에 부딪히고 있다. 그 암초의 전체 모습은 깊은 고랑과 얕은 둥지로, 울퉁불퉁해서 마치 부드러운 반죽덩어리 같다, 누구에 의해서 이러한 괴상한 모양으로 빚어졌는지 모르겠다."[9)]

9) 앞의 책, 198쪽.

이것은 바다경치를 묘사한 물보라를 찬양하는 한 단락의 문장이다. 작가가 "망망무변"한 대해를 묘사한 것이 얼마나 장관인가, 얼마나 시의가 풍부한가! "망망무변","군군탕탕"은 바다 조류의 장관을 쓴 것이다. "당"(撞)자는 기세의 맹렬함을 표현한 것이다. "쇄"(涮)자는 사람으로 하여금 만마가 내달리는 소리를 들은 것 같게 한다. "幾丈高"(몇 장 높음)"을 사용하여 파도가 하늘 높이 날아오르는 것을 형용하는데, 비록 과장하는 것이 마음에 걸리지만 경물의 상태가 생생하고 첫 구절에 바다를 바라보는 시간과 지점을 밝히고 있다. 바야흐로 8월, 하늘은 높고 날씨는 상쾌하며 밝은 달이 하늘에 떠있으며 파도가 해안을 치니 이 얼마나 아름다운 광경인가! 또한 여기에선 물보라의 부드러움을 쓴 것이 아니라 파도의 힘을 쓴 것이라 말할 수 있다. 물보라가 미친 듯이 기뻐날 뛰는 것으로 자신의 성격과 기질을 충분히 나타내고 있다.

셋째, 영화 몽타주 요소 운용은 양삭산문 구조의 매우 선명한 예술 특색이다.

소위 몽타지라는 것은 영화 예술 표현형식과 방법으로 편집자의 창작의도에 따라 수많은 장면을 유기적으로 결합시킬 뿐만 아니라 장면의 동태효과와 내재적 논리관계로써 예술을 반영하고 사회생활의 완전한 이야기를 개괄화시킨다. 양삭의 예술성 산문은 거의 형상화면(풍경화, 풍속화, 인물화)와 생활의 단편을 취합하여 만들었다. 그는 특히 언어로써 똑똑히 볼 수 있는 형상으로 전화시켰으며 독자로 하여금 청각적으로나 시각적으로 영화를 본 것처럼 느끼게 한다.

그래서 이 한 가지 형상의 사유적 특징은, 양삭산문의 구조가 일반적으로 몽타주 문장을 취하는 구성형식을 결정하는데 한 폭의 형상화면이나 혹은 생활단편을 구성의 주요 단위로 삼아 하나의 완전한 사상을 구현하는 예술화면으로 구성한다.

넷째, 양삭의 산문창작은 탁물언지(托物言志)의 수법을 사용하였다. 경치를 빌어서 감정을 표현하고, 예술형상을 통하여 사상과 감정을 표현하였다. 양삭은 이러한 형상적인 것을 창작하는 데에 뛰어났다. 그의 후기 산문은 모두가 일단의 지극히 평상적인 자연경물, 예를 들어 홍엽(紅葉), 보춘화(報春化), 학수(鶴首), 물보라(浪花), 벌꿀(蜂蜜) 등을 선택하여 뜻을 자세히 진술하며 노래하였고, 자기의 사상과 감정을 이러한 자연경물위에 스며들게 하였는데, 그래서 뚜렷한 예술형상이 창조되었고, 적지 않은 명작들이 창작되었다.

≪동백꽃(茶花賦)≫는 곧 그 중의 한 예이다. 작가는 자신의 조국에 대한 정을 표현하기 위하여 젊은 조국을 노래하였는데 직접적으로 중국대지의 새로운 일이나, 도처의 새로운 모습을 고의적으로 쓰지 않고 처음부터 교묘하게 동백의 아름다움이나 장수 및 정원사, 어린이 얼굴을 묘사하여 동백이 사방으로 흩날리는 예술형상을 창조하였다. 그러한 후에 이 상징적 형상으로써 중국을 노래하고 있다.

"가장 진하고 가장 고운 빨간색으로 이슬을 머금고 활짝 핀 어

> 린이 얼굴같은 동백꽃을 그리면 조국의 모습을 그대로 상징할 수 있을 것 같다. 나는 간단한 이 구상을 적어서 멀리 외국에 있는 그림 잘 그리는 그 여성동무에게 편지로 띄웠다.”.[10]

양삭은 오랜 동안 이국에 있었으므로 중국을 매우 그리워하였다. 1962년 그가 해외에서 돌아오는 그때 북쪽은 눈발이 흩날리고 있었으나 곤명에는 오히려 봄기운이 만연하였다. 그는 꽃이 가장 무성하게 핀 서산 화정사에 가서 가장 봄기운이 깊게 물든 동백꽃을 보았다. 여기에서 그는 젊은 중국의 형상-동백꽃을 찬미하였던 것이다. 동백꽃은 곤명의 어느 곳에도 있다. 그러나 사람들이 그것의 광채를 발견해내지 못하였지만 양삭은 이러한 무관심으로부터 동백꽃에 담겨진 아름다움을 발견함과 동시에 생활 중의 아름다운 사물을 발견하였던 것이다.

양삭은 동백꽃이라는 형상을 발견한 후 기계적으로 묘사하지 않고 당시 조국의 (정신)모습에 연결시켜 동백꽃의 다섯 가지 방면의 특징을 집중적으로 포착하였다. 즉 첫 번째는 “동백꽃의 아름다운 자태- 그렇게 붉은 색은 마치 타오르는 불길과 같다.”[11]: 두 번째는 동백꽃의 농염한 봄색-동백 꽃이 너무 많아 “만약 대리(大理)였다면 거의 모든 집에서 동백꽃을 기른 것 같다”[12]: 세 번째는 동백꽃의 왕성한 생명이다. : “대리의 땅엔 아직 한 그루

---

10) 앞의 책, 191쪽.

11) 앞의 책, 185쪽.

12) 위의 책, 186쪽.

의 더욱 오래된 것이 있다. 노인의 설명을 들으니, 천년이 넘었다 한다."[13]: 네 번째는 동백꽃의 재배자이다. : "모든 정력을 가지고 꽃나무를 재배하고 있다. 우리들의 생활을 아름답게 한다."[14] : 다섯 번째는 작은 가지의 어린 꽃이다. : "그들의 개화기는 늦어, 막 꽃봉오리를 터트렸다. 활짝 피니 색깔은 짙은 빨간색인데, 오히려 가장 아름답다."[15] 작가는 바로 이러한 다섯 방면으로부터 착수, 개발하였으며 동백꽃이라는 완전한 예술형상을 완성하였던 것이다. 이것으로 조국을 상징하여 신생 조국을 열정적으로 찬미하였고 동백꽃은 하나의 아름다운 예술 형상이 되었다. 동백꽃의 위에 작가의 조국에 대한 짙은 열애와 찬미가 스며들었으며 작가의 짙은 감정적 색채를 쏟아냈다.

이러한 수법은 각종 작품에도 나타난다. ≪물보라≫는 대해의 물보라를 빌어 노동인민의 협동력으로 강산을 건설하는 것을 말하였다. ≪여주 꿀≫은 작고 작은 벌꿀에 의탁하여, 노동인민의 부지런한 노동의 고상한 품격을 말하였다. ≪추풍소슬(秋風蕭瑟)≫에서는 유형의 만리장성을 빌어서 무형의 사상강화를 말하였다. ≪해시≫는 환상적인 바다도시에 의탁하여 사회주의 신농촌을 말하였다. ≪野茫茫(들은 망망하다)≫에서는 흉악한 짐승에 의탁하여 제국주의의 본질을 말하였다.

다섯째, 양삭산문은 중국그림의 회화미를 갖추고 있다.

---

13) 위의 책, 187쪽.

14) 위와 같음.

15) 위의 책, 186쪽.

서양화는 사실을 중시하고, 중국화는 사의(寫意)를 중시한다. 중국회화는 허와 실의 결합을 무척 중시하는데, 회화의 비결은 허실의 사이에 있다고 여겼다. 허(虛)가 있고 실(實)이 있어야지만 유기적인 흥미가 생겨나는 것이다. 형상을 그리는데 있어서, 모습이 닮는 것을 강조할 뿐만 아니라, 정신적으로 흡사할 것을 더욱 강조하고, 모습과 정신의 겸비(兼備)를 강조한다. : 화면의 배치에선 허실의 상생을 강조한다. : 색채의 운용에 있어선 색을 깔끔하게 사용을 강조했지만 거의 색을 사용하지 않았다. 양삭의 산문은 창작의 경계와 모양(화면)을 묘사하는데 있어 전체적으로 이러한 특징이 나타났다.

≪동백꽃≫에 드러난 운남(云南)의 동백꽃 묘사에 관하여 살펴보자.

이 작품에서는 운남의 동백꽃의 회화에 대하여 묘사하였는데, 작가는 탁물언지(托物言志)의 수법을 운용하여 운남의 봄날 무성하게 핀 동백꽃의 장면을 묘사하면서 매일 달라지는 모습과 무한히 아름다운 사회주의 조국을 노래하고 있다. 더불어 아름답고 행복한 생활을 하고 있는 수많은 노동인민을 찬양하였고 자신의 조국에 대한 뜨거운 사랑과 감정을 발하였다. 이러한 중심을 둘러싸고 작가는 3개의 긴밀한 연결고리- 각각 같지 않은 동백꽃이 무성하게 핀 장면으로 구성하고 있다.

첫 번째 그림 : 화정사(華庭寺) 동백꽃이다.

첫 번째 장면 : 화정사 동백꽃

꽃구경은 서산 화정사가 제일이었다. 그윽한 매화꽃 향기는 근처에만 가도 폐 속을 찌른다. 붉은 매화, 하얀 매화, 녹색 매화 그리고 주사 매화, 품종도 다양한 매화가 그루마다 그대로 한편의 시와 같았다. 하얀 난은 다소 시들어가고 노랗게 피어나는 꽃은 마치 봄을 맞이 한 것 같다. 진정 봄은 곤명호보다 더 깊게 깊어가고 있었다.

사실은 아직도 깊은 봄은 아니다. 화정사의 추녀처럼 높이 자란 나무의 탐스러운 잎사귀 사이에는 수많은 꽃들이 피었는데 그 붉은 색은 마치 타오는 불꽃처럼 …

작가는 봄날의 곤명호를 전형으로 삼았으며 운남의 동백꽃을 그리고 있다. 곤명호에서 동백꽃이 가장 무성하게 핀 화정사를 선택했다. 화정사의 동백꽃에서는 가장 표현력이 풍부한 절의 추녀 앞에 있는 동백꽃으로 그림(장면)의 중심을 삼았다.

작가는 정면으로부터 경물을 취했으며 직접적으로 이 동백꽃의 농염한 아름다움과 사람을 감동시키고 생기 발랄함을 묘사하고 있다. 중심을 돌출시키기 위하여 작가는 겹겹의 홍탁(烘托: 묵이나 엷은 색으로 윤곽을 바림해서 형체를 두드러지게 한다)의 방법을 사용하였다. 먼저 화정사의 붉은 매화, 하얀 매화, 녹색 매화, 주사 매화를 그리고, 그리고 나서 백옥란과 노란 영춘화를 그려 넣었으며 다투어 피는 춘색이 가득한 것을 묘사하여 홍탁을 삼았다. 그러한 연후에 화정사의 추녀와 탐스러운 잎사귀를 그려 넣어 한층 부각시켰다. 마지막으로 묵을 진하게 하고 색을 덧칠하여 동백꽃을 묘사하였다.

두 번째 그림 : 흑룡담(黑龍潭)의 동백꽃이다.

"…나는 화정사를 유람한 적이 있다. 또 점점이 내리는 가랑비를 개의치 않고 흑룡담을 한차례 유람한 적이 있는데, 이 곳들은 모두 동백꽃을 보는 유명한 지역이다. 원래 동백꽃을 분명히 보기 드물 거라 여겼지만, 뜻밖에 두루 돌아다니는 중, 때때로 울타리나 집 주위에서 새빨간 동백꽃을 볼 수 있었다."[16)]

이것은 측면묘사로 허실의 결합이다.

첫 번째 그림은 점(占)으로부터 운남(云南)의 동백꽃(茶花)을 묘사했고, 이 그림은 면(面)으로부터 운남의 동백꽃을 묘사하였다. 경치를 취하는 것과, 삭제와 구도의 방법 모두가 변화가 있는데, 위의 그림과 다르다. 첫 번째 장면이 정면의 사실 묘사라면 이 그림은 측면묘사로서 허실(虛實)의 결합이다.

세 번째 그림은 대리(大理) 동백꽃이다. 이 그림은 허구의 경치로 곧 마음속의 경치인 것이다. 언어예술의 암시적인 특징을 충분히 발휘하여 가상으로 들어가게 하고 사람을 이끌어 무한하고 광활한 분위기 속으로 들어가게 한다. 이것은 회화에서 할 수 없는 것이다. "이것은 희한한 일이 아니다. 만약 대리였다면 거의 집집마다 동백꽃을 배양하겠지. 꽃이 피는 시절이면 각가지 동백꽃이 앞다투어 피어나는데 그건 정말 구경할 만도 하지."[17)] 얼마나 사람으로 하여금 마음을 뺏기게 할 정도로 아름다운 것인가.

16) 위의 책, 186쪽.

17) 위와 같음.

세 번째 그림의 화면은 긴밀하게 서로 연결된다, 변화가 풍부하다. 사실-허실-허구로서 층층이 펼쳐지고 있다. 운남의 동백꽃을 묘사하는 것이 통쾌하기 그지없고, 경지가 요원하고 방대하여 사람들을 회상하게 하고, 음미하도록 이끄는데, 양삭의 산문 경지 중의 구도기예의 훌륭함을 충분하게 나타내고 있다.

4. 서정성 송가산문의 언어풍격

중국 산문의 창작은 선진시기까지 거슬러 올라 갈 수 있다. 제자 산문은 매우 발달하였고, 매우 특색이 있었다. 덧붙여 사전(史傳)·책론(策論)·묘지(墓志)·수필(隨筆)·신찰(信札) 등등, 고대산문의 분량은 확실히 과소평가할 수가 없다. 내용방면에서 산문은 개인경험과 마음의 체험을 더욱 중시하였다. 전국시기 산문성과가 가장 높았던 사람은 장자(庄子)이다. 그의 글은 기묘하고 구애됨이 없어, 일대의 영웅이 되었다. 그 시기의 산문풍격은 논리가 엄밀하고, 언어가 곱고 낭랑하고, 힘이 있게 표현되었는데 대부분 정서적 감동이 모자랐다. 작가는 군자지도를 행하여 예로써 천하를 통치하기 위한 것으로, 문학을 위해서가 아니었다.[18)]

5.4이후의 현대 산문은 "운필(運筆)의 묘"를 중히 여기고 있다. "형산이신부산"(形散而神不散: 형태는 흩어졌으나 정신은

---

18) 阮忠, <全國文化的多元與散文風格的初建>, 華中師範大學學報, 2000, (4).

흩어지지 않는다), "추자연구"(錘字煉句: 글자를 다듬고, 자구를 다듬는다)는 산문구조배치와 단어를 이용하여 자구를 만드는 창작과 감상하는 표준이 되었다. 산문 작가의 풍격을 이야기 할 때에, 사람들은 매우 자연스럽게 그의 언어로부터 어떻게 구상을 표현하는지 등등의 방면까지 식별과 평가를 가할 것이다.

건국 후부터 문혁 전까지 두 차례의 산문의 고조(高潮)가 있었다. 건국초기 제 일차 산문의 고조는, 기본적으로 "통신화산문(通訊化散文)"을 주로 삼는다. 예를 들어 한국 6.25전쟁의 격전지통신, 신 중국 경제건설의 통신과 보고, 사회주의 새로운 사람을 찬양하는 통신과 특필 등이 있다. 60년대 초 제2차 산문의 고조는 서정성 송가산문(頌歌散文)을 주로 한다.

본문은 문학 언어의 교제기능으로부터 시작하여, ≪향산의 붉은 단풍≫, ≪물보라≫를 예로 들어, 양삭 서정성 송가산문의 언어 풍격을 분석하고자 한다.

우리는 전통적으로 문학 언어를 네 가지 종류로 나눈다. : 소설언어, 산문언어, 시가언어와 희극언어이다. 이러한 종류의 분류는 실질적으로 문체의 분류로 문학 언어의 분류가 아니다. 만약 전통분류법으로 문학 비평을 진행한다면 매우 큰 제한성이 있을 것이다. 우선, 이러한 분류는 자주 동일한 문체 중 문학 언어의 내부 차이를 말살한다. 그래서 매우 많은 문학 평론 중, 산문문체에 대하여 평가하는 말은 대부분 대동소이하여, 서로 다른 산문가 각자의 창작 규칙과 독특한 언어 풍격을 분별하기 어렵다.

다음으로, 이러한 분류는 종종 네 가지 체제의 문학 언어 내부연계를 나누어 버린다. 실제적으로, 네 가지 체제의 문학 언어는 뚜렷한 한계가 없어, 네 안에 내가 있고, 내 안에 네가 있는 식이다. 산문 가운데도 시가언어와 희극언어에 일반적인 인물의 대화가 다름없이 포함하고 있다.

문학 언어의 내부특징을 보다 잘 살펴보기 위해, 우리는 문학 언어의 서로 다른 기능을 두개의 큰 종류 - 직접교제어(直接交際語)와 간접교제어(間接交際語)로 나누어 보자. 직접교제어는 작가가 직접적으로 독자에게 언어교제를 진행시키는 말이다. 그것을 통하여 작가는 독자에게 경물과 정경을 묘사하고 상황을 서술하며 사태를 자세히 진술하고 감정을 토로한다. 그래서 그것은 작가가 직접적으로 독자에게 발하는 정보부호로 직접적인 교제기능을 지니고 있다. 간접 교제어는 작가가 작품 가운데 인물의 입을 빌어 독자를 향하여 정보를 전달하는 부호로, 또한 일반의미상 인물교제용어이고 간접적인 교제기능을 지니고 있다.[19]

1) 직접 교제어

직접교제어로부터 보자면 양삭의 문체는 모두가 공인하는 것으로, 짧지만 힘이 있고 매우 깨끗하다. 경치의 묘사나 아니면 인물 동작의 묘사를 막론하고 모두가 생동적이고 간결하며 구체적인 특색을 두드러지게 표현해내었다. 양삭의 산문은 시화적

19) 朱永生主編, <文學語言的功能分類與語言風格研究>, ≪語言語篇語境≫, 清華大學出版社 1997, 280쪽.

(詩化的) 산문으로, 다수가 주자청(朱自淸)의 ≪배경≫, ≪하당월색(荷塘月色)≫등 현대백화 미문의 영향을 받았다. 그는 "나는 매 편의 문장을 쓸 때에, 항상 시를 쓰듯 썼다"고 말했다. 그의 언어, 시는 대부분 자세하고, 간결하며, 명쾌하여 함의는 풍부하고 또한 음악성이 풍부하여서 청신하고 산뜻한 풍격을 지니고 있다.

(1) 경치의 묘사

양삭의 산문은 경치의 묘사가 뛰어난다. 그의 필치는 사람들로 하여금 문자의 존재를 망각하게 하는데 눈앞에 나타나는 것은 한 폭의 아름다운 자연의 경치이다. 양삭은 뛰어난 풍경을 뛰어나게 묘사하는 화가와 같다. 각각의 화면의 경물을 취하는 것에 대하여 그는 특별히 신경을 썼고 한 글자 한 구절을 세심히 퇴고하여 화면의 간결함과 생동감을 추구하였다. 게다가 경물을 고르는 넓이와 깊이를 극력이 확대하였는데, 이것 또한 그의 풍경묘사의 가장 큰 특색이다.

a. "一"의 운용 및 화면시야의 광활성(開闊性)과 생동감

양삭의 산문의 단어 사용의 특색은 단어를 선택하는 독창성에서 나타난다. 그는 동작에 대한 세밀한 묘사를 중시하였다. 그 중에, "一"의 대량 사용은 우리의 주의를 끌만하다. 동사 앞에 "一"자를 첨가한 것은, 전체 동작으로 하여금 보다 구체적이고, 생동감 있게 하여 언어를 살렸다.

예를 들어:

(1) **"一"仰臉望見東邊天上現出半輪上弦的白月亮**. (≪향산의 붉은 단풍≫)[20]

(한번(一)얼굴을 들고 동쪽 하늘에 나타난 반쪽의 흰색의 상현달을 멀리 바라본다.)

(2) **你倚在閣上, "一"望那海天茫茫, 空明澄碧的景色**. (≪**海市**≫)[21]

(당신은 시랑위에 기대어 한번(一) 그 바닷가 하늘의 아득함과 공중의 맑고 푸른 경치를 바라본다.)

(3) **朝東"一"望, 眞是"一"片好景**. (≪향산의 붉은 단풍≫)[22]

(동쪽을 향해 한번(一) 바라보니, 정말 한(一)편의 아름다운 경치이다.)

(4) **夢見身子坐在船上, 脚下翻着波浪, 醒來叫人"一"挖脚下**(≪향산의 붉은 단풍≫)[23]

(꿈에 몸이 배위에 앉아 있는 것을 보았다, 발아래는 파도가 치고 있었다. 깨어나 사람을 시켜 한번(一) 발아래를 파해쳤다.)

---

20) 앞의 책, 107쪽.

21) 위의 책, 158쪽.

22) 위의 책, 105쪽.

23) 위의 책, 105쪽.

(5) 要是紅透了，太陽"一"照， 那顔色該有多濃.(≪향산의 붉은 단풍≫)[24]

(만약 붉은색이 스며들 수 있다면, 태양이 한번(一) 비추면, 그 색깔은 매우 짙을 것이다.)

예 (1),(2)와 (3)중에서, "一"자의 첨가는 화룡점정과 같다. 독자로 하여금 시선의 움직임과 확장이 먼 곳이나(예 (2),(3)) 높은 하늘(예 (1))을 향해 무한히 확대되는 것을 느끼게 하고, 동시에 화면의 광활성을 크게 높여준다. 예 (4)에서의 "일알(一挖)"는 파헤치는 이 한 가지 동작의 결과를 강조하고 독자의 호기심을 일으킨다. 예 (5)에서의 "일조(一照)"는 태양의 비침을 두드러지게 하고, 뒤의 서술을 위해 강력한 복선으로 작용 한다.

b. 對偶의 공정성(工整性)과 화면의 단계적인 전진

(6) 天也作美, 明淨高爽, 好得不能再好了；人也湊巧, 居然找到一位老向導.(≪향산의 붉은 단풍≫)[25]

(날씨도 도와줘서(?) 밝고 깨끗하며 높고 시원한데, 다행히 다시 좋을 수가 없다;

사람도 공교롭게 뜻밖으로 한분의 늙은 가이드를 찾았다.)

(7) 我有時愛坐在海邊礁石上, 望着潮朗潮落, 云起云飞.(≪물보라≫)[26]

---

24) 위의 책, 106쪽.

25) 위의 책, 104쪽.

(나는 때로 해변의 암초위에 앉아, 조류가 들고 나는 것, 구름이 일어나고 나는 것을 바라보는 걸 좋아했다.)

(8) **那礁石滿身都是深溝淺窩, 坑坑坎坎的, 倒象是塊柔軟的面團, 不知叫誰捏弄成這種怪模怪樣.** (≪물보라≫)[27]

(그 암초의 전체 모습은 깊은 고랑과 얕은 둥지로, 울퉁불퉁해서, 마치 부드러운 반죽덩어리 같은데, 누구에 의해서 이러한 괴상한 모양으로 빚어졌는지 모르겠다.)

(9) **瞧那茫茫无邊的大海上, 滾滾滔滔, 一浪高似一浪.** (≪물보라≫)[28]

(그 망망무변한 대해상을 바라보니, 군군탕탕, 일파 일파가 점점 높아지는구나.)

위의 예제 문구로부터 양삭의 경향이 첩음사(疊音詞-음이 중첩되는 단어), 예를 들어 "갱갱감감"(坑坑坎坎), "곤곤도도"(滾滾滔滔)등을 사용하는 것임을 분명히 알 수 있다. 절(詞組)에서 문장 중간과 문장과 문장의 사이에는 전부 대우(對偶)의 세밀함과 정제됨을 매우 중히 다르고 있다. 예를 들어: "深"溝"淺"窩 / 潮"漲"潮"落", 云"起"云"飛" /"天也作美"… …, "人也湊巧"……/

예 (9)에서 우리는 또한 해수의 넘실거리는 층차감(層次感)을

26) 위의 책, 198쪽.

27) 위와 같음.

28) 위와 같음.

파악할 수 있다.

c. 독자를 위해 상상의 공간을 남겨두다

양삭의 풍경묘사 수법은 사람들로 하여금 중국전통 사의화(寫意畵)에서 여백수법의 이곡동공(異曲同工-곡은 달라도 교묘한 솜씨는 똑같은)의 묘를 느낄 수 있게 한다. 즉, 매우 간단한 필치로 커다란 공간을 만들어 독자의 상상력을 무한히 불러내게 한다.

(10) **幾盤野味, 半杯麥酒, 老人家的話來了,** (≪향산의 붉은 단풍≫)[29)]

(몇 그릇의 사냥한 짐승과, 반잔의 맥주, 늙은이의 말이 이어진다.)

(11) **想必是初次認識海, 一只海鷗, 兩片貝殼,** (≪물보라≫)[30)]

(틀림없이 처음 바다를 안 사람이다. 한 마리의 갈매기, 두 편의 조가비.)

예 (10)에서 "幾盤野味","半杯麥酒"은 풍요로운 산중의 조촐한 연회정취를 묘사하고 있다.; 그리고 예 (11)에서의 "一只海鷗","兩片貝殼"는 대해를 본적이 없는 사람들로 하여금 무한한 상상을 만들어내게 하고, 해변에 가봤던 사람에겐 이전의 일에

29) 위의 책, 104쪽.

30) 위의 책, 198쪽.

대한 추억을 상기시킨다.

d. 언어 중 비쳐지는 지방색채와 글의 말과, 글의 정신

(12) 聽說三伏天走在樹蔭里, 也不見汗.(≪향산의 붉은 단풍≫)[31]

듣자하니 삼복 날에 나무그늘 안으로 가면, 땀을 보지 않는다 한다.

(13) 這當儿, 老向導早帶我們走進一座挺幽雅的院子.(≪향산의 붉은 단풍≫)[32]

(이 때에, 늙은 가이드는 일찌감치 우리를 데리고 한 곳의 우아한 정원에 데리고 들어간다.)

(14) 烟樹深處, 正藏着我們的北京城. 也妙, 本來也算有点氣魄的昆明湖, 看起來只像一盆清水. 万壽山, 佛香閣, 不過是些点綴的盆景.(≪향산의 붉은 단풍≫)[33]

(담배나무 깊은 곳에, 마침 우리의 북경성이 감춰져 있다. 매우 아름다운데, 본래 조금 기백이 있어 보이던 곤명호(昆明湖)는 보아하니 단지 한 대야의 맑은 물과 같다. 만수산(万壽山), 불향각(佛香閣)은 단지 장식하는 분재에 지나지 않는다.)

예 (12),(13)에서 "也不见汗"과 "这当儿"은 모두 전형적인 북

31) 위의 책, 104쪽.

32) 위의 책, 105쪽.

33) 위와 같음.

방방언 용어이다. 그리고 예 (14)에서의 "也妙"는 또한 양삭의 학자풍을 과장되게 나타낸 것이다. 이러한 단어를 사용하는 양삭은 산동인으로 어려서부터 중국고전 문화영향을 받은 것과 긴밀한 상관이 있다.

(2) 요약식 문구의 부자연성

문학의 진정한 매력은 이해하는 것에 있는 것이지 말로 전하는 것이 아니다. 그러나 양삭의 작품에서는 전체 산문의 성질을 파괴하는 요약식 문구가 거의 모든 그의 작품 가운에 빈번히 출현한다.

> 也有人覺得沒看見一片好紅葉, 未免美中不足。我却摘到一片更可貴的紅葉, 藏到我心里去。這不是一般的紅葉, 這是一片曾在人生經過風吹雨打的紅葉, 越到老秋, 越紅得可愛.不用說, 我指的是那位老向導。(≪향산의 붉은 단풍≫)[34)]
>
> (또한 어떤 사람은 생각하기에 붉은 단풍의 한 잎사귀 보지 못한다면, 아무래도 아름다움에 부족함이 있다고 여긴다. 나는 오히려 귀한 붉은 단풍 한 잎사귀를 따서, 나의 마음속에 간직하였다. 이것은 일반적인 붉은 단풍이 아니다, 이것은 일찍이 인생에서 온갖 풍상을 겪은 한 잎사귀의 붉은 단풍이다. 가을이 점점 가까워질수록, 더욱더 붉은 것이 아름다워 진다. 말할 필요도 없이, 내가 가리키는 것은 그 늙은 가이드이다.)

---

34) 위의 책, 106-107쪽.

我覺得, 老泰山恰似一点浪花, 跟无數浪花集到一起, 形成這個時代的大浪潮, 激揚飛濺, 早已把舊日的江山變了個樣儿, 正在勤勤懇懇塑造着人民的江山.(≪雪浪花≫)[35]

(내 생각에, 태산은 한점의 물보라가 무수한 물방울과 함께 이 시대의 물결을 이루어 낡은 강산을 깨끗이 변화시키고 인민의 새 강산을 부지런히 창조하고 있는 것이리라.")

2) 간접교제어

간접교제어 이론에선 책에 나오는 인물의 언어는 마땅히 인물의 개성과 맞아야 하고, 간결해야 할 곳은 더욱 간결하게, 간결해야 하지 않을 곳은 더욱 간결하지 않게 해야 한다고 요구하였다. 그렇지 않는다면 간접 교제어와 작품인물이 연관성을 잃게 할 것이다.[36]

어렵지 않게 발견할 수 있는 것은 이것이다: 양삭이 쓴 풍경의 수많은 자태는 대자연의 순박한 기운을 내뿜고 있으나, 간접교제어 가운데에서 양삭이 쓴 인물들은 모두가 마치 일찍이 서로 알았던 것처럼 천편일률적이다. ≪향산의 붉은 단풍≫에서 : "이 늙은 길 안내자는 서산의 발아래 살고 있다. 일찍이 40년간 길안내 일을 하였다. 수염은 모두 백발이 되었다. 아직 허리가 매우 곧고, 매우 정정하다."[37]라고 서술하고 있다. ≪물보라≫에

35) 위의 책, 202쪽.

36) 朱永生 主編, <文學語言的功能分類與語言風格研究>, ≪語言語篇語境≫, 清華大學出版社 1997, 283쪽.

37) 앞의 책, 104쪽.

서의 칠십세의 태산 노인(七十岁的老泰山): "늙은 어민의 모습이 높고 크며 정정하다. 희끗희끗한 수염을 늘어뜨리고 있다. 그의 그 미목의 영기를 보면, 가을 하늘의 높은 하늘과 같이, 맑고 깨끗하며, 또한 깊다."[38)]

이 두 사람은 한명은 서산에 살며, 한명은 해변에 살지만, 나이가 대체로 엇비슷하고, 용모가 닮았으며, 단어의 사용이 비슷하다. 호쾌하고 시원시원하며, 태연자약하고 깊고 침착한 성격도 비슷하다.

더욱 사람들로 상상할 수 없게 하는 것은 교육을 받은 적이 없으면서도, 거칠고 상스러운 늙은 길 안내자와 늙은 태산은 모두 고상한 말을 한마디씩 하는 것이다:

늙은 가이드가 또 웃으면서 말하길 : "이 모든 것은 시골의 조잡한 말들(鄉村野話)인데, 내가 어떻게 듣게 된 것이다. 어떻게 말해도 당신들 또한 믿을 필요가 없다."[39)]

태산 노인의 성(姓)은 임씨이다. 그에게 이름이 뭐냐고 물으니, 그가 웃으면서 말하길 : "산야의 사람(山野之人)은, 이름을 남길 만한 가치가 없다"[40)] 하고 결코 나에게 알려주려 하지 않았다.

예컨대 "鄉村野話"와 "山野之人, 值不得留名字"는 양삭과 같은 문인의 입에서나 나올 수 있는 것이다. 간접교제어 중에 출현한 뚜렷한 인물언어와 인물성격, 생활배경이 서로 모순되는

38) 위의 책, 199쪽.
39) 앞의 책, 105쪽.
40) 앞의 책, 302쪽.

현상은 양삭산문의 문학적 가치를 크게 손상시킨다.

이상의 분석으로부터 우리는 이러한 한 가지 결론을 낼 수 있다. : 직접 교제어 중에서 양삭의 풍경묘사는 섬세하고, 독특하고 상상력이 풍부하며, 활동공간의 방대함 등이 우수한 장점이 있다. 그러나 간접교제어 중에서 인물에 대한 묘사솜씨가 서투르다. 직접교제어에서의 요약식 문구는 직접교제어와 간접교제어의 자연스러운 연결을 깨트렸고 사람들로 하여금 읽는 것이 따분하게 하여 흥미를 떨어뜨렸다.

모든 우수한 산문작품에는 구조상 작가의 재능과 창의가 구체적으로 드러난다. 양삭산문의 풍격에는 사유의 단일화, 모식화 문제가 나타남으로 말미암아 문학적 가치를 떨어뜨리고 흥미를 떨어뜨리는 요소가 있다.

5. 나가기

양삭의 산문창작은 그의 삶과 밀접한 상관관계가 있다. 그는 전쟁 중에 혁명을 주제로 하여 생명력 있는 필체로 ≪목면화(木棉花)≫, ≪동관의밤(潼關之夜)≫, ≪철기병(鐵旗兵)≫등의 무수한 보고 문학 작품을 썼다. 그는 인민대중과 인민군대의 영웅, 혁명가의 고상함을 칭송하였다. 그의 이러한 작품은 전쟁 시기의 사실을 기록하였고, 중국민중을 교육시키는 살아있는 교과서가 되었다.

그는 한국 전쟁에 참가하였고, 그 지방에서 구체적으로 체험한 경험과 격정을 이용하여, 중국과 북한 민중의 전투우의를 찬양하였고, 동시에 중화민족의 숭고한 사상과 품격을 칭송하였다. 그는 애국주의와 국제주의가 군인에게 가르치는 커다란 영향을 인식하고, 강열한 애증과 심오한 철리적 사색으로 중국영웅의 건강미를 칭송하였다.

양삭의 국제제제의 산문 안에는 비록 인물과 풍경을 묘사하였지만, 그러나 또한 자주 세계정세의 조류에 근거하여 아시아·아프리카 인민의 각성과 항전, 각국의 국민과 중국 민중사이의 깊고 두터운 우의를 칭송하였고, 제국주의와 반식민지주의의 침략, 약탈한 죄악을 비판하고 폭로하였다.

국내생활을 반영한 작품은 각양각색의 모습을 가지고 있어, 산문 창작방면에서 두드러진 성과를 얻었다. 그는 한편으로 ≪고비사막의 봄(戈壁灘上的春天)≫, ≪석유성(石油城)≫, ≪영정하기행(永定河紀行)≫의 보고문을 썼고, 한편으로 서정성이 있는 ≪물보라≫, ≪영지꿀)≫, ≪향산의 붉은 단풍≫등을 썼다. 이러한 작품 안에는 중국의 거대한 변천과 사회주의 혁명과 건설의 생기발랄한 모습을 묘사하였다. 그것의 진실성은 지금 역사의 검증을 받고 있다. 이러한 작품의 예술적 특징과 언어풍격은 아래와 같이 개괄할 수 있다.

첫번째, 현실을 직시하면서도 평범한 생활에서 시의가 풍부한 제재를 취하여 중국의 새로운 면모와 국제정세의 전반적인 추세를 반영하였다.

둘번째, 양삭 산문중 경물묘사는 작품의 중요한 구성 부분이다. 그것은 작품의 주제를 해설하고, 승화, 심화시키는 중대한 작용을 하며 아름다운 색채와 시정을 충만하게 하게 한다.

세번째, 영화 몽타지 요소를 운용한 것이 양삭 산문 결구의 매우 선명한 예술 특색이다.

네번째, 양삭의 산문은 '탁물언지'(托物言志)의 수법을 사용하여 사상감정을 전달하였다.

다섯번째, 양삭산문은 중국화같은 회화미를 갖추고 있으며, 표현기교와 분위기는 스케치와 같은 사의(寫意)적인 특징을 지니고 있다.

양삭의 예술특징 중 어언풍격은 직접교제어와 간접교제어로 나눌 수 있다. 직접교제어중, 양삭의 풍경묘사는 세밀함과 독특함, 상상력의 풍부함 등을 갖추고 있다. 간접교제어는 직접교제어중 부족한 부분을 보충하여 양삭 산문의 예술성을 더욱 심화시켜 준다. 그러나 간접교제어 중에서 인물에 대한 묘사솜씨가 서투르다. 직접교제어에서의 요약식 문구는 직접교제어와 간접교제어의 자연스러운 연결을 깨트렸고 사람들로 하여금 읽는 것이 따분하게 하여 흥미를 떨어뜨렸다.

이렇게 본고에서는 양삭의 여러 소설과 수많은 산문 작품 중 문학사적, 문학적 가치가 있는 산문을 선택하여 양삭 산문이 갖고 있는 사상성과 예술성, 그 언어풍격을 살펴보았다.

≪백록원≫ 연구

1. 들어가는 말

1993년에 출판된 진충실(陳忠實)의 ≪白鹿原(백록원)≫은 중국 대중문학에 활력을 불어넣어 주었던 베스트 셀러로서, 많은 점에서 우리나라의 ≪태백산맥≫을 연상시키는 장편소설이다. ≪태백산맥≫이 한국의 해방 직후 당대 역사적인 과제와 이를 해결하려는 민중들의 혁명적 욕구를 중심으로 여순 사건과 6.25를 거치는 역사적 기간을 다룬 장편소설[1])이라면, 신해혁명 이전부터 1949년까지를 주된 시대배경으로 삼고 있는 ≪백록원≫은 전통사회와 새로운 삶의 질서가 충돌하는 이데올로기가 부상하는 시대의 관중 지역의 농촌 역사와 풍경, 백·록양가(白·鹿

1) 서경석, <≪태백산맥≫論>: 비극적 역사의 전환을 위하여, ≪창작과 비평≫, 1990年, 여름호(특권68호), 232쪽.

兩家)의 흥망사와 민중의 삶을 묘사하고 있다.

≪태백산맥≫과 비슷한 역사적 환경과 제재, 다양한 인물형상들을 보여주고 있는 ≪백록원≫은 또한 중국 당대소설에 일정한 영향력을 가지고 있어서 필자의 흥미를 끌어왔다. 이 작품은 자유개방의 산물로서 오랫동안 금기시 되어 왔던 성 심리와 성행위를 과감히 묘사함으로써 억압되었던 성을 해방시켜 대중 앞에 공개화 시켰으며,[2] 당대 문학 중 아·속 문학의 관계를 타파하여 기존의 도식적인 틀을 타파했다는 점에서 당시의 당대소설에 상당한 영향력을 주었다는 것이다. 이처럼 1990년도 초반 중국당대문학의 흐름을 살펴보는 좋은 자료이기도 하다는 점에서 필자는 ≪백록원≫의 문학적 가치를 살펴보는 작업이 의미있는 일로 받아들여졌으며, 이것을 토대로 차후 ≪태백산맥≫과의 연구로 확장시켜볼 생각이다.

본고에서는 이 작품의 중심구조인 백(白), 녹(鹿) 양가의 갈등구조를 살펴본 다음 이 작품이 가지고 있는 서사구조의 불통일성을 살펴본다. 그리고 나서 제4장에서는 묘사된 인물형상은 어떠한 것이며 그 인물형상이 가지고 있는 한계점이 무엇인지를 살펴보고자 한다. 그리고 마지막으로 작품이 가지고 있는 미덕과 결점을 살펴보는 것을 결론으로 삼고자 한다.

---

2) 李星, <世紀末的回眸 ≪백록원≫初論>, ≪中國現代·當代文學硏究≫ 93年 6月.

2. 백·록 양가의 갈등구조

소설 ≪백록원≫은 규모가 방대하다. 작가가 5년 동안 시골에 칩거하면서 쓴 이 작품은 그 시간의 폭이 청말 민초부터 해방시기에 이르며 더 나아가 문화대혁명기까지의 중국 근현대사를 총망라하고 있다.

이 소설의 서사구조는 특이하게 이루어졌다. 일반적인 소설은 본론으로 들어가기 전에 사건발생의 역사적 배경을 비교적 자세히 설명하지만, ≪백록원≫은 장, 절의 끝 부분에서 한, 두 단락의 간단한 글로 역사시기와 배경을 개괄할 뿐이다.[3] 그렇지만 이 소설의 서사구조는 시간 순으로 나열되어 있다.

이 작품은 신해혁명, 군벌의 싸움, 국공분열, 중일전쟁발발, 대장정, 중화인민공화국성립, 문화대혁명을 시대적 배경으로 하면서 산서(山西) 관중(管中) 땅의 백씨와 녹씨 두 집안의 흥망사를 통한 갈등구조로 구성되어 있다.

일반적으로 중국 당대작품은 이데올로기를 중심으로 하여 적군과 아군이 싸우는 것을 주종으로 하고 있으며 사회주의 혁명의 승리 혹은 영웅, 열사의 통쾌한 쾌거 등을 묘사하여 정치적 색채가 농후하다. 그러나 이 작품은 정치적 색채가 적을 뿐만 아니라, 정치적 입장에서 떠나 객관적으로 쓰려고 노력하는 흔적이 상당히 보인다. 그래서 ≪백록원≫은 다른 소설 ≪홍기보

3) 雷達, <廢墟的精魂- ≪백록원≫論>, ≪中國現代·當代文學研究≫ 93年 12月.

(紅旗譜)≫, ≪백모녀(白毛女)≫에 비교하면 억압자와 피억압자, 지주와 농민, 혁명과 반혁명간의 첨예한 대립관계가 없다.[4] 예를 들면 지주인 백가헌(白家軒)과 머슴 녹산(鹿三) 간의 관계는 억압자와 피억압자의 관계가 아니라 인의로 맺어진 관계이다. 녹삼은 백가헌의 형님이자 백가헌의 딸인 백령(白靈)의 수양 아버지이다. 이 같은 주인과 머슴의 관계설정은 작가의 의도성을 드러내는 장치임에 틀림없다. 따라서 백록원에서는 지주와 머슴 간의 직접적인 대항이 없다. 그러므로 이 소설은 ≪홍기보≫나 ≪백모녀≫, ≪태백산맥≫처럼 대립을 통한 극적 효과는 거의 없다.

이 작품은 백씨 집안의 장손 백가헌이 아내를 맞아들인 이야기부터 시작한다. 백가헌은 여섯 번째 부인까지 잃고 점쟁이를 찾아가던 중 녹자림(鹿子霖)의 밭에서 피어난 엉컹퀴 같이 생긴 조뱅이 풀-전설 속의 흰사슴의 영령임.(길조의 상징)-을 발견한다. 그는 온갖 꾀를 생각해 내어 녹자림의 밭을 사들인 다음, 자신의 아버지의 무덤을 그곳으로 옮기고 일곱 번째 결혼을 한다. 그 이후 그는 순조롭게 아들, 딸을 낳고 풍성한 수확을 거두는 한편, 그곳에 아편을 재배하여 집안의 번영을 도모한다. 이런 평화로운 생활 속에 과부 이씨가 백씨와 녹씨에게 땅을 이중 매매한 사건이 생기고 두 집안이 갈등, 대립하게 된다.

사실, 두 가문이 싸우게 된 근본적인 갈등은 신화적인 마을

---

4) 連楊柳, <歷史在這裏是散裝的>, ≪中國現代·當代文學硏究≫, 1993年 11期.

백록원의 탄생에서 이미 예고하고 있었던 것이다.

> "훗날, 이 마을에 사려 깊은 족장 한 분이 나왔다. 그는 원래 있던 후가촌(候家村)-일설에는 후가촌(胡家村)이라고도 하지만-의 명칭을 백록 촌으로 고치고, 마을 사람들의 성씨를 바꾸기로 결정했다. 허우씨 형제는 애당초 백록이 나타났던 吉地를 모조리 차지할 속셈으로, 족장인 맏형 자손은 모두 백씨 성에 귀속시키고, 아우의 자손은 대대로 녹씨 성을 쓰되, 白씨와 鹿씨 양 가문은 한 뿌리인 만큼, 같은 사당에서 제사를 함께 지내기로 합의를 보았다. 결국 백씨와 녹씨 두 집안은 같은 뿌리에서 태어나 같은 씨앗으로 싹튼 혈연 관계를 오늘날까지 그대로 이어 온 셈이었다. … 백씨 성으로 고친 맏이와 鹿씨 성으로 바꾼 둘째는 선조들의 사당을 세울 당초에 규칙을 하나 세웠다. 족장의 신분은 항렬이 어른인 白씨의 자손들이 대를 이어 승계하기로 합의를 본 것이다. 그 약속은 궁궐 안에서 황제가 양위하는 철칙을 본뜬 것이라 의심할 여지도 없이 영원히 바뀌어서는 안 될 불변의 진리였다."[5)]

이런 신화적인 이야기는 두 가문에 있어서 아득한 옛 기억으로 존재할 뿐, 이제는 완전히 남남이라 해도 과언이 아니다. 그동안 많은 시간이 지나고 상황이 바뀐 만큼 선조들의 묵시적인 약속을 꼭 지킬 필요도 없는 것이다. 그러나 족장의 계승문제는 이제까지 불문율처럼 대대로 물려온 전통의 법이므로 어쩔 수 없는 것이었다. 그러므로 녹씨 가문은 마을 족장의 기득권을 가

---

5) 陳忠實 著, ≪백록원≫, 北京 人民出版社, 1993年, 62-63쪽.

진 白씨 가문에 불만을 가질 수밖에 없는 것이고, 언젠가는 백씨 가문을 누르고 자신이 최고가 되어야 한다 든가 하는 열등감, 그리고 그 열등감을 극복해야 한다는 욕망 등이 내재되어 있는 것이다. 이러한 권력 욕망은 비단 녹자림에게서 비롯된 것은 아니다. 이미 녹자림의 5대조 선조인 녹마표(鹿馬杓)의 처세철학으로부터 시작된다.

선조인 녹마표는 걸식할 정도로 가난하였다. 그러나 파란곡절을 겪고 천하제일의 요리사가 되어 많은 돈을 벌었지만 결국은 고관대작들에게 자신이 만든 요리를 갖다 바치는 하인에 불과하다는 것을 깨닫고 후에 자손들에게 이런 유언을 남긴다. "잘 기억하라. 손자든 증손자든 누가 수재나 거인이나 혹은 진사에 합격하거든 내 무덤에 와서 폭죽과 총소리를 내거라. 그러면 내가 우리 녹씨 집안에 출세한 자가 나온 줄 알 테니까.[6] 바로 이와 같은 점에서, 녹자림이 왜 그토록 권력에 집착했는지 그 배경을 알 수 있다. 그러나 녹자림의 이러한 권력에 대한 욕망은 건전한 경쟁력으로 표출되지 않고, 언젠가는 백가헌과 그의 집안을 누르고 그 위에 일어서야 한다는 왜곡된 권력욕으로 표출된다. 백가헌의 아들을 타락시켜 백가헌의 체면을 깎는다할지, 그의 논과 밭, 집을 사들이며, 족장의 자리보다 더 높은 관직에 오르는 것은 이러한 욕망이 잘못 표출된 예들이다.

이렇게 내부적으로는 두 가문에 모순과 경쟁심이 가득하지만 외부적으로는 조용한 이 마을에 신해혁명이 일어났다는 소식이

6) 위의 책, 277쪽.

전해온다. 신해혁명은 이 소설에 그렇게 중요한 요소로 작용하지는 않는다. 남자는 겨우 변발을 자르고 여자들은 전족을 풀며 아이들은 백녹 학당을 그만두고 성내의 신식학당에 들어가 공부한다. 백록원 사람들은 예전처럼 모여 앉아 향약조문을 외우며 주 선생은 마을의 향약을 만들어 세상을 바로 잡는데 힘쓴다. 이러한 상황은 당시 신해혁명이 완전한 혁명이 아니라 몇 가지 형식만 바꾸는 미완성의 혁명이라는 것을 극단적으로 보여주고 있는 것이다. 신해혁명의 실패는 곳곳에서 군벌들을 할거하게 만들었으며 군벌들의 횡포는 인의의 마을 백록원에도 미친다.

이때 북벌을 감행하던 장개석은 4.12 정변을 일으켜 국공합작을 결렬시킨다. 백록원에는 이전에 향약을 담당했던 전복현(田福賢)이 다시 돌아오고 그들의 횡포는 또한 시작된다. 전복현은 국민당의 깃발아래 무장 민단을 조직하고 백록원 농민대회를 개최하며 이전에 공산당이 주동한 농협활동에 동조한 사람들을 박해한다.

이러한 시대의 변화는 녹씨 가문에게 권력을 차지할 수 있는 기회를 준다. 녹자림의 권력획득은 우연한 계기로 시작된다. 별안간 현청에서 녹자림에게 보장소 향약을 맡으라고 한다. 전복현의 권유로 현청에서 교육을 받고 그는 보장소 향약에 임명된다.

> "그는 마을에서 백가헌(白家軒)과 손잡고 여러 가지 마을을 위한 일을 해냈지만 모든 실적은 모두 족장인 백가헌의 공덕만 높여줄 뿐 정작 녹자림에게는 아무런 보탬이 되지 못했다. 그러다

가 관직을 얻게 되었다. 이쯤 되면 적어도 녹자림이 백가헌의 발치 밑에는 들어갈 리가 없다."[7]

이처럼 녹자림은 이제 백가헌에 대한 열등감은 어느 정도 줄일 수 있게 되었지만, 백가헌에 대한 불만이 완전히 사라진 것은 아니다. 비록 그의 지위가 백가헌보다 높았지만 백가헌은 덕망과 인품 때문에 여전히 추앙을 받고 있었던 것이다. 이러한 상황하에서 녹자림은 항상 백가헌의 체면과 위치를 깎아 내릴 기회를 찾고 있었는데, 농기구 반납사건과 백가헌의 아들 백효문(白孝文)을 함정에 빠뜨린 것이 그 좋은 예이다.

백가헌은 마을의 족장으로서 과도한 인장세에 반발해 현청에 대항하여 사발통문을 돌려 시위하기로 한다. 녹자림은 이러한 사실을 알고 현청에 밀고를 하고, 거사 당일 날 시위의 주모자인 백가헌을 나오지 못하게 하여 그의 위엄과 체면을 손상시킨다. 그러나 백가헌은 이러한 녹자림의 음모에 대하여 순발력 있게 대처한다.

더 나아가 녹자림은 이제 백가헌의 존재를 의식하지 않으며, 권력을 이용하여 사욕을 채우고 끊임없이 백가헌의 위치를 넘본다.

백가헌의 머슴 녹삼(鹿三)의 아들 흑왜(黑娃)는 공산당으로, 백녹 촌에서 농협활동에 참여한 적이 있다. 그는 일찍이 어느 권세가의 첩을 데려와 살고 있었는데 녹자림의 큰 아들 녹조붕

---

7) 앞의 책, 97쪽.

(鹿兆鵬)의 교화를 받아 공산당의 세포조직이 되었다. 국민군이 들어와 흑왜를 체포하자 흑왜의 부인 소아(小娥)는 제1보장소 녹자림을 찾아가 남편 흑왜의 선처를 부탁하고 그 대가로 자신의 몸을 바친다. 녹자림은 계속 소아와 불륜의 관계를 가졌으며, 이러한 사실이 백구단(白狗蛋)에게 발각되어 족장 백가헌에게 밀고되려 하자, 녹자림은 그 범죄를 백구단과 소아에게 덮어씌워, 백가헌에게 먼저 고해 바친다. 마을의 풍속을 어지럽힌 죄로 소아는 죽도록 얻어맞게 되는데 이러한 처벌에 불만을 품은 녹자림은 이에 대한 앙갚음과 함께 평소 백가헌에게 가진 열등감을 갚기 위해 백가헌의 아들 백효문을 유혹하도록 소아를 사주한다. 백효문은 소아의 유혹에 빠져 점점 타락하게 되었고, 급기야 아편중독자가 되어 논과 밭, 집을 녹자림에게 팔아 아버지 백가헌의 권위와 위엄을 떨어뜨리게 한다. 그러나 이러한 상황을 다 파악한 백가헌은 녹자림의 음모에 빠지지 않고 규칙대로 처벌하는 의연함- 자신의 아들 백효문을 엄격히 다스리는 한편, 백록(白鹿) 진흘회로 데려가 사람들에게 비판을 받게 하고 족장의 자리를 둘째 아들 백효무(白孝武)에게 넘긴다-을 보인다.

결국 녹자림의 음모 – "본래는 이 패가망신 한 놈을 끌어다가 상류 사회의 사람들 앞에서 전시를 한 번 하여 백가헌의 얼굴에 똥칠을 해 주고 싶었는데..."[8]는 백가헌의 의연한 결단과 소아의 시아버지 녹삼이 소아를 죽임으로써 일단락 맺는다.

이러한 갈등은 두 집안의 자식들 문제에도 이어진다. 백씨의

8) 앞의 책, 336쪽.

딸 백령과 녹씨의 두 아들은 서로 삼각관계를 이루면서 백령을 사랑한다. 그러나 두 집안의 대립과 갈등은 그들이 정식으로 결혼하여 살지 못하게 한다. 이러한 상황 속에 백령은 녹자림의 큰아들 녹조붕의 아이를 낳지만 홍군의 반동분자로 숙청되어 생매장 당하고, 백령의 첫번째 애인인 녹자림의 둘째 아들 녹조해(鹿兆海)는 내전에서 죽음을 당하는 비극적 결말을 맞는다.

중일전쟁이 발발하고 일본이 동북 삼성을 침략하자, 중국 국내의 정세는 중대한 변화가 일어난다. 공산당과 국민당이 항일을 위해 다시 한 번 합작하게 되며 고향을 떠난 백효문은 국민당 보안대 대대장으로 진급되어 돌아와 자신의 잘못을 뉘우치고 자신의 좋지 못한 기억들을 정리한다. 그리고 자신이 녹자림에게 당했던 만큼의 굴욕을 그에게 되돌려 준다.

일본이 투항하고 전국적으로 공비토벌과 장정 및 식량을 징발하고, 백녹 연보소(聯保所:보안을 목적으로 하는 지방단체의 연합)[9]는 공산당 집중 토벌지역으로 지정된다. 청조 때보다 더 심한 징발에 백록원 사람들의 원성은 높아졌다. 보장(保障) 녹자림은 '공비' 아들 녹조붕 때문에 갑자기 잡혀 들어가고 백가헌은 녹자림이 자신에게 저질렀던 비열함을 증오하면서도 아들 효무에게 녹자림을 구하라는 명령을 내린다.

---

9) 중화민국 정부는 白鹿 창을 白鹿 연보소, 총향약의 관직 명칭을 聯保 주임으로, 保障所를 保公所로 鄕約의 관직 명칭도 보장으로 바꾸었다. 또 공산당세력이 자생하는 것을 미연에 방지하기 위해 새로운 행정관리제도인 保甲制(20-30세대를 한 甲으로 하고, 甲長이나 總甲長을 한 명 두는 제도를 개편했다. 족장 바이샤오우는 백록의 총갑장에 해당된다.

녹자림은 감옥에서 석방되어 나왔지만 그의 체면은 나락으로 추락하였고 가산도 이미 자신의 석방을 위해 모두 써버렸다. 이 때, 백효문은 예전에 녹자림에게 팔았던 자신의 집을 사들여 ㄷ자 모양의 백씨 집안의 사합원(四合院)을 중국 전통 가옥 형태인 ㅁ자로 바꿈으로써, 예전에 녹자림에게 당했던 수모를 일정 정도 갚는다. 해방이 되고 나서 백효문은 현장이 되고 녹자림의 큰 아들은 행방불명이 되며 녹자림은 치매에 걸려 비참한 최후를 맞는다.

이상에서 살펴본 바와 같이 작가는 두 가문의 갈등을 통해 신해혁명 이전부터 49년 이후까지의 파란 많은 중국의 역사를 펼쳐 보이고 있다. 이 작품은 일견, 백가헌으로 대표되는 봉건종법 문화는 오랜 전통으로 인해 쉽사리 무너지지 않는다는 것을 보여주고 있는 것처럼 보이지만, 궁극적으로는 두 가문의 갈등이 마치 공산당과 국민당의 갈등을 연상케 하여 백가헌의 승리는 곧 공산당의 승리를, 녹자림의 비참한 최후는 국민당의 패배를 상징케 한 당대소설의 변형된 형태의 서사구조임을 의심케 한다. 이 작품은 당대 소설의 틀을 어느 정도 벗어나고 있지만, 서사구조상 다음과 같은 여러 가지 문제점을 안고 있다.

3. 서사구조의 불통일성

이 작품은 당대소설에 비하여 많은 미덕을 갖추고 있음에도 불구하고, 구조상 여러 가지 아쉬운 점이 보인다.

첫째, 이 작품은 구성이 치밀하지 못하다. 여러 에피소드들이 서로 연관 없이 나열식으로 전개되어 있는 측면이 강하다. (물론 연대기적 기술을 따르고는 있다) 따라서 유기적 전체(orgnic whole: 부분들이 전체를, 전체가 부분을 유기적으로 연결해주는 체계)라는 면에서 보았을 때, 구성상 헛점이 많다. 이것은 일종의 대하소설이 갖는 불가피한 양상일 수도 있다. 그러나 그 정도가 너무 심했을 때는 통일성을 깨뜨리는 것이다.

예를 들면, 백록원은 경독전가(耕讀傳家)로 우애 있는 화목한 천부인권(天賦人權)의 낙원이다.

> "백가헌은 술병을 들고 마구간 안으로 들어갔다.
>
> "녹삼 형님, 우리 술이나 한 잔 합시다.
>
> 술병을 방바닥에 놓고는 투와에게 말했다.
>
> "투와야, 네가 가서 아버지랑 교대하고 오시라고 해라."
>
> 녹삼은 아무 표정 없이 걸어와 술을 병째로 들이켰다. 백가헌이 마음에 묻어 놓았던 말을 꺼냈다.
>
> "형님, 흑왜한테 너무 차갑게 대한 것 같은데 …… ."
>
> 녹삼이 아무 말도 하지 않자 백가헌이 말을 이었다.
>
> "예전에 흑왜가 망나니 짓을 했을 때 미워한 건 이해가 가지만, 이제 새 사람이 됐으니 마음을 푸시지요. 힘을 내서 밭도 갈고 투와도 장가 보내야지."[10]

주인인 백가헌이 머슴 녹삼을 친 형님처럼 생각하고 자신의

10) 앞의 책, 592쪽.

허리를 부러뜨렸던 녹삼의 아들 흑왜와 투와의 미래를 생각해 주는 것을 볼 때, 여기에는 어떠한 계급적 억압이나 계급적 착취가 보이지 않는다. 모두가 인성과 인도에 적합할 뿐이다. 그러나 여기에는 인과관계가 없는 이상한 사건만 발생한다. 여기에서는 청조를 뒤엎을 만한 신해혁명의 필연성이 조금도 보이지 않으며 근거지도 없는 한때의 무리들이 인위적으로 농민운동을 일으킨다. 국민당의 공산당에 대한 반목과 압살, 공산당과 국민당간의 투쟁이 묘사되어 있는데 이것은 또한 인성과 인도에 적합하지 않다.

또한, 1920년대 중기는 반식민지 반봉건의 구 중국으로 농민에 대한 지주의 잔혹한 탄압과 수탈이 자행되고 농민운동이 활발하게 진행되던 때로서, 중국 공산당의 영도 하에 토호 열신들이 한창 고조되고 있는 농민운동을 탄압하고 있는 상황이다.[11] 그럼에도 불구하고 이 소설에서는 이러한 언급이 전혀 보이지 않는다.

둘째, 플롯을 이루고 있는 에피소드들의 고리가 긴밀하게 연결되지 못하여 개연성이 미약하다. 예를 들면 백가헌이 7번 결혼한 이야기는 이 작품에서 일어난 사건과 아무런 관계없이 하나의 웃음거리로 존재한다. 소설상의 세계에서도 논리적 연결구조는 불가피하다. 토마스 하디Thomas Hardy의 작품에서와 같이 우연에 의하여 인물들의 운명이 변화하듯이 논리에 의하여 삶이 지배되는 것은 아니다. 그러나 하디의 경우, 우연이 세계를

11) 傳迪, <試析 ≪백록원≫ 及其評論>, ≪小說理論批評≫, 1993年 6期.

지배한다는 철학적 입장이 시종일관되어 있다. 반면에 ≪백록원≫에서는 작가가 궁극적으로 의도하고 있다고 생각되는 대체 이데올로기(마오주의)의 등장은 그러한 질서와는 다른 차원의 것이다. 그럼에도 불구하고 시대적 필요성에 의한 대두로서보다는 샤머니즘적 질서에 부각되고 있는 듯한 착각을 할 정도이다. 그것은 '흰 사슴'의 상징이 어떤 변모를 겪고 있는가를 보면 명확해 진다. 처음 백가헌이 흰사슴을 발견하였을 때, 그리고 마오주의가 나올 때, 그것은 길조의 상징이었다.

> "백록원 사람들은 대를 이어 가며 이 사슴의 전설을 흥미진진하게 입에 올렸고 음미를 거듭해왔다. 더욱이 전란이 터지고 전염병이 나돌거나 홍수나 가뭄과 같은 천재지변에 기근이 엄습할 때마다. 그것들이 가져오는 견디지 못할 고통 속에 시달리는 사람들은 그 흰 사슴이 신기하게 다시 한 번 나타나 주기를 목마르게 바라곤 했었다. 물론 그런 일은 영영 일어나 본 적도 없었지만, 사람들은 여전히 포기하지 않고 그 전설을 아주 흥미롭게 계속 입에 올려 왔다.
>
> 그것은 확실히 참고 견디며 음미해 볼 만한 값어치를 지닌 스토리였다. 백설처럼 하얀 新鹿 한 마리, 뼈마디 하나 없이 부드러운 몸통과 네 다리로 환희에 들떠 춤추듯 날뛰며 남산으로부터 표연히 나타나서 너르디너른 벌판 위를 마음껏 뛰노는 신령스러운 짐승, 가는 곳마다 온갖 나무숲이 번성하고, 논에 벼포기가 튼튼하게 자라고 오곡의 수확이 풍성해지며, 육축(六畜)의 번식이 왕성해지고, 역병(疫病)이 말끔히 사라지고, 독충과 사나운 들짐

승이 소멸하고, 인간 세상의 모든 집안에 행복과 건강을 안겨 주다니, 이 얼마나 아름답고 오묘한 태평성대란 말인가! … "[12)]

그러나 이 흰사슴은 후반부로 가면 흉조의 상징으로 변한다.

"한참을 이리 뒤척 저리 뒤척 하다가 겨우 잠이 들었습니다. 막 잠이 들었는데 백록원에 흰 사슴 한 마리가 날아오는 게 보였습니다. 제 눈앞까지 날아왔는데 흰 사슴의 눈에 눈물이 흐르는 게 보였습니다. 서럽게 눈물을 흘리면서 울었습니다! 그런데 제 눈앞에서 잠시 멈추더니 또다시 고개를 서쪽으로 돌리고는 달아나 버렸습니다. 마침 머리를 숙였을 때 보니 그 흰 사슴의 얼굴이 백령(白靈)의 얼굴로 변했습니다. 여전히 서럽게 울면서 "아버지" 라고 한 번 부르더군요. 저도 대답을 하다가 그만 놀라서 깨어나 …

그리고 나서 잠을 이룰 수 없었는데 어머니가 방에서 신음하는 소리가 들렸습니다. 전 옷을 챙겨 입고 가서 어머니를 깨웠습니다. 어머니도 꿈을 꾸셨다고 말했습니다. 그런데 그 꿈이 저의 꿈과 똑같았습니다! 세상에 이런 기이한 일도 다 있습니까? 전 감히 어머니에게는 꿈 이야기를 하지도 못했습니다. 또 그 마음 병이 도지면 어떻게 하나 싶어서요. 그래서 어머니를 달래기만…"[13)]

백가헌과 그의 어머니 조씨는 똑같이 흰 사슴의 얼굴이 링링

12) 앞의 책, 29쪽.

13) 위의 책, 537쪽.

의 얼굴로 변한 꿈을 꾸는데 그 결과는 백령의 죽음이었다. 이와 동일하게 주선생(朱先生)이 죽었을 때도 흰 사슴은 그 집 앞에 나타난다. 이처럼 흰 사슴은 어떤 일정한 규칙에 의하여 길조였다 흉조로 변한 것이 아니라 상황에 따라 불규칙적으로 변한다.

이런 샤머니즘적 요소는 주선생의 주역 풀이나 소아의 죽은 혼이 녹삼에게 들씌우는 것, 혼이 다시 일어나지 못하게 탑을 쌓는 일 등에서 더욱 두드러지게 나타난다.

점심때부터 시작한 녹삼의 발광이 밤중까지 이어지고 있었다. 이제 그 요염한 눈빛과 간드러진 행동거지는 누가 보아도 이상하다는 것을 알 수 있었다. 이전의 그 둔중하고 과묵한 녹삼의 인상과는 너무나 달랐다. 그는 마구간으로 마구 뛰어 다니면서, 자기를 둘러싸고 있는 마을 남녀 모두들에게 연기하듯이 말했다.

> "제가 백녹 촌에 들어와서 도대체 뭘 잘못했다는 거예요? 전 이제껏 남의 집 목화 한 송이 훔친 적이 없고, 보리이삭 하나도 뺀 적이 없고, 또 어른을 욕한 적도 한 번 없어요. 그런데 왜 백녹 촌에서는 절 못살게 하는 거죠? 내가 나쁘다고, 내가 더 더러운 년이라고, 갈보 년이라고 하는 거죠? 그렇지만 흑왜는 나를 싫어하지 않았기 때문에 난 黑娃와 살았어요.…그런데 어떻게 저를 죽일 수 있단 말예요? 아버님! 어떻게 저를 …"[14]

14) 앞의 책, 465쪽.

주선생의 말에 힘을 얻은 백가헌은 자신이 이미 생각해놓았던 일을 설명하였다.

> "이미 생각해 놓은 바가 있어요. 그 계집의 시체를 움막에서 파내 가지고는 장작불에 사흘 낮 사흘 밤을 태우고서 가루를 만들어 자수강(滋水河)에 뿌리겠어요. 영원히 다시는 사람에게 붙지 못하도록 말이죠."
>
> "그 부정탄 재를 강에 뿌리면 강이 더러워지잖아. 그러치 말고 그 재를 사기 항아리에 담아서 꼭 밀봉하여 그 계집의 움막 속에 묻고 그 위에 탑 하나를 세워 주게. 그 계집이 영원히 세상에 나타나지 말도록 말이지."
>
> 주선생이 알려준 새로운 방법에 백가헌은 손뼉을 치면서 좋아했다.
>
> "좋아요. 좋아. 거 참 명안입니다. 탑 하나를 세워서 그 요사스러운 기운을 누르도록 해야지. 아주 좋은 방법입니다."[15)]

셋째, 구체적인 플롯상의 결점도 너무 많다. 자세하게 관찰해보면 효문이 아내와 같이 창극을 보러갔음에도 불구하고, 남편의 정사를 눈치채지 못하고, 효문(孝文)이 돌아오기를 집에서 기다리고 있다는 것은 납득할 수 없다. 중국에서 창극 관람 시 부부가 함께 가더라도 같이 자리하지 않는다는 것은 이유가 될 수 없다. 왜냐하면 효문은 극이 끝나기 전에 다시 창극마당에 돌아왔고, 그의 아내가 집에서 기다리고 있다고 했기 때문이다.

---

15) 위의 책, 474쪽.

또한, 녹조봉은 여러 사람들의 도움(음모)으로 사형을 면제받는다. 그 음모는 소설의 귀결에 가장 결정적인 사건일 수도 있다. 그가 새로운 이데올로기의 신봉자이자 전파자로서의 지위를 갖고 있기 때문이다. 그런데 이 중요한 사건이 전혀 전개되고 있지 않다. 그 사실만 적시되어 있을 뿐, 그 후 녹조봉은 이전과 똑같이 활동하고 있을 따름이다. 상식적으로 보아도 뇌물을 받거나 어떤 형태로든 그 음모에 가담한 사람들은 최소한 일시적으로라도 녹조봉이 죽은 것으로 간주하고 행동해야 할 필요성이 있는 것이다.

4. 인물형상

이 소설은 이제까지 중국에서 주시하지 않았던 봉건족장을 주인공으로 삼았다는 점에서 커다란 주목을 받고 있다. 대부분의 중국 당대소설의 주인공이 영웅이나 열사였다 하였을 때, 이 소설의 인물상은 특이할 만 하다. 20세 말 동구 공산권이 무너짐으로 말미암아 이제 혁명이나 영웅, 열사는 더 이상 커다란 의미를 지니지 못한 것 같다. 또한, 이제까지의 당대소설들의 인물상은 아군과 적군의 개념이 분명했음에도 불구하고 이 소설은 적, 아 개념이 분명하지 않고 긍정적, 부정적 개념이 혼재되어 소설의 극적 효과를 상쇄시키고 있다.

이 소설에서 중심인물들은 관중 지역의 백록원에서 살고 있는 백씨와 녹씨 양가 집안 사람들이다. 물론 주선생이나 녹삼,

흑왜, 소아, 전복현, 마을 사람들 등의 주변 인물도 있다. 이들 인물들이 보여주는 대립과 투쟁의 삶이 역사적 상황성의 의미를 증폭시키는 이유는 모두가 다 역사적 상황의 맥락에 특이하게 연관되어 있기 때문이다.[16] 역사적 사실 속에 실재하고 있는 인물이든 허구적인 존재이든 간에 모두가 역사적 상황성의 토대 위에서 설정되어 있다는 뜻이다.[17]

≪백록원≫의 인물들이 보여주고 있는 내적인 상호 관계를 쉽게 읽어 내는 방법은 무엇인가? 필자는 그 다양한 인물들을 백록원이라는 공간을 가르는 두 개의 좌표축을 중심으로 배열하여 각각의 연관성을 확인하고자 한다. 여기서 평면 위에 가로로 그은 선은 '계층적 성향을 표시하는 축'이며 세로로 그은 선은 '이념적 성향을 표시하는 축'이다. '계층적 성향의 축'을 중심으로 위 부분은 지배 계층 또는 상류층, 지주층을 배치시키고, 아랫부분은 소작인 또는 하층민 계층을 배치시킨다. '이념적 성향의 축'을 중심으로 좌우를 구분하는데, 좌파 사회주의자들을 왼편에, 우파 민족주의자들을 오른편에 위치시킨다. 이렇게 되면, 백록원의 공간에는 네 가지 부류의 인물들이 생겨난다. 다시 말하면, '계층적 성향의 축'과 '이념적 성향의 축'이 교차하면서 만들어내는 4분면에 각각 다른 네 가지 부류의 인간형이 위치한다. 다음의 표를 보자.

---

16) 권영민, <≪태백산맥≫ 다시 읽기>, 서울, 해냄, 1996년.
17) 위의 주)와 같음.

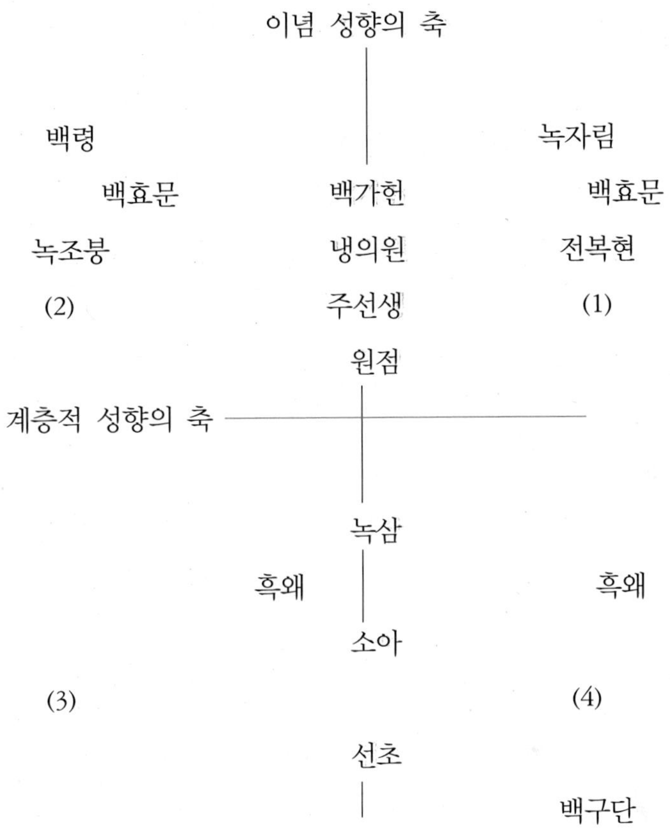

위의 좌표에서 보다시피 1사분면에는 지배 계층 가운데 우익사상을 가지고 있는 인물들이, 2사분면에는 지배 계층 가운데 좌익사상을 지니고 있는 인물들이 배치되어 있다. 3사분면과 4사분면에는 피지배 계층의 하층민을 각각 좌익과 우익으로 다시 구분해 놓았다. 두 개의 축이 교차하는 원점을 중심으로 중간파적인 입장의 인물들을 배치하여 놓았다.

위에 제시한 도표에 의하면 백, 녹 양가의 인물 가운데에는 좌, 우로 대립된 인물보다는 주로 중간인물에 집중되어 있으며 좌, 우를 왔다 갔다 하는 인물-백효문과 흑왜-도 보인다. 이러한 인물형상은 이 작품의 특징이기도 하겠지만 전형화의 실패이기도 하다.

이 소설에서 가장 중요한 사람으로 부각되는 인물은 누구인가? 필자는 백가헌이라고 말하고 싶다. 그는 어떠한 사람인가? 백록원의 촌장이며 백씨와 녹씨 양가문의 족장이다. 그는 엄격한 봉건적 도덕으로 자기 자신과 일족을 통솔, 마을 규약을 정하고 서당을 세워 '인의의 백록원'을 이룩한 인물이다. 머슴 녹삼을 친 가족처럼 여기고 딸 백령을 녹삼에게 보내 수양딸로 삼을 정도로 그는 인의의 인물이다. 백가헌의 형상 속에는 잔악한 봉건문화 속의 지주의 모습은 보이지 않는다. 그는 중국 전통문화와 인의예지를 발현시키는 인물형상이다.

위의 표에 의하면 그는 이념과 계급을 초월하는 두 개의 축이 교차하는 원점에 위치하여 있다. 그는 어떤 면에서는 마치 복잡한 정치의 소용돌이 속에서 흔들리지 않고 자신의 주체를 지키며 살아가는 ≪태백산맥≫의 김범우를 연상시킨다. 그는 봉건윤리와 도덕을 지키면서 자신의 권위와 지위를 지켜나갔는데, 이러한 백가헌에게는 긍정적인 면과 부정적인 면이 존재하면서 조화롭게 통일되어 있다.

백가헌의 인물의 긍정성은 부정적인 면보다 많은 면을 차지하고 있는데, 녹자림과 흑왜에 의해 더욱 부각된다. 녹자림은 어떠한 사람인가? 그는 예로부터 白씨의 동생 집안으로 형님 백가헌을 보좌하는 입장이다. 그는 항상 형 백가헌에게 열등감과 경쟁심을 가지고 있었으며 언젠가는 백가헌보다는 높은 자리에 올라야겠다는 야망을 가지고 있는 사람이다. 그는 백록원의 통치권을 쟁취하기 위하여 노력한 사람이다. 그는 백가헌의 위엄과 체면을 손상시키기 위해 흑왜의 부인 전소아(田小娥)를 차지한 후 미인계를 써서 백가헌의 아들 백효문을 함정에 빠뜨리고, 농기구 반납사건 때는 현청에 밀고를 한다. 그러나 백가헌은 이러한 녹자림의 음모를 다 알지만 모두 감내하고 용서한다.

또한, 머슴 녹삼의 아들 흑왜는 자신의 부인 소아를 징벌했다고 백가헌의 허리를 부러뜨렸지만, 그는 그를 덕으로써 용서를 하고 결혼까지 시켜주며, 해방이 된 후, 흑왜는 반혁명분자로 몰려 처형당하는 상황에서도 끝까지 그를 구출해 주려고 노력한다.

이처럼 백가헌은 끊임없이 자신을 함정에 빠뜨리고, 자신을 해치는 녹자림과 흑왜를 보호하고 구원해 주는 숭고한 인물로 묘사된다. 이러한 백가헌의 숭고한 형상은 바로 녹자림이나 흑왜같은 부정적 인물이 더욱 빛내주고 있는 것이다.

그러나 백가헌에게는 단지 긍정적인 모습만 있는 것은 아니다. 부정적인 측면이 있기 때문에 백가헌이라는 인물형상이 더욱 성공적인 것이다. 일반적으로 중국 당대소설에 나온 혁명열사나 영웅들은 거의 결점이 없을 만큼 완벽한 사람이다. 그러나 이 소설의 주인공 백가헌은 보통 사람들처럼 부정적인 모습을 지니고 있다.

그는 가문의 명예와 부를 위해 녹자림을 속여 吉地를 샀고 여기에 백씨 집안의 무덤을 만들어 이익을 챙겼다. 농기구 반납사건 때 마을 사람들의 억울한 심정을 헤아리고 관리들의 부정을 밝히기 위해 사발통문을 돌리게 되는데, 일을 성사시키는 과정에서 자신이 직접 나서지 않고 머슴 녹삼을 시켜서 사발통문을 전달하는 식으로 뒤에서 조종하기만 한다. 또한 그는 더 많은 돈을 벌기 위하여 3년 동안 아편을 재배하였고, 딸 백령으로 하여금 신학문을 배우지 못하게 하였으며, 자신의 경쟁 가문인 녹씨 집안의 아들과 연애한 것을 반대하였다.

주선생은 백가헌만큼 중요한 인물은 아니지만 성격상 도표 원점에 위치한 중간인물로 백가헌보다 더 완벽한 사람이다. 그는 백가헌의 매부로, 일찍이 20만 명의 군벌을 세치의 혀로 물리쳤으며 죽어서는 문화혁명이 낳은 재앙을 예측한 동양철학과 풍수지리에 통달한 사람으로 마치 삼국지의 제갈공명을 연상시키는 인물이다. 백가헌은 어떤 어려움이 있을 때마다 주선생을 찾아가 상의하여 해결하였고 그를 추종하였다.

주선생은 천하의 대란이 일어나도 조금도 흔들리지 않고 중도의 길을 선택하였다. 혁명군이 반정하면서 제시한 '반정 공약문 28조' 가운데서 주선생은 변발 자르기, 전족 풀기, 아편금지 부분만 수용하며 백녹 서원을 굳게 지키며 학문에 열중하였다. 그는 그들의 이념이나 사상을 받아들인 것이 아니라 단지 세상에 이로운 것만 수용한 것이다. 국민당과 공산당의 싸움이 진정으로 나라를 구하는 것이 아니라 패권다툼에 있다고 직시하면서 '삼민주의'와 '공산주의'가 모두 대동소이하다고 주장한다.

> 내가 보기에는 '삼민주의'와 '공산주의'는 대동소이한 걸세. 한쪽에서는 천하를 '공'(公)으로 보고, 한쪽에서는 천하를 '공'(共)으로 보는 것이 다르다면 다르다고나 할까? 두 당의 종지(宗旨)가 결국 나라를 구하고 백성을 구하는 것에 있다면, 두 당이 서로 합해서 천하를 공공(公共)으로 보면 더욱 좋지 않겠는가? 왜 하나로 뭉치지 못하고 그렇게 나뉘어서 야단들인가? '公'자와 '共'자의 싸움은 각자의 자전(字典)을 만들려고 하기 때문에 일어나는 것일세. 밀가루 집과 국수 집이 서로 다투는 것도 시장을 독점하려는 것이 아니고 무엇이겠나? 기왕에 이렇다면 어째서 '결과'를 중시하지 않나….[18)]

정치에 초연한 그는 일본의 침략에 대응하자고 8명의 학자들과 힘을 합쳐 국민혁명을 도우러 종군하지만 장개석이 일본과 싸우지 않고 내전만 하고 있음을 알고 나서, 책도 읽지 않고 글도 써주지 않는다. 실망한 그는 백과사전 같은 자수(滋水) 현지를 편찬하여 민심을 돌보면서 토비였던 흑왜를 가르치며 마지막 여생을 보낸다.

이처럼 주선생 또한 ≪태백산맥≫의 김범우를 연상케 하는 인물로서, 이데올로기의 굴레에서 벗어나 있는 인물로 설정되어 있다. 그러나 마지막에 마오주의에 경사되는데 다음과 같은 그

---

18) 앞의 책, 329쪽.

의 모습은 작가의 입장과 역사관을 모호하게 만든다.

> “나도 마오가 쓴 책은 보았지. 아주 잘 쓴 책이지. 사람이 재주도 있고. 그러나 손(孫) 선생(손문을 지칭함) 역시 재기가 있는 사람이야. 그 사람 역시 책을 아주 잘 썼어. 그 둘은 모두 나라를 흥하게 다스릴 수 있는 영수들이야. 그러나 지금 이 난세에서는 삼민주의가 맞지 않아. 또 문장 안에 있는 주의는 주의일 뿐이지. 세상이 이렇게 난세니 ……천하는 틀림없이 주·마오의 세상이 될 걸세.”19)

이 작품은 작가의 의도성이 너무 두드러진 나머지 인물묘사가 평면적이다. 인물묘사는 믿음직스러운 방법으로 독자를 항상 긴장시켜야 한다. 그런데 이 작품의 인물들은 거의 모두가 평면적인 인물들로만 구성되어 있다. 즉 어떤 인물이 등장하면 즉시 어떤 식의 일을 할 것인가 상상할 수 있다. 평면적인 인물들은 독자가 쉽게 알 수 있다는 점에서 필요한 인물묘사이다. 그러나 어떤 맥락 속에서 새로운 모습으로 다가오는 입체적인 인물들이야말로 소설에 활기를 불어 넣는다. 이러한 측면에서 이 작품은 너무 평면적인 인물만 그리고 있다. 특히 여성들의 묘사에서 그러하다. 여성인물들은 백령을 제외하고는 모두 평면적인 인물들이다. ≪백록원≫에 묘사된 부녀가운데 백령을 제외하고 기타 선초(仙草), 소아, 효문의 부인, 녹자림의 며느리 등은 전통형의

---

19) 위의 책, 626쪽.

여성에 속한다. 그들은 선인들이 남겨놓은 도덕을 준칙으로 삼아 영원히 변하지 않을 법칙이라고 독실하게 믿는다. 여자들에게 있어 영원히 변치 않고 믿을 수 있는 진리는 밥을 짓고, 애를 낳으며, 남자를 섬기면서 가사의 일에 몰두하는 것이다.(소아는 예외일 수도 있다. 그들의 고난에 대해서는 거의 묘사되어 있지 않고, 중요한 인물로 떠오르지 않는다.)

이 작품에는 많은 등장인물들이 나오지만 그렇게 인상 깊은 인물은 없다. 커다란 공감이나 감명을 준 인물이 거의 없다는 말이다. 가장 인상 깊게 남은 인물을 지적하라 한다면 백가헌을 말할 수 있지만, ≪아Q정전≫의 아Q나 ≪태백산맥≫의 염상진, 김범우, 염상구처럼 성공적으로 전형화된 인물이라 볼 수 없다.

이 작품의 인물들은 유난히도 많은 변모를 거치고 있다. 종종 어떻게 사람이 그렇게 변할 수 있을까 하는 의심을 품게 한다. 흑왜, 효문 등 거의 모든 인물들이 그러하다. 그러한 변모를 겪기 위해서는 나름대로 근거가 충분해야 한다. 그러나 이 작품에서는 그 근거가 너무 미약하거나 심지어 전혀 없는 경우조차 있다.

예를 들어 흑왜의 경우, 공산당 - 비적 - 국민당 - 공산당의 변화를 겪는다. 여기에서 다시 공산당으로 전향한 것은 녹조붕과 개인적인 친분 이상의 것이 아니다. 효문의 경우는 더욱 심하다. 촉망받던 촌장의 후계자가 마약 중독자가 되었다가 우연한 기회에 출세의 가도를 달리고 나중에는 별다른 이유도 없이 공산당으로 변모하여 다시 실권을 쥐는 인물로 그려지고 있다. 이 변모의 과정을 설명해주기 어렵기 때문에 그는 기회주의자라는 것으로 평가할 수밖에 없다.

등장 인물의 성격이 평면적이면서 일관성이 없음으로 말미암아 작가의 역사관이 모호하다. 작가는 종전의 당대 소설의 형식에서 벗어나 객관적이고 중도적인 입장에서 쓰려고 혁명 열사나 영웅을 중심적인 등장인물로 내세우지 않고 중간인물들로 대체하였다. 이러한 중간 인물들은 앞의 표에서 제시한 바대로 원점에 위치하여 있으며 그들의 계급적 입장이나 성향이 명확하지 않아 작가의 역사관을 분명하게 읽어낼 수 없다. 특히 주 선생의 경우 이데올로기를 떠난 인물로 설정하고 있지만, 마지막에는 마오주의를 찬양함으로 말미암아 작가의 역사관은 더욱 애매해진다.

5. 나가는 말

≪백록원≫은 전통사회와 새로운 삶의 질서가 충돌하는 이데올로기가 부상하는 시대의 관중 지역의 농촌의 역사와 풍경, 민중의 삶, 전통문화의 단면 등을 잘 드러낸 작품이다. 1990년도 초, 침체된 중국의 대중문학에 활력을 불어넣었으며, 당시 중국에 유행한 엄숙문학(숭고문학), 순수문학에 일정한 영향을 주어 이러한 속문학도 중국문단과 대중들에게 자연스럽게 받아들이는 토양을 만들었다.[20] 또한 오랫동안 금기시 되어 왔던 성심리

20) 李星, <世紀末的回眸 ≪백록원≫ 初論>, ≪中國現代·當代文學研究≫ 93年 6月.

와 성행위를 과감히 묘사함으로써 억압되었던 성을 해방시켜 대중 앞에 공개화 시켰다는 점에서 이 책은 일독의 가치가 있다.

이 작품은 다른 당대 소설 작품에 비해 비교적 객관적으로 쓰려고 노력하였으며, 혁명을 적극적으로 찬양하지 않았을 뿐만 아니라, 오랜 동안 계급투쟁의 갈등이나 당을 찬양하는 도식적이고 진부한 틀에서 벗어나 독자의 흥미 욕구에 맞게 썼다. 또한 이야기의 내용이 풍부 할 뿐만 아니라 생동감이 있으며 공산당의 과오를 솔직히 시인하였다.(백령과 흑왜의 죽음은 공산당 내부의 음모로 인하여 죽은 것임) 이러한 점에 있어서 ≪백록원≫은 다른 중국 당대 소설에 비하여 많은 미덕을 갖추고 있지만, 그 미덕을 뒷받침 해주는 소설 미학은 여러 가지 면에서 부족하다.

무엇보다도 구성이 치밀하지 못하여 여러 에피소드들이 서로 연관성 없이 나열식으로 전개되어 있는 측면이 강하다. 이러한 구성의 치밀하지 못함은 인물 묘사에도 나타난다. 등장인물의 성격이 너무 평면적이어서 독자들에게 긴장감을 주지 못하며, 등장인물의 사상전변이 너무 쉽게 이루어져 설득력이 약하다.

또한 서술방식이 전통적 방법을 초월하지 못하여 전지형(全知型)이며, 엄밀히 말해서 등장인물의 시각이 없고 등장 인물의 심리 묘사가 ≪아Q정전≫처럼 잘 묘사되지 않았다.

계급갈등의 요소를 크게 부각시키지 않으려는 작가의 의도에도 불구하고, 결국 이 극의 메시지는 계급갈등의 승리로 귀결되고 말아, 새로운 통치체재의 연속이라는 인상을 지울 수 없다.

제5부

한국과 북한 그리고 중국

- 한인제재소설에 나타난 중국작가의 한국인식
- 북한과 중국 두 사회주의 문학사 서술 현황

한인제재소설에 나타난 중국작가의 한국인식

- 중화사상을 중심으로 -

1. 들어가는 말

얼마 전, 동북공정의 문제로 한참 나라가 들끓었었다. 지금은 잠시 수면 아래로 가라앉아 있지만, 동북공정에 대한 담론은 언제든지 다시 거론될 뜨거운 감자라 하겠다.

동북공정은 한국에 대한 중국의 인식관을 웅변적으로 대변해 주고 있다. 역사적으로 한국과 중국은 순망치한과 같은 밀접한 관계를 맺어왔다. 중국은 복생(伏生)의 ≪상서대전(尙書大全)≫과 사마천의 ≪사기≫, 반고(班固)의 ≪한서(漢書)≫에 나오는 기자에 관한 기록을 인용하여 고대 한국의 기원이 기자조선에서 유래하였다고 주장하였으며[1], 한국과 중국의 뿌리가 같은 것이

---

1) ≪상서대전≫에는 주(周)의 무왕(武王)이 은(殷)을 멸망시키고 감옥에 갇

라 여겼다. 한중관계는 고대 한국의 건국과 함께 이미 시작되었다는 것이다.

과연 고대의 중국인들은 한국을 어떻게 인식하였으며, 그 인식관이 근대와 현대에 이르러 어떻게 변화 했을까? 중국인들의 대(對) 한국관을 제대로 이해함으로써, 우리 또한 정확한 중국관을 견지할 수 있으리라 생각한다.

역사적으로 궁구해볼 때, 주나라 시대 중국은 우리를 '천하에 속한 하나'의 부류로 여겼다. 중국의 관점으로 보자면 기자 조선 때 이미 한중 관계는 책봉과 조공의 형태로 맺어졌다. 차츰 시간이 흐르면서 중국은 우리를 같은 부류에서 나왔으되, 한 단계 낮은 족속으로, 혹은 속국의 이족(夷族) 정도로 생각하게 되었다. 그러나 한국에 대한 이 같은 중국인의 인식은 19세기에 들어와서 크게 변화한다. 천하 속의 한 부류, 중원 밖의 한 족속, 혹은 종주국과 주변국의 한 이족(오랑캐) 등과 같은 인식에서, 이제는 타자화된 다른 국가, 다른 민족으로 인식하기에 이른 것이다.

힌 기자를 석방하자, 그는 이를 탐탁치 않게 여겨 조선으로 달아났다. 무왕이 이 소식을 듣고 조선왕으로 봉하였다. 주의 책봉(冊封)을 받은 기자는 부득이 신하의 예를 차려야 하였으므로 BC 1100년경(무왕 13)에 주나라에 가서 무왕을 만났는데, 무왕은 그에게 홍범9주(洪範九疇)에 대해서 물었다고 한다. 또, ≪사기≫의 송미자세가(宋微子世家)에는 무왕이 은을 정복한 뒤 기자를 방문하여, 백성을 편안하게 하는 방도를 묻자 홍범9주를 지어 바쳤다. 이에 무왕이 그를 조선왕으로 봉해주었으나, 기자는 신하의 예를 갖추지 않았다고 한다. .마지막으로 ≪한서≫의 지리지 연조(燕條)에는 은나라가 쇠하여지자 기자가 조선에 가서 그 백성에게 예의와 농사, 양잠, 베짜기 기술을 가르쳤더니, 낙랑조선(樂浪朝鮮) 사회에서는 범금팔조(犯禁八條)가 행해지게 되었다고 한다.
http://gnalee.narun.net/%B1%E2%C0%DA%C1%B6%BC%B1.htm

근, 현대 한인제재 소설에는 이러한 인식의 변천과 함께 여러 가지가 혼재된 한국관이 나타난다. 본고는 근, 현대의 중국 작가들이 한국을 어떻게 인식해왔으며, 한인과 한국에 대한 그들의 인식이 작품에 어떻게 반영되어 있는가를 살펴보고자 한다. 때로는 제3자의 입장에서, 때로는 동병상련의 입장에서 한국 문제를 자기화하여 바라보았던 그들의 복잡한 인식관에는 고대로부터 내려오는 한국관과 긴밀한 관계가 있으며, 이는 최근 제기되었던 동북공정 문제와도 무관해 보이지 않는다.

2. 중화사상과 한국관

자고로 우리나라와 중국과의 관계는 순망치한, 종번관계(宗藩關係: 종주국과 속국), 혹은 형제의 나라 등으로 불려왔다. 이러한 용어들은 고대에서 근대에 이르기까지의 한중관계를 웅변적으로 보여주는 것들이라 하겠다. 다분히 편파적이고 중국 중심적인 이러한 표현들은 최근에 제기된 중국의 동북공정 발언과 밀접한 관계가 있다.

고대에서 있어서 '중국'이란 현재 우리가 국가로 지칭하는 중화인민공화국의 약칭으로서의 국가의 개념이 아니다.

'중국'이란 명칭은 ≪시경≫에서 처음 나타나는데 '중'(中)은 처음에는 "사람들이 많이 거주하고 있는 서울 경사(京師)"의 뜻이었던 것 같다. 그러나 오랜 시일의 경과와 함께 중국의 의미는 주왕(周王)이 거주하는 단순한 수도가 아니라 주왕이 통치하였던 나라(國)로 확대된다.[2)] 또한 ≪예기≫에는 중국이라는 의미가 한족이 거주하는 지역이나 한족이 세운 국가라는 뜻으로 쓰였다. 당시 한족의 활동범위가 황하 중류 일대였으며 동이(東夷), 서융(西戎), 남만(南蠻), 북적(北狄)이라는 사이(四夷)의 중간, 혹은 구주(九州)의 중앙에 위치하였기 때문에 중국이라고 부른 것이다.[3)] 이처럼 '중국'은 단순한 지리상의 개념뿐만 아니라 구체적인 정치적 중심 또는 왕의 직할지라는 개념으로 쓰였다.

또한, 중국은 중화(中華), 중하(中夏)라는 용어와도 동일하게 쓰이는데, 이것의 의미는 문화가 "이 세상에서 가장 찬란한 중앙의 큰 나라"라는 뜻이다. 이것은 문화수준이 낮은 주변의 작은 나라들의 존재를 상대적으로 전제하고 있음을 알 수 있다. 이 같은 사실에서 우리는 고대 중국인들의 의식 속에 이미 자기 국가 중심의 중국과 다른 나라, 또는 중국과 중국 밖의 다른 세계라는 이중적 개념이 싹트고 있음을 알 수 있다. 따라서 중국의 개념은 문화가 우월한 화하세계(華夏世界)와 문화가 열등한 이적, 만이의 세계 즉 화이(華夷)의 세계를 전제하고 형성된 개념이라고 할 수 있다.[4)] 천자가 지배하는 지역은 왕화(王化)가 미치는 지역으로 인간이 사는 곳이자 문명의 세계이지만, 왕기(王

2) 이춘식 저, ≪중화사상의 이해≫, 신서원, 서울, 2002년, 123쪽.

3) 또한 천자가 있는 지역으로도 쓰이는데 이상의 설명에 의하면 중국이 국명이 아니라 일반명사로 사용되었음을 보여준다. 국명을 나타내는 고유명사로 중국을 사용하게 된 것은 1911년 신해혁명과 더불어 탄생한 중화민국이후이다.

4) 이춘식 저, 앞의 책, 128쪽.

畿)에서 멀리 떨어진 사방(변두리)은 왕화가 미치지 못한 미개지역으로 야만인들이 사는 비문명의 세계라는 것이다. 이러한 개념은 역사의 발전에 따라 중국 중심주의의 중화사상 또는 화이관(華夷觀)을 낳게 하였으며 이(夷)에 대한 화(華)의 절대적인 우월성 및 그 지배의 정당성을 용인하는 관념을 형성하게 하였던 것이다.[5] 이러한 중국 중심의 중화주의는 진의 군현제(郡縣制)를 통치형식-그 주변국의 체제를 '국(國)'이라고 했는데, 국가의 대표이자 천자의 신하로써 왕(王)이 배치되는 완결적인 구조- 으로 하고 주변국에 대해서 조공(租貢)과 책봉(冊封)이라는 간접지배방식을 취하여 주변의 이적과 나라를 통치하며 그들을 자신들의 문화권 속에 받아들여 동화시켜 나아갔다.

이와 함께 고대의 중국인(주족)은 천명사상에 근거하여 '하늘'을 자연을 창조한 조물주, 혹은 조상신으로 숭배하였다. 그들은 주왕을 하늘의 아들, 즉 천자로 승화시켜 신성한 존재로 부각시

5) 예컨대 ≪논어≫ <八佾篇>의 "夷狄之有君, 不如諸夏之亡也"(이적에 개명한 군주가 있을지라도 거기에는 중화문명이 있을 수 없으니, 중국이 망하여 군주가 없는 상태보다 못하다)에 대한 古注의 해석이 그 전형적인 예이다. 그러나 그 후 중화문명은 중외, 화이를 불문하고 보유하게 됨과 동시에 화이의식도 공유할 수 있는 의식이 되었다. 이를 반영하여 宋儒는 예문을 "이적에도 개명한 군주가 있다면 중화문명을 공유할 수 있으며, 제하라 할지라도 이들이 없다면 이적보다 못하다"라고 해석한다. 이와 같이 중화문명의 유무, 多寡에 따라 화이는 상대화 될 수 있다. …어쨌든 화이의식 자체는 '문화일원주의'를 벗어나지 못하였다. 화이의 구분은 어디까지나 중화문명을 기준으로 삼았던 것이다. 재미있게도 이 '문화일원주의'는 '화=문명, 이=야만'이라고 보는 점에서 구미 근대의, 역시 '문화일원주의'에 근거를 둔 '문명-미개'관과 상통한다. 김봉진, <화이질서의 재해석>, ≪전통과 현대≫, 1977 겨울호, 270-271쪽.

켰다. 주왕을 우주의 창조주이자 절대 신인 하늘의 아들, 즉 천자로 승화시킴으로써 주나라 통치의 정통성과 신성성을 수립하고자 하였던 것이다. 그렇다면 어떠한 사람이 천명을 받을 수 있는가? 그들은 덕[6]을 갖춘 자만이 천명을 받을 수 있으며 천자(황제)만이 천하(세계)를 지배할 수 있다고 주장하였다. 천하를 다스리는 기본원리는 유가사상이다.

그러므로 적이(夷狄), 남이(蠻夷)라도 이러한 중국 문화를 존중하고 수용하면 그들의 중원세계로 받아들였다. 이적, 만이의 출신인 초(楚), 오(吳), 월(越), 진(秦) 등이 중원열국으로 편입되었는데 이것이 화이사상에 수용된 한 예라 할 수 있다.[7] 또 혈통이 중국 사람이고 중원으로 편입하였다 할지라도 당시의 예법에 어긋나는 부도덕한 행위를 하였을 경우에는 다시 이적으로 폄하하고 축출되었다. 이러한 예적 질서는 '국가간 관계의 예적 질서'로까지 확대되었는데 여기에서 예법의 유무, 다과에 따라 '화'와 '이'를 구별하였다.[8] 이처럼 '화'와 '이'의 구분은 예법에 의하여 구분되어지며 이러한 구분에 의해 형성된 화이사상이 중화세계질서의 주된 사상이다. 이렇게 중화주의는 자신만의 중화세계 질서라는 독선적인 틀과 함께 확산, 발전되었으며 이에 따라 중국역사의 분열, 통일과 더불어 중국 주변의 수

6) ≪尙書≫와 ≪周禮≫에서 언급한 六德과 六行을 말한다. 六德은 知仁聖義忠和를 六行은 孝友睦姻任恤로 설명하고 있다.

7) 이러한 점을 보면 고구려사의 중국사의 편입(동북공정)도 중화주의 입장에서 끊임없이 중화의 영역을 확대해온 결과라 볼 수 있다.

8) 김봉진, <華夷秩序의 재해석>, ≪전통과 현대≫, 겨울호(1997), 270-271.

많은 이적과 만이들이 자발적 혹은 수동적으로 중국 문화에 동화되어 수용되었던 것이다.

하늘에서 천명을 받은 천자가 천하를 통치해야 한다는 통치 이념 속에서 천자를 정점으로 한 동아시아의 보편 국가상을 수립한 고대 중국은 중국을 제외한 천하 밖의 세계와 다른 민족을 주변국가의 미개한 민족으로 인식하였다. 그들을 계몽하여, 구제하고, 평정해야 할 대상으로 간주하였으며, 그러한 행위를 천명의 사명이라 인식하였던 것이다. 이와 같은 독선적인 중화주의의 발상은 때로는 약소국을 지배하고 강탈하는 제국주의의 문화적 논리로 작동하였으니, 오늘날 동북공정이라는 프로젝트가 산생된 배경을 이해할 수 있는 것이다.

고대 중국인에게 '천하'의 개념이란 여러 가지로 정의될 수 있는데 먼저, 하늘 아래의 모든 땅과 바다를 포함한 전체공간을 의미한다. 구체적으로 이야기 하자면 화·이(華·夷)를 망라한 전체를 의미하며, 이는 바로 주왕의 통치지역과 대상이 하늘 아래 모든 백성들에 해당된다는 것이었다. 이러한 '천하'의 개념은 역사의 발전에 따라 그 의미가 확대되어 해석된다.

그렇다면 당시 고대 한국은 고대 중국인에게 있어 어떠한 모습으로 비쳤으며 그들에게 있어 어떠한 존재로 다가왔을까? 위에서 살펴본 바와 같이 당시 고대 중국의 시각에서 보았을 때, 고대의 조선 또한 천하 속의 한 존재로 들어가 있다. 화가 되었든 이가 되었든 간에 천하 속에 들어있는, 통치 받아야 할 지역이자 백성으로 간주된 것이다.

고대 중국에 있어 고대 조선에 대한 기록은 ≪산해경(山海經)≫, ≪사기(史記)≫, ≪이아(爾雅)≫ 등에서 찾을 수 있다.

> "중국에서 가장 오래된 지리서인 ≪산해경≫에 따르면 '황해의 안쪽과 발해의 북쪽에 나라가 있으니 이름을 조선이라고 한다'라고 말했다. 또한 '조선은 열양(列陽)의 동쪽에 있고···열양은 연(燕)에 속해있다'라고 기록함으로써 고조선의 위치를 설명하고 있다. ≪사기≫ <소진열전(蘇秦列傳)>에서는 '연나라 동쪽에 조선과 요동이 있다'라고 했다."[9]

<오장산경(五藏山經)>, <해외사경(海外四經)>, <해내사경(海內四經)>, <대황사경(大荒四經)>, <해내경(海內經)>으로 구분되는 ≪산해경≫에서 고대 한국은 "해외경"(海外經)이 아닌 "해내경"(海內經)에 포함되어 있다. ≪관자(管子)≫의 "桓公問管子曰 吾聞海內玉幣有七筴, … 朝鮮之文皮一筴也"[10](제나라의 환공이 관자에게 海內에 귀중한 일곱 가지 예물이 뭐냐고 묻자 관자는 그 가운데 하나로 밝 조선의 범 가죽을 들었다.)와 ≪이아≫의 "東北之美者, 有斥山之文皮"[11](동북의 가장 아름다운 것은 척산의 호랑이 가죽이다)라는 기록이 있는데, 이 내용 속에서도 당시의 중국인은 조선의 호피를 해내 즉 천하 밖의 것이 아닌 천하 속의 것으로 인식하고 있다. 이처럼 고대 중국은 고대 조

9) 김득황 저, ≪만주의 역사와 간도문제≫, 남강기획 출판사, 2005, 19.

10) ≪管子≫ 揆道篇, 卷 23.

11) ≪爾雅≫ 釋地 第 9.

선을 지리적으로 뿐만 아니라 경제적인 면에서도 천하의 범주 속에 들어 있는 한 부류로 인식하였던 것이다.

이러한 고대 중국인의 인식 속에서, 고대 한국이 천하 속의 한 부류이지만 중원 밖의 또 다른 족속이자 변방국가로 인식되기 시작한 것은 진(秦), 한 대(漢代)에 들어 고조선과의 충돌에서이다. “이 시기에 중국은 이른바 ‘동이·서융·남만·북적(東夷, 西戎, 南蠻, 北狄)’이라는 중화와 이적이라는 화이론적 역사체계를 세워 주변 민족의 역사를 비하하는 동시에, 이러한 역사를 현실화하기 위해 주변 민족의 정복에 나섰다. 그 결과 한중 양국은 전쟁관계에 들어가게 되었으니 고조선과 진의 충돌, 위만조선과 한제국의 전쟁이 바로 그것이다.”[12)]

삼국시대 때, 고구려는 A.D. 4 C 말 이래 동북아시아의 패권을 장악하나 A.D. 677 년 나당연합군에 의해 멸망하였다. 고구려 멸망 후 고구려의 유민들은 발해 및 중국으로 흘러들어갔으며 일부는 통일신라로 흡수되어 버렸다. 동북공정에 의하면 중국학자들은 고구려와의 싸움을 내전으로 보고 고구려 사람을 그들 민족으로 간주하면서 신라와 백제는 다른 이족 혹은 오랑캐로 간주하고 있다. 또한 그들은 고구려, 백제, 신라가 고대 중국에 조공을 바치고 그들로부터 책봉을 받은 사실을 강조하고 있다. 책봉과 조공이라는 것은 약소국이 강대국 앞에서 생존하기 위한 한 방법으로 조공을 바침으로써 정권을 보장받는 것이다. 청대에 이르러서는 “서로 책봉과 조공의 예를 교환하지만

12) 서영수, Copyrights ⓒ 조선일보 & chosun.com

내정과 외교에 대해서는 서로 간섭하지 않는 종속관계"[13]라고 하였다.

송나라 사신의 눈에 비친 고려도경 ≪고려도경(高麗圖經)≫이라는 책을 보면 고려와 송의 관계뿐만 아니라 당시 고려에 대한 송나라의 관점이 잘 드러나 있다. "고려는 기자(箕子)가 봉해진 이후 덕을 실천하여 현재에 이르렀고(1권 건국), 사이(四夷)와 달리 중화의 풍속을 모방하여 종묘와 사직을 세웠으며 성읍(城邑), 문궐(門闕)도 졸렬하기는 하나 옛 제후의 예를 따라 지었고(4권 門闕), 관복도 송의 제도를 따라 입어 의복제도가 크게 갖추어졌으며(8권 관복), 이적(夷狄)들 중에서 인재가 가장 많았다고 하였다(8권 인물) 그 밖에 ≪고려도경≫[14] 곳곳에서는 고려가 사이(四夷)와 다르다고 강조하고 있다…. 천하의 다스림을 통할하기 위한 정삭(正朔), 천하의 교화를 아름답게 하는 유학, 천하의 화합을 이끌기 위한 음악, 천하의 공정함을 과시하는 도량형 등은 송의 것과 그 제도가 똑같다고 했다."[15] 이렇게 고려의 모습을 자세하게 기록한 것에는 송의 지배 영역 내에서 고려가 포섭되

13) 김한규 저, 한중관계사1≫, 아르케 출판사, 서울, 1999, 25쪽.

14) 고려 仁宗 원년(1123) 6월 송의 國信使 일행이 두 가지 임무를 부여받고 고려를 방문하였다. 송 徽宗의 조서를 고려 국왕에게 전하는 것이 첫 번째 임무였고, 다른 한 가지는 1년 전에 薨去한 睿宗 영전에 제전하고 조위의 뜻을 보이는 것이었다. 국신사 일행은 3개월간 방문일정을 마치고 당시 고려의 역사, 정치, 경제, 문화, 종교 등 거의 모든 부분을 글과 그림으로 빠짐없이 정리하였다. 이 일의 실무를 맡은 사람이 提轄人船禮物官으로 충원되어 사절단의 인원, 선박, 예물 등을 관리하는 일을 맡았던 徐兢이었다.

15) 서긍 외저, 이상국 외역, ≪고려도경≫, 황소자리, 서울, 2005년, 35쪽.

었다는 것과 당시 고려가 송과 조공과 책봉관계를 맺은 속국이라는 것을 나타내고자 하는 저의가 깔려 있다.

이를 통해 우리는 당시 중국인들이 고려를 중원 밖의 오랑캐로 생각했으며 그들의 주변국 내지는 종속국으로 생각했음을 알 수 있다. 그들의 문화를 존중하고 수용하였지만 고려는 그들에게 여전히 중원의 일원이 아니라 미개한 오랑캐 정도에 지나지 않았던 것이다. 이러한 중국의 사고 저변에는 뿌리 깊은 중화주의가 깔려 있다. 청나라를 건국한 만주족은 조선과 명나라의 관계를 결속시키기 위하여 정묘호란과 병자호란[16]을 일으켰으며 그들은 강화조약에 직접적으로 형제지국에서 군신지국(君臣之國)으로 표시하게 하였다. 한국에 대한 중국인의 이러한 우월의식은 의식적이든 무의식적이든 간에 중국인들의 의식에 각인되었으며, 이는 한인을 제재로 한 근·현대 작품에도 그대로 드러난다.

한국이 중국의 속국에서 하나의 타자화 된 독립국가로 인정받게 된 것은 근대에 이르러서이다. 19세기 초 서구 열강과 일본의 침략으로 인해 중국의 자존과 중화주의는 서서히 무너지기 시작한다. 천하에서 가장 문화가 찬란하고 정치, 군사, 경제적으로 가장 강대한 중국이 바다 건너 이적들에게 모든 것을 강탈당하고 그들의 문화를 수용해야만 하는 부인하고 싶은 비극

16) 청은 1633년 사신을 조선으로 보내서 형제지국을 군신지국으로 바꾸자고 제의하였으며 세비로 황금 1만냥, 오색포 500만 필, 저포 50만 필 등 엄청난 공물을 요구하였다. 김득황, 앞의 책, 185-186쪽.

적 현실이 다가온 것이다. 이런 상황에서 그들은 그들의 속국이라 여기던 조선이 일제에 의해 강점당하고 유린당하는 모습을 보면서 조선을 어떻게 인식하였을까?

근·현대 한인 제재 작품에는 한국을 바라보는 시각이 혼재한 상태로 드러나 있다. 때로는 중화의 한 지류로, 때로는 속국의 한 비참한 민족으로, 때로는 타자화 된 한 민족으로 묘사되고 있다. 한인제재 작품에 드러난 이러한 중국작가의 한국인식은 바로 고대로부터 내려온 그들의 역사, 문화와 밀접한 관계로 말미암은 것이다.

3. 작품에 나타난 중국작가의 한국인식

2002년 기초학문 육성지원과제 ≪중국소장 근대 한.중 지식인의 한국제재 작품의 발굴과 연구≫결과 보고서에 의하면 중국문학 작품은 산문 70편, 시 200편, 희곡 2편, 소설 17편에 이르며 그 가운데 중국 현대문학 작품은 총 26편에 이른다.[17] 그 동안 본 연구과제의 책임자와 전임 연구원들은 한인제재작품을 다양한 각도에서 연구하였다.[18] 본고는 이러한 연구를 바탕으로

17) 현대시 3편, 산문 2편, 현대극 1편, 시나리오 1편, 현대소설 19편이다.

18) 李騰淵·鄭榮豪·柳昌辰, <한국 제재 중국 근대소설 ≪亡國影≫ 연구(1)>, (≪중국소설논총≫ 20집, 2004.9), 양귀숙·송진한·이등연은 ≪양계초의 시문에 나타난 조선문제 인식≫ (≪중국인문과학≫ 26집), 송진한 <중국소장 근대 한·중 지식인의 한국 제재 작품 발굴과 연구"에 대하여> (≪중국소설논총≫ 20집, 2004.9), 김진욱, ≪안중근 의거를 통한 중국 지식인의 조선인식연구≫ (중국인문학회 2005년 춘계정기학술발표대회) 등 다수.

하여 일부의 근대문학작품과 현대문학작품을 중심으로 중국작가의 한국인식에 나타난 중화주의를 살펴보고자 한 것이다.

근대에 들어 한·중 양국은 서구 열강에 의해 강제적으로 문호를 개방하였으며 이와 함께 일본의 침략을 받았기에 조선을 바라본 중국의 시선은 남과 같지 않았다. 그럼에도 불구하고 그들의 시각 속에는 여전히 중화주의가 잔존하고 있었다.

양계초는 멸망해가는 조선을 보고 <조선망국사략(朝鮮亡國史略)>(1904)의 서문에서 중일전쟁 전과 중일전쟁 후의 조선을 비교하면서"이제 조선은 없어졌다. 지금부터 세상에는 조선의 역사가 다시 있을 수 없고, 오직 일본 번속(藩屬) 일부분의 역사로 남을 뿐이다. … 조선과 친속(親屬)의 관계를 가진 이가 어찌 이 일을 기록하지 않을 수 있겠는가"[19]"라고 서술하고 있다. 양계초가 여기서 흘린 눈물은 조선이 망해서 진정으로 슬퍼서 우는 것이 아니라 중국의 속국이었던 조선이 이제 일본의 속국으로 되었으며 이제 그 권리를 조선에 대하여 행사할 수 없기 때문이었던 것이다. 즉 조선에 대한 종주권의 망실에 대한 비통인 것이다. 이러한 양계초의 인식은 바로 고대 중국인들이 가졌던 관점으로, 조선을 여전히 그들의 종번관계 속의 속국으로 인식하는 것이다.[20]

---

19) ≪朝鮮亡國史略≫, ≪飮氷室合集≫ (6), 飮氷室全集之十七.

20) 양귀숙·송진한·이등연은 ≪양계초의 시문에 나타난 조선문제 인식≫(≪중국인문과학≫ 26집)에서 양계초는 조선멸망에 대하여 애통함과 동시에 그 멸망의 원인을 비판하고 있는데, 그 애통과 비판의 근저에는 중화주의가 자리 잡고 있다고 서술하고 있다.

장경기(張景祁)의 <후감사(後感事)>에서 "선조 때 제후의 나라로는 삼한을 첫째로 삼아왔거늘···사해 안에서 많은 나라가 숭상하여 공물을 바쳤으나···일본군이 새 주둔지를 빼내었으나 제압하기 어렵도다"[21]라 하면서 조선을 중화를 숭상하는 나라이자 제후의 나라로 묘사하고 있다. 조윤원(曹允源)의 <조사(書事)>에서도 "조선은 우리나라의 제후국이거늘"[22]이라고 묘사하였으며 이대방(李大防)의 <애한편(哀韓篇)>에서는 "기자가 나라를 세운지 삼천년이 되었는데, 하루아침에 깨어지고 부서져 비연이 되었네"라고 묘사하였다.[23] 이와 같은 중국작가들의 한국에 대한 종주권 망실에 대한 태도는 대(對) 한국의 인식에 있어서 전통적 의식에 기초를 둔 중화사상에 기반을 두고 있다.

심지어 국민당이 한국의 독립운동을 원조하는 이유에도 "한국은 중국의 번속(藩屬)이었으며, 고문헌을 살펴보면 그 혈통이 서로 통하는 은주(殷周)의 후예로, 실로 중화민족의 한 지류이다. 그들의 정교(政敎)는 대부분 한당제(漢唐制)를 답습하였고, 우리나라의 문화의 한 지류로서 예의도 우리와 깊게 서로 관계를 맺어 공존공영하였다."(<중국중앙일보> 1920.3.15) 라고 언급하고 있다.

---

21) 阿英 編, ≪甲午中日戰爭文學集≫, 上海, 中華書局出版社, 1958, 9쪽, 김진욱, ≪안중근 의거를 통한 중국 지식인의 조선인식연구≫ (2005년 춘계정기학술발표대회)에서 재인용. 曹允源의 <書事>, 李大防의 <哀韓篇>, 周曾錦의 <讀安重根傳>, 啓明의 <勸國人勿笑韓人>의 모든 작품도 참고함.

22) 위의 책, 15쪽.

23) 위의 책, 85-86쪽.

이렇게 근대에 들어섰음에도 불구하고 중국작가 뿐만 아니라 지식인들도 여전히 한국을 그들의 속국으로 인식하였는데, 그 의식의 저변에는 뿌리 깊은 중화사상이 잔존하고 있었던 것이다.

주회금(周曾錦)은 <독안중근전(讀安重根傳)>에서 "하물며 그 땅은 기자의 봉토임에야, 신명을 받아 한 핏줄이었네."[24]하면서 중국과 조선이 같은 핏줄임을 강조하고 있으며, 계명(啓明)은 <권국인물소한인(勸國人勿笑韓人)>에서 "기자(箕子)는 종으로 변하고 오(吳)도 소(沼)가 되었으니, 천애(天涯)의 먼 곳에서 다 같이 가련한 사람이 되었도다"[25]라면서 조선과 중국을 주종관계에서 같은 동족의 관계로 표현하고 있다. 중국의 국부 손중산은 1910년 한일합방 때 약소민족들이 단결하여 저항해야 한다고 생각했으며, 우리조선에 대하여 "종전의 고려는 명의상으로는 중국의 번속(藩屬)이었지만 실제로는 일개 독립 국가였다. …최근 10-20년에 이르러서야 고려는 비로소 자유를 잃었다."[26] 고 말했다. 반면 <동아최근이십시국론(東亞最近二十時局論)>이라는 사설에서는 "조선이 중국 5백년의 번속이었음"을 지적하면서 갑오청일전쟁 이전, 특히 강화도조약 당시 때부터 중국이 적절히 조처하였다면 대한제국이 멸망하는 상황에까지 이르지는 않았을 것이라고 안타까워했다.

이처럼 근대 작품과 문건에 드러난 한국에 대한 인식은 어떤

---

24) 박은식, ≪안중근≫, 상해, 대동편집국, 1914, 17쪽.

25) ≪하남≫, 제2기.

26) 孫玉海, ≪孫中山與韓國獨立運動≫, ≪韓國獨立運動血史新論≫, 1996, 27-30쪽.

때에는 종번관계로, 어떤 때에는 같은 동족인 수평관계로 혼재되어 나타난다. 1919년 이후 중국 현대문학 작품에서는 동정주의의 시각이 피억압민족의 국제주의 연대라는 형태로 탈바꿈하여 나타난다.

곽말약의 ≪목양애화≫(1919)에서 주인공 민숭화는 본래 이조의 자작으로 조국이 일본 침략의 손아귀에 장악되는 것을 걱정한다. 그는 조정의 간신들이 왜놈들과 결탁하여 한일합방 조약을 맺자 서울을 떠나 산사로 은거한다. 아들이 없는 민숭화는 노비의 아들-윤자영에게 나라를 찾으려는 희망을 걸며, 예교의 속박을 타파하고 학문과 무예를 연마하게 한다. 이 작품에는 깊은 애국주의 사상과 낭만주의 색채가 표현되어 있으며, 동정어린 시선으로 조선의 패망을 관조하는 모습이 나타나있다. 그러나 '민숭화'(閔崇華)(중화를 숭상한다)나, '민패이'(閔佩夷: 오랑캐에 탄복하다) 같은 이름에서 알 수 있듯이 중국작가들에 있어서 중화주의는 곽말약 같은 의식 있는 작가에게 있어서도 뿌리 깊게 각인되어 있는 사상적 근원이었다.

동정주의와 함께 항일의식을 고취시키는 작품으로 1926년 장광자(蔣光慈)의 ≪압록강에서≫, 소군(蕭軍)의 ≪8월의 향촌≫, 서군(舒群)의 ≪조국이 없는 아이들≫, ≪이웃집≫, ≪바다의 피안≫ 등이 있다.

≪압록강에서≫는 작가가 1921년 소련에 유학했을 당시 조선청년으로부터 망명하게 된 이야기를 듣고 소설화한 것이다. 조선조 귀족의 자식인 이맹한과 김운고는 일본의 침략으로 인해

압록강변에서 은둔 생활을 한다. 그런데 맹한의 부모가 독립운동을 한 혐의로 일본 경찰에 잡혀가 살해된다. 부모가 없는 맹한을 운고의 아버지가 돌봐주고 이러한 가운데 맹한과 운고사이에는 사랑이 싹튼다. 그러나 맹한은 일본 경찰의 수배를 받자 운고를 남겨두고 소련으로 망명한다. 맹한이 떠난 후 운고는 항일운동을 하다가 일본 경찰에 체포되어 살해된다. 이 소식을 들은 맹한은 슬픔과 분노로 복수의 날을 기다린다.

≪압록강에서≫에는 조선인 청년 이맹한(李孟漢)과 김운고를 통하여 피압박민족의 비참한 현실과 함께 일본제국주의에 강렬히 반항하는 정신, 국제주의 정신이 잘 묘사되어 있다. 일본군에게 점령된 만주를 배경으로 한 ≪8월의 향촌≫에는 일본군과 이의 주구인 만주군과 투쟁하는 동북인민혁명군의 모습, 전투 속에서 중국청년 소명과 조선처녀 안나와의 사랑 등이 묘사되어 있다. ≪조국이 없는 아이들≫에서는 나라를 잃은 조선 아이의 비참한 삶과 함께 항일에 있어 애국주의와 국제주의를 결합시킬 것을 고취하고 있다. 국제주의란 "국민국가나 민족고유의 문화적 전통을 전제로 하고 그 차이를 초월하여 모든 민족, 모든 국가의 협력, 공존 및 행동, 인터내셔널리즘을 번역한 말이다. 민족이나 국가의 존재 그 자체에 가치를 두고 배타적으로 타 민족, 타 국가를 적대시하는 쇼비니즘이나 국가지상주의와는 대립되며, 국가나 민족의 존재를 무시하고 매개 없이 개인과 세계를 결부시키는 세계주의나 보편주의와는 구별된다. 국제주의 흐름은 왕조적 국제주의, 자유의주의적 국제주의, 프롤레타리아 국

제주의로 대별된다."[27] 그러나 이러한 국제주의도 자신의 이익과 입장이 서로 상합하는 국가나 단체, 민족들끼리 연합한다는 점에서 자기중심의 중화주의와 친연성을 갖고 있다.

특히 이 시기에 한중 양 국가는 일본에 의해 억압당하는 피해국가이자 피해자로서 연대의식을 가졌는데 이러한 인식이 작품 속에 반영되었던 것이다. 일본인, 중국인들보다 차별대우를 받은 조선여공이 중국인으로 위장 취업하여 일하다가 발각되자 도망하여 중국인민혁명 유격대에 참가하여 항일운동에 참여하는 내용의 낙빈기(駱賓基)의 ≪만주쇄기(滿洲瑣記)≫와 변방의 민중들이 일제의 침략을 맞아 의용군에 투신하고 조선홍군과 연합작전을 펼쳐 일본군을 물리치는 내용의 ≪변경에서≫, 그리고 조선농민들과 중국농민들과 연대하여 일본경찰에 대항하는 내용의 ≪만보산≫ 작품에도 국가와 민족을 초월하여 항일하여야 한다는 국제주의 연대 정신이 드러나 있다.

위에서 서술한 만주를 배경으로 한 동북작가들의 소설[28]에에서 알 수 있듯이 49년 이전의 작품에는 일본의 식민지로 전락한 조선과 조선민족의 비애, 항일독립투쟁 등이 묘사되어 있다. 이를 통해보면, 중국작가들의 한국과 한국민에 대한 관점은 어떤

---

27) http://kr.dic.yahoo.com/search/enc/result.html?pk=11256000&p

28) 이외에 만주를 배경으로 한 동북작가 舒群의 ≪이웃집≫에서는 자식을 일제에 다 뺏긴 조선의 노인이 만주에 이주 와서 딸의 매음으로 살아간다는 비극적 내용을 묘사하면서 항일의식을 고취시키고 있다. ≪바다의 피안≫에서는 독립운동으로 인하여 자식을 잃어버리고 망명간 자식도 일경의 감시로 제대로 만날 수 없는 조선독립운동가의 비극적 현실을 묘사하고 있다.

때에는 동정주의적 입장으로, 또 어떤 때에는 같은 억압을 받는 피해자의 입장으로 드러나 있다. 이는 당시 중국 작가들이 일본의 침략 위협에 놓여있는 중국의 현실 속에서 조선과 조선민족에 대해 동병상련의 감정을 품고 민족적 유대의식을 강하게 지니고 있었음을 의미하기는 하지만, 결국 그들의 관점이 중화주의 시각에서 크게 벗어나지 않았다는 것을 의미한다.

박재우 교수는 한인을 제재로 한 26편의 현대문학 작품을 작가별 유파별로 분류하였다.[29] 여기서 주목할 사실은 9명의 작가 중 5명이 동북 작가군에 속하였으며 12작품이 모두 만주를 배경으로 하고 있다는 점이다. (복내부:卜乃夫가 쓴 10편을 제외하면 대부분 작품이 동북(만주)을 배경으로 한 동북작가들의 작품인 것이다.)

동북(만주)은 우리나라와 중국, 그리고 일본, 러시아에 있어 매우 중요한 요충지였다. 이들 4개 나라 사이의 이해관계가 상충하지 않을 때, 동북은 그들 각국의 인적·물적 교류 혹은 문화적 교류를 가능케 하는 동북아시아의 '매개지역'으로 기능했을 뿐만 아니라, 때로는 동아시아 각국(혹은 민족)들의 이해관계를

---

29) 첫째, 5.4시기 낭만주의 성향 작가의 소설: 곽말약의 ≪목양애화≫ 둘째, 혁명소설파 작가의 소설 : 장광자의 ≪압록강상≫ 셋째, 동북작가군의 소설 : (1) 이휘영의 ≪만보산≫, ≪古城 안의 평상적인 사건≫, ≪여름 밤≫, ≪신계획≫ (2) 소군의 ≪팔월의 향촌≫ (3) 대평만의 ≪만주쇄기≫ (4) 서군의 ≪조국이 없는 아이들≫, ≪이웃집≫, ≪바다의 피안≫ (5) 낙빈기의 ≪변경에서≫, ≪혼돈≫, ≪농가의 아이≫ 넷째, 무정부 성향 작가의 소설 : 파금의 ≪머리털 이야기≫, ≪불≫ 제1부 다섯째, 후기낭만주의 작가의 소설 : 복내부의 ≪분류≫, ≪홍마≫, ≪용굴≫ 외 7편/ 박재우, ≪20세기 중국한인재제소설연구≫, 한국외국어대학교, 2005.1. 51-52쪽.

절충시켜 줄 수 있는 완충지역으로 작용하기도 했다. 반면에 동아시아 각 국가(혹은 민족, 종족)들 사이의 이해관계가 상충될 때, 만주 사회는 곧바로 외교적 마찰 혹은 물리적 충돌의 '각축장'으로 바뀌었다.

1920년대 후반에서 1930년대 초반, 만주는 중국, 러시아, 일본, 조선에게 있어 정치, 경제적으로 매우 중요한 전략적 요충지였다. 일본인들은 만주를 일본제국의 생명선이라 불렀다. 일본은 만주를 일제의 사활을 결정할 만큼 특수지역으로 인식했던 것이다.

근대 만주의 역사를 살펴보면 청조가 성립된 이래 만주지역은 청조의 발상지이므로 만주인을 제외하고 다른 민족이 들어갈 수 없는 봉금(封禁)지역이었다. 그러나 근대 이후부터 흑룡강 유역으로 팽창하는 러시아 세력을 억제하기 위해서, 혹은 만주 주변지역의 기근, 한발, 수재, 병충해, 황하의 범람 등 자연재해로 인해 새로운 생활 터전을 찾기 위해 만주로 흘러들어온 많은 중국 유민들을 위해서, 만주 이민의 합법화가 이뤄졌다. 미개간지를 개척하는데 필요한 노동력 때문에 이주민의 토지 개간을 장려하였으며, 세금 부과를 통한 재정 확충을 위해 만주 이민을 장려하는 정책을 취하지 않을 수 없게 되었던 것이다. 기민(饑民) 외에도 상당수의 상인과 工匠들까지도 대규모 만주 이민에 참여하였으며 이로 인해 만주에 사는 기인(旗人)들의 생활에 변화가 생겼고 만주 사회의 주도권은 점차 만주족에서 한족으로 넘어가기 시작했다. 이와 아울러 러시아는 만주의 북쪽으로

1858년(咸豊 8년) 애혼조약(愛琿條約)[30]을 통하여 흑룡강 북쪽의 광대한 땅을 모두 러시아 영토로 만들고 흑룡강 본류와 그 지류인 송화강과 우수리 강에 청나라와 러시아 선박이 모두 항행할 수 있도록 그 세력을 뻗쳐나갔으며 남쪽으로는 조선인의 이주민들이 생존하기 위하여 만주 지역으로 넘어가게 되었다.[31] 이와 함께 일부 몽고족과 회족들도 그들의 생활 영역을 만주로 넓혀가면서, 만주는 이들 다수 민족(혹은 종족)들이 공존하는 삶의 터전이 되었다. 그 결과 만주는 한족이 지배권을 확보한 가운데 러시아인·조선인·몽고족·회족들이 함께 생활하는 복합민족의 공동생활 지역이 되었다. 러일전쟁 이후 일본은 '만주국'을 수립하면서, 만주 사회의 정치적 주도권을 장악한다. 결국 '만주국' 시기는 지배 민족인 일본인과 다수 민족인 중국인(만주족과 회족을 포함해서)이 각축을 벌이는 가운데, 소수의 조선인과 러시아인, 몽고인이 그 속에서 생존하기 위해 온갖 힘을 쏟았다.

만주를 배경으로 한 동북작가군의 소설에는 이같이 복잡하고 미묘한 상황들이 잘 반영되어 있다. 당시의 동북작가들 또한 만주지역의 지배권을 차지하고 있는 한족으로서 소수민족에 대하

30) 일명 아이훈 조약이라고 한다. 1858년 아이훈에서 청나라와 러시아사이 맺은 조약. 헤이룽강을 양국사의 국경으로 정하고 공동관리하게로 정하였다. http://kr.dic.yahoo.com/search/kor/result.html?pk=2081722&p=아이훈-조약.

31) 건륭말년에는 접어들자 시초부터 조선의 영토였던 만주의 무인지대가 결국에는 한족들에게 잠식되어 한족의 농토로 변해 버린 것이다. 김득황 저, 앞의 책, 225.

여서는 가해자이면서 일본인들에게 있어서는 피해자인 이중구조를 갖고 있었다. 복합민족이 거주하는 만주에서 동북작가들이 이해관계가 맞물려 있는 한인을 제재로 작품을 쓰는 것은 자연스러운 일이었다. 한인의 비참한 삶을 묘사하는 작품과 항일을 고취시키는 작품을 쓴다는 것은 바로 한인을 통하여 자신들의 모습을 되돌아보며 중국인들의 항일의식을 고양시키자는 면도 있었다. 그러나 피억압민족의 국제주의 연대라는 모토 속에 묘사된 ≪만보산≫에는 동북작가의 이중적인 인식이 반영되어 있다.

'만보산' 사건(1931년)이 발생한 지 2년 후에 창작되어진 ≪만보산≫에는 작품 속의 사실과 역사적 사실이 다르게 묘사되어 있다. 물론 문학적 진실과 역사적 사실은 반드시 일치할 필요가 없다. 그러나 사건의 진실이 작품에 왜곡되어 표현된 것을 보면 그 작품에 대한 작가의 인식을 알 수 있다. 만보산 사건이 일어난 후 한국에 대한 중국인의 이미지도 크게 손상되었으며 이러한 영향이 ≪만보산≫에 그대로 투영되어 반영되었다는 것이다.

먼저, 소설에 등장하는 인물 형상들이 매우 왜곡되었다는 점을 들 수 있다. 논농사를 짓기 위해 수로를 개척하는 과정에서 한인이 일제의 앞잡이가 되어 자신의 동포들을 노예처럼 부려먹은 조선 감독들의 부정적 모습이나 수로를 만드는 과정 속에서 중국인들에게 지탄을 받는 한인들의 모습이 그러하다. 소설에 등장하는 중국인 학영덕(郝永德)은 일본의 주구 혹은 기생집을 경영하는 불량배로 묘사되어 있으나 사실 그는 임대업자이면서 청부업자로 장춘과 봉천사이 철도를 부설하기도 하였으며 한국인들과 매우 친한 인물이다.[32] 조선동포들을 노예처럼 부려먹은 9명의 조선인 감독들도 일본 앞잡이로 볼 수 없다는 것이다.[33] 작가는 일본이 만보산사건을 일으켜 요동 침략의 빌미를 만든 다음 9.18사변을 일으켜 요동전역을 점령하려는 사건의 본질을 직시하지 못한 듯한 인상을 준다. 한인을 극히 부정적으로 묘사하다가 종국에 가서 중국인들에게 순응하는 김복(金福)이라는 긍정적 가상인물을 만들어 한중 농민의 연대를 통해 일본과 투쟁을 해야 한다고 서술하고 있는데, 이는 바로 만주작가의 모순된 이중적 인식을 보여 주고 있는 것이다. 낙빈기의 ≪혼돈≫에서도 종처럼 충직하고 중국인을 잘 섬기는 조선 소작인에 대해 어린 주인공을 통하여 긍정적으로 묘사되고 있지만 주인공 아버지의 사업을 망친 한인은 부정적으로 묘사하고 있다. 역사적 사건과 문학적 진실이 다른 이러한 작가의 편견과 부정적 인식은 어디에서 기인한 것인가?

위에서 서술한 바와 같이 만주는 복합민족의 거주지로, 한족과 만주족이 조선족을 비롯한 다른 소수 민족에 대해 기득권을

32) 김시준 외저, ≪한반도와 중국동북 3성의 역사 문화≫, 서울대학교 출판사, 2002, 281-282쪽.

33) 이 사건의 주요 범인 중의 한 사람으로 지목된 李錫昶(이석창)은 한말에 의병장 申乭石의 휘하에서 항일의병활동을 하다가 일본 경찰의 수배를 받아 더 이상 국내에서 거주할 수가 없어 만주로 망명 온 망명객으로, 항일투쟁 중에 부상을 당해 한 쪽 팔을 쓰지 못하였다고 한다. 이러한 점으로 미루어 소설에 묘사된 공사감독이 한국일꾼들을 가혹하게 혹사하였다고 볼 수 없으며 특히 이들이 일본의 앞잡이라고는 상상할 수 없다. 김시준 외저, 위의 책, 282-283쪽.

가진 곳이다. 그런데 갈수록 만주 쪽으로 이주해온 조선인이 늘어나면서 그들은 자신들의 토지와 생업권을 점차적으로 빼앗기게 되었다.[34] 이와 더불어 한인 이주자들이 근검절약하여 토지를 사는 것을 일본인의 사주로 만주인의 토지를 매수하는 것으로 오해하였고, 또 만주인의 토지가 매도됨으로 말미암아 한인의 세력이 증대되는 것을 경계해야 할 점으로 여겼다.[35] 이렇게 한인에 대한 중국인들의 감정이 반드시 좋은 것만은 아니었다. 조선농민이 열심히 일해 황무지를 개간하여 약간의 여유가 생기면 과도한 세금을 징수하거나 중국인의 말을 듣지 아니하면 일경에 독립군이라고 밀고하여 한인을 죽이고 그들의 재산을 가로챘다 하니 그들의 횡포가 얼마나 심했는지 짐작할 수 있다. 우리는 여기에서 한국인에 대한 중국의 이중적 인식을 볼 수 있다.

≪오래된 성에서 생긴 평범한 사건≫, ≪여름 밤≫, ≪새로운 계획≫은 이러한 점을 반영한 작품이다. 이 작품들에서는 일제의 주구노릇을 하거나 일제의 세력을 등에 업고 도박과 아편, 매음업을 하고자 하는 한인을 비판적으로 묘사하고 있다. 물론 어느 사회에서나 항상 부정적 인물은 있기 마련이다. 그러나 ≪만

34) 한국의 고향을 떠나 연변으로 이주한 한국인은 1909년에 8만 3천여 명이었으나, 1916년에는 31만 4천여 명으로, 1926년에는 65만여 명으로 급증하였으니, 1936년까지 매년 1만 호 5만인 정도씩 移居하였고 1935년에는 한해에 10만여 인이 연변으로 이주하였다. 1934년 훈춘의 8개 향과 왕청의 2개 향, 연길의 1개 향에 거주하는 한인 농호를 조사한 결과에 의하면 지주가 5.2%, 자경농이 20.9%, 自耕兼佃農이 22%, 佃農이 51.9%를 점하였다. 김한규 저, 앞의 책, 985-986쪽.

35) 김시준, 앞의 책, 281쪽.

보산≫를 비롯한 위의 세 작품 모두가 만주족 출신인 이휘영(李輝英)이라는 한 작가에 의해 쓰여 졌다는 것은 그의 창작의식이 매우 편파적임을 알 수 있다.

이러한 현상은 고대중국인들이 중화 문화를 존중하고 수용하면 그들의 중원에 편입시켜 주나 그들의 예의 질서를 벗어날 때는 가차 없이 중원의 대열에서 축출하던 모습을 연상시킨다. 문학 작품에 긍정적, 부정적 인물 형상들이 다양하게 반영되는 것은 마땅한 일이지만 당시 만주의 정치적, 역사적 상황을 고려해 볼 때, 그들 작가의 의식 속에 중화주의가 뿌리깊게 똬리를 틀고 있음을 느끼게 된다.

당대문학의 경우, 49년 이후에 한인과 한국을 제재로 한 작품들이 대거 등장한다. 6.25전쟁으로 인하여 수많은 종군기자, 작가, 병사들이 항미원조(抗美援朝)라는 모토 하에 한국전쟁에 참여하였던 것이다. 중국이 한국전쟁에 인민군을 파병한 데에는 여러 가지 원인이 있다. 가장 중요한 원인으로는 한반도에서 북상하는 미군을 저지하여 중국과 요동을 지키고자하는 것과 국제 사회주의 연대성의 도모차원을 들 수 있다. 대내적으로는 이제 막 정권을 잡은 모택동이 대외의 적을 만들어 정권을 강화하고자 하는 의도가 있었다. 또 다른 하나는 "한국이 외세로부터 침략을 당할 때는 중국이 당연히 도와주어야 한다는 전통의식의 표출이라 할 수 있다. 마치 임진왜란 때 명이 조선에 원군을 보내주고 갑오청일전쟁 때 청이 조선에 군대를 파견했던 것처럼, 미제국주의 세력의 침략으로부터 한국을 보호하기 위해 군대를 보내야 한다는 의식의 표현이 ‘원조운동’(援朝運動)이었다.”[36] 이러한 전통관념 속에 중국의 대 한국관은 여전히 중국의 번속 혹은 중화의 한 지류라는 관념을 벗어나지 못하고 있는 것이다.

이때, 시 분야에서는 전간(田間)의 <부조시초(赴朝詩抄)>, 마부요(麻扶搖)의 <중국인민지원전가>, 엄진(嚴辰)의 <전투의 깃발>, 미앙(未央)의 <조국이여, 나는 돌아왔노라>·<내게 총을 달라>, 석방우(石方禹)의 <평화의 최강자>, 이영(李瑛)의 <전쟁터의 명절>등이 창작되었다. 이 일련의 시들에는 한국전쟁의 모습, 전투과정에서의 중국과 북한 사람들의 우의 등이 묘사되어 있다. 중국작가들은 한국전쟁을 침략전쟁으로 간주하고, 조국애와 이에 기초한 국제적 연대의식을 강하게 표출하였다. 그밖에 한국 사람이 인민지원군에 참가하여 전쟁에 참여하거나, 두 민족간의 유대의식과 희생정신 등을 내용으로 하는 시들이 발표되었다. 소설분야에서도 적지 않은 작품들이 창작되었다. 육계국(陸桂國)의 ≪상감령(上甘嶺)≫, 노령(路翎)의 ≪초설(初雪)≫, 양삭(楊朔)의 ≪삼천리강산≫등이 대표적인 작품으로 꼽힐 만하다.

산문집으로는 ≪조선통신보고선(1, 2, 3집)≫, ≪지원군의 하루(1~4집)≫, ≪지원군영웅전≫등을 꼽을 수 있는데, 이것들은 당대 문학사에서 상당한 비중을 차지하고 있다. 이 가운데 유백우(劉白羽)의 <영웅의 도시-평양>과 <우리는 심판 중>, 함자

36) 김현규, 앞의 책 992-993.

(菌子)의 <평화의 박물관>과 양삭 등의 작품은 보도성 글들로 매우 사실적이다. 위외(魏巍)는 <누가 가장 사랑스런 사람인가>에서 송고봉 전투에서의 지원군의 용감성, 중국병사가 활활 타오르는 불길 속에서 조선의 아이를 구하는 인간애와 희생정신, 국제주의적 정신 등을 묘사한 것으로 유명하다.

특히 산문 분야에서 주목할 만한 것은 원로작가 파금(巴金)이다. 그는 자신의 사상을 개조하기 위해 조선전쟁에 참여하여 지원군들과 함께 생활하였다. 북한에 머무는 기간이 1년 정도 되는데 그는 이 기간의 경험을 토대로 산문집 ≪영웅들 속의 생활≫, ≪평화를 지키는 사람들≫, 단편소설집 ≪영웅들의 이야기≫, ≪명주와 옥희≫, ≪이대해(李大海)≫, 중편소설 ≪세 동지≫ 등을 창작하였다.[37] ≪잊을 수 없는 원한≫에서 파금(巴金)은 남한의 부산, 제주도, 거제도의 포로수용소와 북한의 미국인 포로수용소를 대비시켜 묘사하였는데 남한의 포로수용소는 지옥처럼, 북한의 포로수용소는 휴양소처럼 묘사하였다.

두 차례의 북한 방문을 통해 파금은 한국전쟁에 참여한 중국병사들의 공적을 찬양하면서 그들의 조국애, 사회주의에 대한 신념, 영웅주의, 국제간의 연대의식, 조선인민들의 비참한 삶 등을 묘사하였는데, 이는 전체적으로 볼 때 이 시기 작품들의 도

37) 파금은 1952년과 1953년에 두 차례에 걸쳐 북한을 방문한다. 1차 방문 때 산문집 ≪영웅들 속의 생활≫에서 11편, 단편소설집 ≪영웅들의 이야기≫에서 5편을 발표한다. 2차 방문 때 산문집 ≪保衛和平的人們≫에서 8편, 단편소설집 ≪明珠和玉姬≫에서 2편, 단편소설집 ≪李大海≫에서 8편, 중편소설 ≪세 동지≫를 발표하였다.

식적인 주제였다. 이 시기에 형성된 중국인들의 대(對) 한국관은 '78년 개혁개방정책 때까지 대체로 계속되어진 것으로 보인다. 즉 "남북분단 상황에 대해 남한은 미제국주의의 식민지, 북한은 사회주의 형제국이라는 도식적 구분으로 일관해왔고, 작가들도 이런 관점을 견지해 왔다고 판단된다."[38]

4. 나가는 말

본고는 고대 중국인이 바라보는 한국관에서 근, 현대에 이르는 한국관을 중화사상과 관련하여 서술하였으며, 이를 근거로 중국작가들의 한국인식을 살펴보았다. 고대중국인들에게 비친 고대 한국은 천하의 개념 속에 포함되어 있었으며, 중세의 한국은 종번관계로서 그들의 속국으로 인식되었다. 근대의 한국인은 어떤 때에는 화(華)의 한 지류로, 어떤 때에는 변방의 이(夷)로 비쳤으며 또 어떤 때에는 타자화된 약소국의 한 민족으로 인식되었다. 이처럼 근대의 중국작가들에게 비친 한국과 한국인의 모습은 마치 한·중 근대사에 나타난 -식민과 민족, 근대와 탈근대를 동시에 경험하고 초극(超克)해야 하는 역사의 혼돈처럼 복잡하게 혼재되어 나타났다.

1919년 이후의 현대문학작품에는 항일운동과 조선민중의 비참한 삶, 한중 양 국민들의 우의 등이 주로 묘사되어 있는데, 여

38) C:\Documents and Settings\user\바탕 화면\논문\한중 문화교류의 위상과 전망(김하림).htm

기에는 같은 피억압 민족으로서 동병상련의 입장에서 보는 국제주의 연대의 관점이 드러나 있다. 국제주의가 민족과 국가를 초월하여 협력, 공존, 행동한다고 하지만 결국은 이해관계가 서로 맞는 자신들끼리의 자기중심적인 연합이며, 한중 제재 소설에 나타나듯 한중 중심 위주의 국제주의 연대라는 점에서 독선적인 중화주의와 무관하다 할 수 없다. 국제사회주의 연대는 한국전쟁을 소재로 한 작품에 더욱 잘 드러나 있다. 주로 한국전쟁과 한국전쟁 후의 북한상황을 묘사하고 있는데, 남한은 미제국주의의 식민지, 북한은 사회주의 형제국이라는 도식적인 틀을 벗어나지 못했다.

'78년 개혁개방정책이야말로 중국인들이 한국을 타자화된 한 국가로 보다 깊이있게 인식하게 된 최대의 계기라 할 것이다. 무엇보다도 경제발전정책의 관점에서 한국을 새로이 바라보게 된 중국은 비로소 6.25전쟁시기의 동정주의에서도 완전히 벗어난 것으로 보인다. 그러나 짐짓 수그러져왔던 중국의 자존과 중화주의는 경제발전과 함께 언제라도 다시 급부상하리라 예측된다. 그 증거 하나가 동북공정에 대한 담론의 돌출이 아니고 무엇이겠는가.

동북공정과 더불어 21세기 벽두에 제기된 것으로 애국주의[39)]

39) 애국주의는 1997년 江澤民이 『人民日報』 1997년 5월 11일자에서 「關于加强愛國主義教育」을 발표하면서 제기된다. 주요 내용은 3가지 골자로 요약된다. ① 애국심을 고취시켜 강권 정치, 패권주의에 맞서 중국의 주권과 안전을 지키고 중국의 통일, 중화민족의 단결을 이룩하는 데에 있다. ② 개혁 개방이 심화되면서 중국 인민들이 중국의 객관적인 세계적 위상, 열

가 있다. 이들의 가장 큰 목표는 위대한 중화민족의 부흥이다. 동북공정과 애국주의, 중화주의는 그 용어가 각각 다르지만 어떤 일정한 지향점을 향하고 있는 듯한 느낌을 준다. 이 용어들은 모두 21세기에 들어와 중국이 정신적으로 재무장하고 아시아 혹은 세계로 나아가 맹주가 되겠다는 다소 패권적인 발상의 징표이다. 현재의 정치적 목적과 자국의 이익을 위하여 역사를 자의적으로 해석하고 과거의 사상에 새로운 외피를 씌워 다시 한번 중화주의로 복귀하고자 하는 시도로 보아야 할 것이다. 우리는 일본의 교과서 왜곡에 대하여 국가적으로 대응할 만큼 주목하지만, 중국의 애국주의 교육이 지닌 우려할 만한 요소에 대해서는 간과하고 있는 편이다. 중국의 애국주의는 전통적인 중화사상의 일부분을 기저에 깔고 있다는 점에서 현대판의 새로운 중화주의라 할 수 있다.

악한 중국인의 생활수준, 선진국들의 월등한 생활수준·사회 복지·사회 인프라·정치적 자유 등에 대해 자각하면서 파생된 상대적인 비교 관념, 그에 수반된 그들의 자기 비하 의식을 해소하려는 데에 있음을 간접적으로 시사한다. ③ 애국주의 교육의 목표는 중국 민족의 독립과 주권 수호를 바탕으로 인민들로 하여금 중국의 찬란한 역사와 문화, 공산당과 인민 자신의 업적과 전통을 이해시킴으로써 중화 민족(혹은 문명)이나 사회주의 조국에 대한 믿음을 가지고 사회주의 현대화 건설에 적극 동참하도록 하려는 데에 있음을 알 수 있다. 결국 애국주의 교육은 중국 인민들 사이에 애국 열기를 불러 일으켜 개혁 개방을 견지하면서 사회주의 현대화 과업을 추진하여 중화 민족을 부흥시키는 데에 있다.(尹輝鐸, ≪중국의 애국주의와 역사교육≫, ≪중국사연구≫ 18집, 2002.5).

북한과 중국, 두 사회주의 문학사 서술 현황

이데올로기 담론의 적실성(適實性)을 의심받는 21세기의 오늘날, 중국과 북한의 사회주의 문학사 기술 현황을 살펴보는 작업은 단지 두 국가의 역사와 문학, 체제의 동일성과 차별성을 알아보는데 그치는 것이 아니라, 지난 20세기 북한과 중국의 문학사에 대한 우리의 인식에 하나의 획을 긋는 노력이 될 것이다. 또한 다가올 통일시대를 준비하기 위해 남, 북한과 양안(兩岸) 해협(海峽)의 문학사가 어떻게 기술되어야 할 것인가에 대한 모색일 수도 있겠다.

문학사에 있어서 기점과 시기구분 문제는 그렇게 간단 명료한 문제가 아니며, 문학사를 서술하는 데 있어서 가장 중요한 골간을 이룬다고 할 수 있다. 역사의 발전단계를 올바르게 획정(劃定)하는데 하나의 기준을 제공해 줌으로써, 문학의 발전과 변화과정을 제시하는 이정표 구실을 하기 때문이다.

본고는 북한 문학사와 중국 문학사에서 가장 일반적으로 받아들여지고 있는 시대구분법을 먼저 개괄한 다음, 이에 따른 문학사의 편술체계(編述體系)의 변모양상(變貌樣相)을 살펴보고자 한다.

두 문학사는 개인적, 혹은 집단적으로 쓰여져 왔는데, 시대와 정치의 변화에 따라 작가의 범위가 변화하고, 작품에 대한 평가도 달라져왔다. 여기서 중요한 것은 편향성이라 하겠는데, 이러한 편향성은 중국문학사보다 북한 문학사에 심하게 드러나며 결과적으로 문학사 서술의 불균형을 초래할 수밖에 없는 것으로 보인다.

문학사 서술변모 양상을 살펴보면, 이 같은 두 문학사의 서술 특성이 자연히 드러나게 될 것이다. 철저히 통제된 사회주의 사회에서 두 문학사는 어떻게 서술되었으며, 어떠한 서술 이론을 적용시켰는가? 또한 서술자의 의도에 따라 왜곡되거나 조작되는 이러한 '배제의 논리'가 두 문학사에 어떤 양상으로, 어느 정도로 드러나 있는가? 본고는 이것들을 중점적으로 살펴보고자 한다.

북한 문학사의 경우, 김일성 주체사상에 의한 획일적 지배체제하에 진보적 문학이냐 반동적 문학이냐 하는 흑백논리만 있을 뿐, 문학의 다양성이 존재하기 어렵다. 또한, 외국문학의 영향 관계를 전혀 인정하지 않는 북한 문학의 폐쇄성은 처음부터 비교 문학적 접근을 배제하고 있다. 더욱이 그 동안 편술된 두 문학사의 커다란 양적 차이[1])는 더 말할 나위 없다. 본고는 이

같은 한계를 전제하고, 두 사회주의 국가의 유사한 역사성을 토대로 하여 문헌 중심으로 두 문학사 기술 현황을 비교 분석하여 이들 사회주의 문학사를 이해하는데 의의를 두고자 한다.

1. 근 · 현대의 기점과 시기구분의 비교

문학사에서 시기를 구분하는 방법과 기준에는 왕조 교체나 유물사관, 문예사조, 혹은 민족정신의 전개에 의한 방법 등 여러 가지가 있어 왔다. 그러나 중요한 것은 무엇보다도 문학을 그 자체로서 다루어야 할 것인가, 아니면 역사적 혹은 사회적인 관점에서 다루어야 할 것인가 하는 기준의 문제라 하겠다. 사회주의 문학사에서는 단연 문학적 기준보다는 역사 유물론에 의하여 기점과 시기구분을 설정하고 있다.

북한문학사의 경우, "19세기 후반기-20세기초는 봉건사회로부터 자본주의 사회에로의 이행과정이 촉진"[2)]된 역사적 시기였다고 하여, 19세기 후반기를 근대로 규정하고 있다. 1866년 Sherman호 사건(丙寅洋擾), 1876년 강화도조약(江華島 條約), 1884년 갑신정변, 1894년 갑오경장, 갑오농민전쟁 등을 근대문학의 기점으로 설정해야 한다는 주장들이 있었는데, 이는 모두 사회경제 구성과 계급투쟁, 민족해방투쟁을 표준으로 하여 시기구분

1) 반세기(1950년 이후)동안 북한 문학사는 약 10여종, 중국현대문학사는 약 100여종이 넘는 것으로 추정된다.

2) 정홍교, 박종원 ≪조선문학개관≫ 1, 사회과학출판사, 1986, 302쪽.

을 한 것들로, 북한 학계 내에서도 많은 논란의 여지를 남겼지만, 결국 근대문학의 시발점은 1866년으로 결론지어졌다.[3)]

현대문학의 기점과 시기구분은 어떻게 전개되어 왔는가? 남한에서는 현대문학의 기점에 대해 여러 가지의 견해가 제시가 된 반면[4)] 북한에서는 문학사의 시대구분에 대하여 엇갈림이 없다.

북한의 현대문학의 기점은 1926년이다. 그것은 이 해 10월 17일 김일성의 "타도 제국주의 동맹"이 만들어짐으로써 오늘날 북한역사의 뿌리가 되었다는 사실에서 비롯된다. 김일성이 공산당의 혁명조직인 "타도 제국주의 동맹"을 만들어 문학분야에 있어서도 직접 지도를 하였다고 하는데, 그 지도를 받아 산출된 문학을 북한에서는 '항일혁명문학'이라고 부르면서 8・15해방까지의 문학의 주종으로 잡고 있다.

"위대한 수령 김일성 동지의 영도 밑에 발전된 항일혁명문학

3) '시대구분논쟁'의 경우 1962년 사회과학원 창립 10주념 기념 '공식토론회'를 통해 어느 정도 합의를 도출해 내었다. 가장 중요한 시대구분의 원칙, 기준의 문제에서는 자본주의설에 입각하여 근대 즉 자본주의라는 세계사적 시대구분을 한국근대사에 직접 적용하여 한국근대 즉 자본주의 발전의 식민지적 유형으로 본 김희일의 견해로 정리되었다. 한국근대사는 '자본주의 사회에 상응하는 역사'로서 '자본주의 사회 역사의 고전적 형태와 구분되는 특수한 유형의 길'을 밟는 '식민지(반식민지) 반봉건사회시대'라는 것이다. 이에 따라 근대사의 시점과 종점문제 또한 1866-1945년설로 정리되었다. 박태상 저, ≪북한문학의 현상≫, 깊은 샘, 2000년, 16쪽.

4) 최남선의 신체시가 나온 해(1908년)와 이광수의 최초의 소설 ≪무정≫이 나온 해(1917년)를 비롯하여 1945년 8.15해방 등을 현대문학의 시점으로 삼는다.

의 탄생은 우리 인민의 유구한 문학사에서 일대 전환을 가져온 역사적 사변이었다. 항일혁명문학이 탄생함으로써 조선문학은 진정한 인민의 문학, 참으로 혁명적인 로동계급의 문학으로 발전하였으며 그 고귀한 터전 우에서 새 조선의 찬란한 문학예술이 꽃펴났다."[5]

1912년 생인 김일성이 불과 14세의 소년 시절에 주체사상을 세우고, 그것으로 문학을 지도했으며, ≪피바다≫, ≪꽃 파는 처녀≫, ≪한 자위단원의 운명≫ 등의 작품을 직접 창작하였다는 것이다. 그러나 1959년에 출판된 ≪조선문학통사≫를 보면 김일성이 직접 창작한 것이 아니라 항일 빨치산들의 손에 의하여 집단적으로 창작된 것임이 드러난다.[6]

≪조선문학통사≫에서는 시기구분 또한 1900-1919(제1기), 1919-1930(제2기), 1930년-1945(제3기)로 하고 있는데, 다음 인용문을 보면 1919년과 1930년을 시기 구분 기점으로 잡는 이유를 알 수 있다.

"위대한 로씨야 사회주의 10월 혁명의 영향 밑에 일어났던 3.1운동을 계기로 조선인민의 민족해방투쟁은 새로운 역사적 시기를 맞이하게 되었다. 이 시기로부터 맑스주의 사상이 인민대중속에 널리 보급 침투되기 시작하였으며, 로동운동이 치열하게 전

5) 위의 책, 1쪽.

6) 사회과학원 문학연구소 편, ≪조선문학통사≫(현대문학편), 1959年, 평양, 사회과학출판사, 110쪽.

개되기 시작하였다."[7]

> "1920년대 말과 1930년대 초의 국제정세는 새로운 변동을 가져왔으며, 특히 소련에서는 이 시기에 사회주의 건설 행정에서 획기적 전환이 일어났다. 즉, 사회주의 공업화를 완성하고 특히 농업집단화운동에서 커다란 성과를 거두었으며 인민들의 물질문화생활은 날로 향상되어 갔다."[8]

이렇게 시대변화의 요인을 일차적으로 "위대한 러시아 사회주의 10월 혁명"과 "소련정세의 변화"에서 찾고 있는데, 주체사상이 확립된 뒤에 서술된 ≪조선문학사≫에서는 사정이 완전히 달라지고 만다. 소련과 관련된 언급은 사라지고 '역사 발전의 합법칙성에 따라 발전, 전개되는 조선문학'이라는 측면에서 '주체적'으로 서술하고 있는 것이다. ≪조선문학통사≫ 이전의 ≪조선문학사≫ (1956)를 보아도 주체문학사의 허구성이 명백히 드러난다. 안함광의 ≪조선문학사≫ 역시 1919-1930년을 한 시기로 처리하고 있을 뿐, 1926년을 분기점으로 삼고 있지 않다. 그러나 1981년의 ≪조선문학사≫ 2권이나 ≪조선문학개관≫ 1권(1986년), 은종섭의 ≪근대현대문학사≫ (1991년), 류만의 ≪조선문학사≫ (1992년) 8권에서는 한결같이 1926년을 분기점으로 못박고 있다.

주체사상 대두 이후, 북한 문학사는 '위대한 수령'의 활동이

7) 위의 책, 31쪽.

8) 위의 책, 103쪽.

시작되는 1926년 10월을 현대문학사의 새로운 전환점으로 삼아 서술의 중심에 놓음으로써 새로운 시대구분법이 전개된 것이다. 그리하여 1926년부터 1945년까지를 한 묶음으로 내세워 이를 항일혁명문학으로 규정하고 있다. 대표적인 북한문학사들의 시기구분을 정리해보면 다음과 같다.

1) 안함광, ≪조선문학사≫ 3권, 교육도서출판사 편, 1956년

1900-1919, 1919-1930, 1930-1945, 1945-1950(평화적 민주건설시기), 1950-1953(조국해방시기), 1953(전후인민경제 복구시기)-

2) 사회과학원 언어문학연구소 문학연구실 편, ≪조선문학통사≫ 하권, 과학원 출판사, 1959년

1900-1919, 1919-1930, 1930-1945, 1945-1950, 1950-1953(조국해방전쟁시기의문학), 1953 (전후시기의 문학) -

3) 사회과학원 문학연구소, ≪조선문학사≫ 2-5권, 과학백과사전출판사, 1977-1981년

19세기말-1925, 1926-1945, 1945-1950(평화적 건설시기), 1950-1953(조국해방시기), 1953-1958(전후 복구 건설 및 사회주의 기초건설 시기문학), 1959-1966년, 1966-1975년

4) 공동집필, ≪조선문학개관≫ 1,2권, 사회과학출판사, 1986

19세기 후반기 -20세기 초, 1910-1920년대 전반기 문학, 1926.10-1945.8 (항일혁명투쟁시기 문학), 1945.8-1950.6 (평화적 건설시기), 1950.6-1953.7 (조국해방시기), 1953.7-1960 (전후복구건설과 사회주의 기초건설시기), 1961-1966 (사회주의 전면적 건설과 사회주의 승리로 앞당기기 위한 투쟁시기), 1967-1985

4) 은종섭, ≪근대현대문학사≫, 김일성대학출판사, 1991년

19세기말-20세기초, 1926.6-1931.12, 1931.12-1945.8, 1945.8-1950.6, 1950.6-1953.7, 1953.7-1958.8, 1958.8-1967.5, 1967.5-1985

5) ≪조선문학사≫ 사회과학출판사, 1991-1999년 (공동집필 15권 중 8-15권)

1926.10-1931.12, 1931.12-1945.8, 1945.8-1950.6(평화적 민주건설시기), 1950.6-1953.7(조국해방전쟁시기), 1953.7-1958. 8, 1958.8-1967.5, 1970년대, 1980년대

이렇게 북한의 (근)현대문학사는 1900 혹은 19세기말을 시작으로 하여 1919, 1926(혹은 1930, 1931), 1945, 1950, 1953, 1958(1959, 1961), 1967년을 중심으로 시기를 구분하는데, 그 분기점이 되는 것들은 모두 역사적 사건이 일어난 해들이다. 특히 1926년(김일성의 타도제국주의 동맹 결성)과 1967년(주체문학 대두시기)을 각각 강조함으로써 북한문학은 "항일문학"과 "주체문학"이라는 두 개의 큰 기둥으로 지탱되고 있는 모습이다.

중국문학사에서는 일반적으로 근대문학의 기점을 1840년 아편전쟁이나 1898년 무술변법(戊戌變法)이 일어난 해로 삼고 있다. 근대라는 개념을 어떻게 규정하느냐에 따라 그 기점은 宋代, 혹은 명말(明末) 청초(淸初)로 거슬러 갈 수도 있겠으나, 본고에서는 가장 보편적인 견해를 따르기로 한다.[9)]

---

9) 郭延禮와 陳學超는 각각 정치사, 전통문학과의 단절 및 세계문학과의 통합을 기준으로 하여 1840년을, 趙愼修, 錢理群, 陳思和는 각각 문학체계의 발전, 고대문학과의 단절, 문화구조의 대격동이라는 틀로 근대문학의 기준으로 삼고 있다. 그 외에 王飇의 19세기 중엽, 陳伯海의 1796년, 李澤厚의 20세기 초 등 다양한 기준으로 근대문학의 분기점을 삼고 있지만,

중국현대문학사의 시기구분은 저자와 지역에 따라 3분법, 4분법, 5분법으로 나누어지는데 이하림(李何林), 왕요(王瑤), 유수송(劉綬松), 황수기(黃修己) 등의 대표적인 현대문학사 및 50년대에서 80년대에 출판된 대부분의 문학사들이 이 카테고리에서 벗어나지 못하며, 역시 정치적 사건을 중심으로 시기구분을 하고 있다.[10)]

1949년 이후의 중국문학사, 즉 당대문학사의 경우를 살펴보자. 중국당대문학사(中國當代文學史)의 편집은 문화혁명이 막을 내린 후 본격적으로 진행되었는데, 북경사범대학, 남경대학 등 10개 대학에서 교육부의 위탁을 받고 대학교재로 편찬한 ≪중국당대문학사초고(中國當代文學史初稿)≫ (上・下2권)와 1980년 12월에 출판된 ≪중국당대문학사≫ (인민출판사), 산동대학, 복단대학 등 22개 대학에서 집체로 편찬한 ≪중국당대문학사1,2,3권≫ (복건인민출판사, 1981년), 구람(邱嵐)의 ≪중국당대문학사략≫ (1988년) 등이 그것이다. 전체적으로 볼 때, 이들 저서는 당대문학사 내의 시기구분에서는 거의 일치하고 있다. 즉 1949-1966년(17년 시기), 1966-1976년(문혁시기), 1977년 이후(신시기)로 3분하는 것과 1956년 쌍백방침(雙百方針)을 기점으로 17년 시기를 둘로 나누어 4분하는 것(왕명범 저: 汪名凡 著, ≪중국당대소설사≫)이 있는데, 이들은 모두 정치적 사건과 같

1840년과 1898년 설이 가장 설득력을 갖고 있다. 임춘성, 「중국근현대 문학사론의 검토와 과제」, ≪중국현대문학≫ 12호, 16쪽 참조.

10) 1917년, 혹은 1919년을 현대문학의 기점으로 삼고 있으며 1921, 1927, 1937, 1942, 1945, 1949년을 중심으로 시대구분을 하고 있다.

은 사회 변혁에 근거하여 시기를 구분하였다.

그러나 1980년대 들어 '새로운 문학사' 쓰기의 열기가 뜨거워지면서 시기구분 문제는 새롭게 전개되기 시작하였다. 1985년에는 전리군(錢理群), 황자평(黃子平), 진평원(陳平原) 등 근,현대문학 연구자들이 「논20세기중국문학사(論二十世紀中國文學史)」라는 글에서 분기문제를 제기하였으며, 1986년 9월에는 중국사회과학원 문학연구소 주최로 전국 각 성의 문학계, 학술계 대표 60여명이 모여 중국근대, 현대, 당대문학사분기토론회를 개최하였다. 현행대로 근대, 현대, 당대의 3단식 분류를 지속하자는 의견이 있는가 하면, 현대와 당대를 한데 묶자는 의견, 근대, 현대, 당대문학을 하나로 묶어 현대문학이라고 하자는 의견, 분기의 한계를 모호하게 하자는 의견 등 시기 구분 문제에 대한 의견이 분분하다. 최근 들어 이러한 의견에 입각하여 '20세기 중국현대문학사', 혹은 '21세기를 향한 새로운 중국현대문학사', '신세기의 중국현대문학사' 등으로 문학사들이 수정 혹은 재편되어 나오고 있다. 이 새로운 문학사들 중에는 옛날의 틀을 깨고 하나의 통합된 문학사로 이루어진 것이 많이 보인다. 이들의 특징은 현대와 당대를 한데 묶고 있으며, 대만문학, 홍콩문학을 언급하고 있다는 점이다.

1992년 김한(金漢) 외편의 ≪신편당대문학발전사(新編當代文學發展史)≫는 예술의 발전과 변화에 따라 1949년-1976년, 1976년-1989년까지 두 시기로 구분하고 있다. 왕가량(王嘉良) 외편의 ≪중국현당대문학≫ (항주대학출판사, 1995)은 1917-1927 /1927-

1937 /1937-1949 /1949-1978 /1979-1989로, 소광문(蘇光文) 외편의 ≪20세기중국문학발전사≫ (서남사범대학출판社, 1996)는 1901-1921/1921-1937/1937-1949/1949-1976/1976-현재로 시기구분을 하는 등 문학사 쓰기가 한층 다양하고 자유로워졌다.

황수기(黃修己) 주편의 ≪20세기 중국문학사≫ (중산대학출판사, 1998)는 시기구분에 있어서 종전과는 다른 독특한 형식을 따르고 있는 데 주목하지 않을 수 없다. 이는 중국근대문학의 10년과 현대문학, 당대문학을 포함하고 있으며, 대학생들이 쉽게 익힐 수 있도록 구성되어 있다. 5・4시기 전의 문학(1900-1916)/계몽문학부터 공화국문학 (1917-1949)/공화국문학의 간난역정(1949-1985)/사회전형기의 문학(1986-)으로 시기구분을 하고 있다. 또한, 1917년부터 1949년, 1985년을 또 한 기점으로 보고 있는 데, 그 이유로는 80년대 중기 중국사회의 변동과 문학 자체의 변동에 따라 문학은 조용히 새로운 모습으로 탈바꿈하고 있었다는 것이다.[11)]

---

11) 黃修己는 이때 주의할 만한 현상으로 다음과 같이 열거하고 있다. 첫째, 通俗文學이 庸俗文學의 충격을 받아 맹목적으로 금전을 추구하는 현상이 숭고한 문학사업에 충격을 주었다. 둘째, 무의식 간에 문학의 사회성, 시대정신, 현실제재를 깔보는 풍조가 만연했다. 셋째, 어떠한 작품들은 부분적으로 추상적인 인생을 묘사하는데 열중함으로 말미암아 애국주의, 혁명주의 선양을 약화시켰다. 이외에 1985년 金庸, 梁羽生의 新武俠 小說이 10여 종류(제1판 200만부)가 출판되었고 琼瑤의 言情小說이 15종을 넘었으며, 통속간행물 ≪今古傳奇≫, ≪名人傳記≫, ≪中外傳奇傳≫, ≪藍盾≫ 및 각종 비합법적 통속 간행물이 시장에 나타나기 시작하였다. 이와 동시에 ≪收穫≫, ≪人民文學≫, ≪上海文學≫ 등 순수문학 간행물의 권위가 추락하였다고 언급하고 있다. 黃修己 主編, ≪中國文學史≫, 下編, 中山大學出版社, 158-159쪽.

1999년에는 홍자성(洪子誠)의 ≪중국당대문학사≫(북경대학출판사)와 진사화(陳思和) 주편의 ≪중국당대문학사≫(복단대학출판사)가 출판되었는데 전자는 50-70년대 문학/80년대 이래의 문학/90년대의문학으로, 후자는 1949-1978/1978-1989/90년대 문학으로 각각 나누고 있다. 이 두 당대문학사에서는 똑같이 1949년 중화인민공화국건립에서 신시기 문학의 발생 전까지를 한 흐름으로 파악하고 있으며, 신시기의 문학을 두 단계로 나누어 80년대는 어지러운 세상을 바로 잡아 정상을 회복하는 과도기로, 90년대는 점차적으로 새로운 문화활력과 특징이 드러난 시기로 보고 있다.[12)]

주동림(朱棟霖), 정범(丁帆), 주효진(朱曉進) 주편의 ≪중국현대문학사≫(2000, 6,고등교육출판사)는 현대문학, 당대문학으로 분리되었던 것을 하나로 통합하여 중국현대문학이 1917년에서 1997년에 이르는 발전사를 서술하고 있다. 여기에서는 종전의 시기구분으로 문학사를 구분하지 않고 10년마다 각 장르의 특징을 언급하고 있다.

정광위(程光煒), 오효동(吳曉東), 공경동(孔慶東) 외편 ≪중국현대문학사≫ (인민문학출판사, 2000, 7)에서는 1937년을 하나의 분기점으로 삼아 제1시기 (1917-1937.6)와 제2시기 (1937.7-1949)로 나누고 있다. 여기에서 1937년을 하나의 분기점으로 삼은 것은 1937년 항일전쟁이 돌연히 폭발한 후 중국사회 현대화의 발전이 한동안 중지되었으며, 각 지역의 상황은 서로 다른

---

12) 陳思和 主編의 ≪中國當代文學史≫ (復旦大學出版社, 1999), 11쪽.

문화특징을 형성했던 바, 이 역사적 사건을 하나의 분기점으로 고려하지 않을 수 없다는 것이다. 그리하여 5·4 신문화 운동으로부터 항전폭발까지는 중국현대문학의 전반기, 항전폭발 후부터 중화인민공화국 건립까지를 후반기로 삼고 있다.

무릇, 바람직한 문학사의 시기구분이라면 역사적 기준에 의해 문학적 기준이 잠식되어서는 안될 것이다. 중국현대문학사와 북한 문학사는 전적으로 정치적 사건과 역사적 사건에 의해 시기구분이 이루어졌다. 앞에서 살펴본 바와 같이 중국은 1840년의 아편전쟁 혹은 1898년 무술변법을, 북한은 1866년 조선의 Sherman호 사건(병인양요)을 근대문학의 기점으로 삼고 있다. 또 중국은 1917년과 1919년을, 북한은 김일성의 '타도 제국주의 동맹'이 결성된 1926년을 현대문학의 기점으로 보고 있으며, 1949년과 1945년은 각각 사회주의 문학의 시발점으로 설정되어 있다.

그러나 그 같은 시기구분법은 21세기 탈이데올로기 시대에 적합하지 않다. 그래서 80년 후반부터 중국은 과거의 편향된 시각을 교정하여 "새로운 문학사 쓰기" 라는 테제 하에 새로운 통합문학사가 나오고 있는 실정이다. 그러나, 북한 문학사는 아직 요원해 보인다.

2. 편술 체계의 변모양상

정치적 상황에 따라, 편찬자에 따라 문학사의 내용도 변화하는 바, 두 문학사 서술의 변모양상을 시대별로 살펴보고자 한다.

편의상 중국현대문학사를 크게 4시기로 - 제1기 1949년 이전, 제2기 1950-1956, 제3기 1957-1976년 문혁종료까지, 제4기 1976 문혁종료 후부터 현재까지 - 로 구분하여 살펴볼 수 있는데, 여기서 북한문학사의 편술 상황도 동시에 살펴보도록 한다.

제1기의 중국문학사들은 당과 국가의 통제를 받지 않은 상태에서 자율적으로 쓰여졌으며, 작가의 의견이 대체적으로 다양하게 반영되었다고 볼 수 있다. 그러나 1949년 이후 제2기 1950-1956년까지의 문학사 편술 내용을 살펴보면 사정은 크게 달라진다. 교육부에서 「중국신문학사교학대강(中國新文學史教學大綱)」을 제정하여 公布한지 오래지 않아 1951년 9월, 30여 년을 관통하는 신문학사 저서가 한 권 나왔는데 바로 왕요(王瑤)의 《중국신문학사고(中國新文學史稿)》이다. 《중국신문학사고》는 주자청(朱自淸)의 강의 개요를 본뜬 것으로 역시 작품의 소개를 주요 내용으로 삼고 있다. 소설, 시가, 산문, 희극 등 4개 부문의 장르를 문학사 서술의 씨줄로 삼고, 각 장르별로 특정한 시기와 지역에 따라 서로 다르게 나타나는 창작경향이나 유파 또는 풍격 등을 문학사 서술의 날줄로 삼아 기술해 가고 있다. 또한 각 장르별 창작성과를 서술하기에 앞서, 먼저 그 시기 문학운동과 문학사상의 투쟁을 종합하여 서술하는 장을 두었다. 왕요의 《중국신문학사고》의 특징은 아래의 몇 가지로 요약할 수 있다.

첫째, 중국현대문학의 범위인 1917년부터 1949년까지를 모두

망라하였으며, 주자청의 신문학 연구방법을 이어받아 자료가 整然하여 후대 중국현대문학사의 입문서가 되었다.

둘째, 문학운동이나 문예논쟁은 신민주주의 입장에서 기술하고 있으나 문예계의 창작활동에 대하여서는 객관적인 관점에서 서술하였다.

셋째, 문학작품에 대하여 세밀한 평론과 분석을 가했다.

넷째 선명한 경향성이다. ≪사고(史稿)≫는 새로운 정권이 구정권을 대신해서 들어선 역사적 배경 하에 산생되어 자연히 새로운 정권의 탄생을 칭송하였고, 동시에 "반동적인 문학"과 기타 각종 자산계급 문예유파를 비판하였다.

그밖에 王瑤의 ≪사고≫는 중요한 작가들을 두드러지게 부각시켜내지 못했으며, 네 시기간의 연관관계나 발전과정이 부드럽게 연결되지 못하여 읽는 독자들로 하여금 총체적으로 인식하는데 어려움을 준다.

정역(丁易)의 ≪중국현대문학사략(中國現代文學史略)≫(1955)은 최초로 '현대문학사'라는 제명(題名)을 쓰기 시작한 것으로, 현대문학사를 중국공산당의 혁명사관에 의해 기술하였음을 밝히고 있다. 또 저자는 소련에서 배운 연대기적 편집과 작가평전을 결합시킨 소련문학사 편찬방법에 의거하여 현대문학사를 편찬하였다. 특징으로는 중국혁명사를 강령으로 삼아 신문학사를 혁명사의 일부분으로 여겼다는 점이다. 모택동(毛澤東)의 「신민주주의론(新民主主義論)」을 인용하면서 시작하는 이 책은 현대문학운동이 혁명운동에 의해 규정된 것임을 명확히 밝히고 있다. 또한, 신문학사에 있어 작가들을 그 정치적 태도에 따라 "혁명작가"와 "진보작가", "반동작가"로 구분하는 시도를 하였으며, 문학유파와 사단에 대해서도 같은 식으로 구분을 지었다. 시종 "정치제일"을 작품과 역사를 평가하는 우선 기준으로 삼은 ≪사략(史略)≫은 공산당 작가들에 대해서는 높이 평가하였으며, 심지어 5・4문학혁명을 공산당이 영도하였다고 하면서 호적(胡適), 진독수(陳獨秀) 등 문학혁명의 주역들을 우익 자산계급분자들로 비판하였다. 문예운동과 문예투쟁 부분에서는 "노신을 우두머리로 삼아" 노신의 지위를 대단히 부각시키기도 하였다.

이렇게 ≪사략≫은 계급적, 기계론적 관점에서 작가와 작품을 평하고 있다는 점에서, 중국현대문학 발전 내의 복잡성과 다면성을 보지 못한 결점을 안고 있다.

1956년 유수송(劉綬松)의 ≪중국신문학사초고(中國新文學史初稿)≫는 체제상에서 왕요의 ≪사고≫와 비슷하지만 정치혁명사의 내용을 강화했다는 점에서 정역의 문학사와 유사하다. 또한 문예전선투쟁의 정황에 대한 서술을 강화했지만 그 비판 어조가 매우 거칠며 구체적인 단계의 구분에서도 王瑤와 구별된다. 그는 1942년의 연안문예좌담회(延安文藝座談會)를 항전후기로 나누지 않고 완전히 혁명사의 분기에 따라서 1937년 이후를 "항일전쟁시기의 문학"과 "제3차 국내혁명전쟁시기의 문학"(1945-1949) 두 단계로 나누었다. 또한 劉綬松의 문학사는 문학적인 표준보다는 역사적인 기준, 특히 혁명사를 기준으로 하여 문학의 발전과정을 계급투쟁사의 일부로 서술하고 있어 문학을 정치에 종속시키고 있다.

이상과 같이 제 2기의 문학사는 대부분 체계적인 구조를 갖춘 문학사라 할 수 있는데, 그 특징은 한마디로 '문학사의 정치화'라 하겠다. 정치정립의 시대, 정치강화의 시대를 맞이하여 문학사 또한 이러한 시대의 흐름에 부합하지 않을 수 없었던 것이다. 이러한 영향은 정치가 학문을 간섭하게 되고, 문학사 기술에 동원된 용어들조차 점차 비학문적으로 변해가는 심각한 결과를 초래하였다.

이 무렵 북한문학사의 서술상황은 어떠한가. '북한문학'이라는 것은 분단체제 이후(1945년)에야 생겨난 것이라고 할 수 있겠는데, 1956년에 비로소 제대로 된 북한문학사가 출판되었다.

리응수, 윤세평, 안함광 3인이 시대별로 나누어 서술한 ≪조선문학사≫ (1956)가 바로 그것인데, 고대에서 현대에 이르기까지 유물론적 입장에서 쓴 최초의 문학사로서 이후 문학사의 모범이 되고 있다. 안함광은 1900년부터 전후인민경제 복구시기까지 당시 정치 정세와 반일 애국 운동으로서의 계몽문화 운동을 객관적 입장에서 서술하였으며 3·1운동의 역사적 의의와 조선에서의 노동운동의 대두 및 프롤레타리아 문학의 대두 문제, 이후 ≪조선문학사≫에서는 거의 언급이 되지 않는 李相和, 金素月 등을 객관적으로 언급하였다.

1930-1945년 시기를 보면 '김일성 원수가 지도한 조선인민의 항일무장투쟁 과정에서 나타난 문학'으로서 ≪혈해(血海)≫ (3막극), ≪성황당(城隍堂)≫ (단막, 희곡)과 ≪반일가≫ (혁명가극)

등의 구전적인 집체작을 싣고 있으며, 이기영(李箕永), 한설야(韓雪野), 홍명희(洪明熹), 강경애(姜敬愛)의 작품 평가도 주목을 끈다. 이렇게 민요와 군가 및 연극대사 등을 수집, 복원하여 문학사 대상으로 포함시키고 있을 뿐만 아니라 혁명투사 등이 쓴 비제도권 작품도 문학의 범주로 삼고 있음은 주목할 만하다. 평화적 민주 건설시기의 문학(1945-1950)에서는 8.15해방의 감격과 제반 민주개혁 및 인간의 성장, 조소친선(朝蘇親善), 남조선 인민들의 투쟁을 테마로 한 작품들을 싣고 있으며 조기천(趙基天)과 그의 작품을 집중적으로 분석하고 있다. 조국해방시기의 문학(1950-1953)에서는 인민군의 용감성과 미제의 만행, 전쟁시기의 문학에 대한 김일성과 당의 지침이 서술되어 있다. 전후 인민경제 복구건설의 문학(1953.7-)에서는 한설야의 ≪대동강≫, 이기영의 ≪땅≫, ≪두만강≫을 다루고 있으며 김일성의 교시는 아직 보이지 않는다. 주체사상이 나오기 전에 나온 이 책은 작가와 작품을 중심으로 분석하여 나름대로 객관성을 띠고 있으나 이후 70, 80년대에 주체사상을 반영한 문학사들이 나오자 그 가치를 잃고 만다.

1959년 사회과학원 언어문학연구소 문학연구실에서 펴낸 ≪조선문학통사≫ (상.하권, 과학원 출판사)는 집체적으로 만든 최초의 문학사로 '맑스 레닌주의'를 표방하여 소련어를 즐겨 썼으며 역사주의 원칙에 입각하여 애국주의, 인민성, 인도주의를 담고있다. 카프파인 한설야가 문예총위원장이던 시기로 카프해체 이전부터 적대세력이었던 남로당계 임화, 이태준을 철저히 배제한 것이 그대로 반영되어 있다. 서술은 기본적으로 안함광의 ≪조선문학사≫와 같은 시기구분에 따라 역사적 개괄에 기본을 두면서 매 시기의 문학발전에 크게 기여한 대표적 작가들의 문학사적 공헌을 정확히 밝히려고 노력하였다.

같은 해 중국에서는 복단대학중문계 현대문학조 학생집체 편저 ≪중국현대문학사≫ (1959, 상해 문예출판사)가 출판되었다. 이는 학생들 스스로가 자신들의 교재를 집단으로 편찬한 최초의 것으로, 이러한 저술방법은 당시 전개되었던 '자산계급유심론의 개인주의 비판운동'에서 비롯된 것으로 여겨진다. 학술활동도 대중운동의 하나로 간주했으며, 교재편찬도 반동적 구세대 학자들을 비판, 배제하고 학생 자신들에 의한 집단 작업으로 수행했던 것이다. 이 시기 학술연구는 기본사상이 '모택동 사상의 관철'이었으며 현대문학사의 편술 역시 이 기본사상에서 이루어졌다.

1958년부터 1960년까지 3년 동안 10여종의 현대문학사가 출판되었는데 이 시기에 편찬된 현대문학사의 가장 큰 특징은 공동집필이다. 이때에는 공동집필이 유행되어 개인저술은 그 명맥이 끊어질 위기에 처해 있었다. 제 2기에서 가장 대표적이라 할 수 있는 王瑤의 ≪중국신문학사고≫와 이하(林李何林)의 ≪근20년 중국문예사조론≫은 혹독한 비판을 받았으며, 마르크스주의와 모택동 사상을 지침으로 삼았던 채의(蔡儀)의 ≪중국신문학사강화(中國新文學史講話)≫와 정역의 ≪중국현대문학사략≫ 등은 높은 평가를 받았다.

이같이 문예계와 학술계에 대대적인 숙청을 감행하기 시작한 반우파 투쟁은 문학사 저자들로 하여금 유약성을 드러내게 만들었다. 정치박해의 합리성을 증명하기 위해 숙청당한 작가의 이름과 작품을 문학사에서도 삭제했을 뿐만 아니라 정치의 수요에 맞춰 문학사의 진상을 왜곡하였던 것이다. 이 시기 반우파 투쟁은 중국현대문학사의 암흑기인 제3기(1957-1975)의 서막으로서, 이후 문혁시기 내내 단 한 권의 문학사도 출판되지 않았다.

중국현대문학사의 제 4기 (1976이후-)는 문화 혁명기라는 긴 암흑의 터널을 벗어나 새로운 시기로 접어든다. 반면 그 동안 줄곧 중국과 비슷한 역사적 행보[13])를 거쳐온 북한의 현대문학

---

13) 예컨대, 중국의 반우파 투쟁(1957), 대약진 운동(1958-1960), 문화대혁명(1966-1976)을 겪는 동안 북한에서는 반종파 투쟁(1953-1956, 1959), 천리마 운동(1957-1961), 주체사상 수립(1967-)이 진행되었다. 중국의 반우파 투쟁과 북한의 반종파 투쟁은 권력을 강화시키기 위한 권력투쟁으로 어느 나라에서나 볼 수 있는 현상이다. 대약진 운동과 천리마 운동은 비슷한 시기에 일어난 노동생산성 향상 운동으로 소련에서 일어난 스타하노프 운동(1935년 9월에 소련 우크라이나 지방의 탄광부-스타하노프가 새로운 기술과 열성으로 보통 사람의 14배를 채탄했다는 데서 유래된 말)의 영향을 받은 것으로 추측된다. 북한의 주체사상의 수립은 중국의 문화대혁명과 일정한 관계를 맺고 있으며 모택동 사상은 주체사상 수립에 중대한 영향을 미친다. 1960년대 중반 북・중간의 격렬한 갈등은 북한사회를 개인숭배 체재로 빠져들게 했다. 북한 지도부는 전통적인 맹방인 중국과 갈등이 격화되자 전 사회적으로 '내외의 적'에 대처하기 위한 국방력 강화를 크게 강조했다. 그리고 이 과정에서 적의 공세에 대응해 대내적 단결의 정점으로 수령이 강조되었으며, 모택동 사상에 대응해서 사회주의 건설의 독자적 지도사상으로서 김일성 사상으로 규정된 주체사상이 한층 강조되었다. 바로 이러한 움직임 속에서 북한사회는 개인숭배의 물결 속으로 빨려 들어가기 시작한 것이다. 문화혁명이 거세게 전개되고 임표를 중심으로 하는 문화

사는 1967년 주체문학 수립이후 문학사의 왜곡, 날조의 나락으로 빠져 들어감으로써 마치 중국의 문혁기로 퇴행하는 양상을 보인다.

당도(唐弢) 주편의 ≪중국현대문학사≫ (제1.2권, 1979.6, 제3권 1980.12)는 가장 영향력 있는 문학사 중 하나로 문혁시기에 왜곡되었던 사실을 교정하고자 하였다. 그래서 혁명사적인 편술방법을 지양하고 문학사적 편술방법을 채택하여, 현대문학사의 5·4 문학혁명을 지나치게 과소 평가하거나 혹은 혁명문학을 과대평가 하는 등 형평을 잃었던 기존의 것을 객관적으로 서술하였으며, 문혁시기에 무고하게 누명을 썼던 주립파(周立波), 조수리(趙樹理), 노령(路翎), 7월시파 등을 문학사에서 복권시켰다. 비록 공동 집필이어서 일관된 사상체계를 갖추고 있지는 못하나, 기존의 현대문학사에 비해 객관적인 서술이 돋보인다.

황수기의 ≪중국현대문학간사(中國現代文學簡史)≫ (1984)는 1957년 이후 개인이 단독으로 집필한 최초의 현대문학사로서, 문학사의 발전과정을 마르크스주의 문예이론과 모택동 사상에 부합시킨 서술방법의 공식화를 타파하였으며 '세계문학으로의 중국문학'이라는 문학사 서술의 새로운 방법론을 제시했다는

혁명 지도자들은 모택동과 모택동 사상을 절대화하면서 김일성 지도부를 수정주의자로 몰아 부쳤다. 그리고 김일성 지도부는 이에 교조주의 비판으로 맞섰다. 그러나 아이러니컬하게도 문화혁명을 완강히 반대했던 북한에 '중국 따라 배우기'식으로 고스란히 전수되었다. 즉 주체사상이 모택동 사상과 경쟁하다가 모택동 사상이 범한 함정 속에 빠진 것이다. 이종석 저, ≪북한-중국관계≫, 중심, 서울, 2000, 11, 24-247쪽 참조.

데에 그 특징이 있다. 그는 중국현대문학은 중국의 것만으로 고립되어서는 안되며 세계문학사의 한 부분으로 연구・서술되어야 한다고 주장하였다. 또한 황수기의 문학사는 작가의 독립된 장을 두지 않고, 풍격, 유파 및 사상경향을 줄기삼아 기술해 내려가면서 각 시기의 작품에 대해 종합적으로 서술해 내려가고 있는 것이 특징이다. 이러한 배치는 중점작가에 대한 서술이 분산되고 흐트러져 보이는 왕요(王瑤) 문학사의 결함을 똑같이 안고 있다.[14)]

전리군(錢理群), 온유민(溫儒敏), 오복휘(吳福輝)의 ≪중국현대문학삼십년≫ (상해문예출판사, 1987)은 30년을 세 분기 (1917-1927/1928-1937/1937-1949)로 나눔으로써, 1942년 연안문예강화를 분기점으로 삼은 황수기와 차별성을 보였다.

노신, 곽말약(郭沫若), 모순(茅盾), 파금(巴金), 조우(曹禺), 애청(艾靑), 조수리(趙樹理) 등과 같은 주요 작가는 단독으로 장을 만들어 서술하였으며, 문학사에 서술된 사실(史實) 또한 비교적 풍부하였다. 각 장 뒤에는 그 장과 유관한 연표가 있어 본문의 서술의 부족한 점을 보충해주었으며 과거에 홀시되었던 인물과 새로운 내용을 증가시켜 중외문학(中外文學)에 정통한 유서위(劉西渭), 비평가로서의 심종문(沈從文), 예술성이 탁월한 소설림(蘇雪林) 등을 다루었다. 이밖에 호적(胡適)의 역사적 업적을 긍정하였을 뿐만 아니라 전종서(錢鍾書), 장애령(張愛玲), 장한수

14) <國內現代文學史著作出版歷史述評>, ≪中國現代文學研究叢刊≫ 1991年 第4期, 202쪽.

(張恨水)의 문학적 업적을 발굴하였다. 또한 저자들은 '20세기 중국문학'은 '민족영혼을 개조하는 문학'이라고 주장함으로써 20세기 중국문학의 관념을 제기하는 등 명확하고도 독특한 그들의 문학사관, 즉 문학사의 총체적인 인식을 드러내었다.

제4시기에 주목해야 할 것은 현대문학사 외에 단대문학사(斷代文學史), 지역문학사(地域文學史), 유별문학사(類別文學史) 등이다. 이것들은 문학사 기술의 새로운 형식으로, 다양한 문학사를 저술할 수 있는 분위기를 형성해 주었다.[15] 특히 유별문학사의 대표적인 예가 엄가염(嚴家炎)의 ≪중국현대소설유파사≫와 양의(楊義)의 ≪중국현대소설사≫이다.

엄가염의 ≪중국현대소설유파사≫(1989년)의 첫 번째 공헌은 무엇보다도 철저한 논증을 통하여 중국현대소설의 여러 유파를 언급하였으며, 연대기적 순서에 따라 작품을 하나 하나 소개해 가는 소설사의 전통적 서술방법에 대해 대단히 흥미로운 돌파구를 제공하는 데에 있다. 향토소설파(鄕土小說派), 자아소설파(自我小說派) 등 10여 개의 유파에 대한 엄가염의 과학적인 논증과 엄격하고 세밀한 연구 태도와 방법은 현대소설유파에 대한 새로운 자료와 견해를 제공하였을 뿐만 아니라, 유파연구의 혼란을 정돈시켰으며 과학적인 새로운 단계로 발돋움하게 하였다.

양의의 ≪중국현대소설사≫ (1권, 1986, 2권 1988, 3권 1991)

15) 대표적인 斷代文學史는 수정과 보완을 거친 80년의 藍海의 ≪中國抗戰文藝史≫와 朱德發의 ≪중국 5·4 문학사≫를 예로 들 수 있으며, 지역문학사로는 劉增杰 등의 ≪中國解放區文學史≫, 文天行의 ≪國統區抗戰文學運動史稿≫, 江西師大의 ≪蘇區文藝運動史≫ 등을 들 수 있다.

는 10년간에 걸친 한 사람의 노력으로 완성된 보기 드문 학술저작이다. ≪소설사≫에는 600여명의 작가들이 언급되어 있는데, 과거에 홀시되었던 많은 작가들을 발굴하여 정교하고 뛰어난 예술적 감각으로 서술하고 있다. 특히 "상해고도(上海孤島) 및 그 후의 小說"이란 장의 설정은 독특하다. 역사의 연관성과 더불어 이 지역 작가들의 창작성과가 매우 풍부함을 주지시켰다. 이 장에서 기술하고 있는 사타(師陀), 서우(徐訏), 장애령(張愛玲), 전종서 4대가 및 나홍(羅洪,) 정조지(程造之), 무명씨(無名氏) 등은 기존의 문학사에 거의 언급되지 않았던 작가들이다. 또한, "작가군"이라는 개념을 사용하여 사천향토작가군(四川鄉土作家群), 동북유망자 작가군(東北流亡者作家群), 경파작가군(京派作家群), 화남작가군(華南作家群) 등 중요한 창작집단을 만들었다. 수많은 유파의 작가들이 이 ≪소설사≫를 통하여 자신의 위치를 찾게 된 것이다. 그밖에 ≪소설사≫에서는 구파통속소설이라는 독립적인 장을 만들어 처음으로 장한수의 소설에 대하여 통속소설이 독립적인 예술가치를 가지고 있다고 인정하였다.

양의의 ≪소설사≫는 과거의 정치적 시각에서 벗어나 문학의 심미적 가치를 중시한 점에서 중국신문학사에 있어 커다란 의의를 가진다. 이러한 경향은 1980년 후반기에 들어서면서 점차 자리를 잡게 된다.

현재 중국 대학에서는 중국현대문학과 당대문학 두 과정이 설강되어 있으며 이를 합하여 '20세기 중국문학사'라 칭하고 있다. 1998년 황수기 주편의 ≪20세기 중국문학사≫ (중산대학출판사) 상 · 하 두 권을 그 대표적인 예로 들 수 있다.

상권에서는 1900-1949년까지의 문학발전의 모습을 보여줌과 동시에 '노신'을 한 장으로 독립시켜 크게 다루었으며, 그 외 장르별로 시, 소설, 산문, 희곡 등 대표적인 작품과 작가를 다루고 있는 것이 특징이다. 하권에서는 1985년을 기점으로 '공화국 문학의 험난한 역정'(1949-1985)과 '사회전형기의 문학'(1986-)으로 나누어 문학발전의 모습을 살펴봄과 동시에 20세기의 통속문학과 소수민족문학, 대만문학과 홍콩문학, 마카오 문학의 장을 두고 있다.

2000년에 들어서 교육부는 21세기 교과 내용과 과정이 체계적으로 계획된 주동림(朱楝霖), 정범(丁帆), 주효진(朱曉進) 주편의 ≪중국현대문학사≫ (고등교육출판사)를 내놓았다. 모두 37장으로 구성된 이 책은 상편 (1917-1949)과 하편 (1949-1997)으로 나뉘어 있다. 중국현대 · 당대문학으로 분리된 관례를 깨뜨려 함께 서술하고 있는데 이러한 서술 관점은 1991년 전국고등교육자학고시지도위원회(全國高等教育自學考試指導委員會)에 의해 편찬된 ≪중국현대문학사≫ (무한대학출판사)의 관점을 잇고 있다 하겠다.[16] 1917년에서 1997년에 이르는 중국현대문학의 발전사를 서술한 이 책은 각 시기의 대표작가 뿐만 아니라, 부분적으로 홀시되었던 중요 작가 및 그들의 작품을 객관적으로

16) 이 책에서는 1917-1986년까지 서술하고 있는데 상편(197-1949년)과 하편(1949-1986)으로 구성되어 있다. 여기서 주목할 점은 丁帆이 집필진에 들어가 있는데, 2000년도 고등교육출판사의 ≪중국현대문학사≫에서는 편집장(주간)으로 들어가 있다.

평가하고 있다. 서술의 관건을 문학자체로부터 출발하여 근년의 새로운 성과들을 흡수하고 있을 뿐만 아니라 대만문학과 홍콩 문학을 포함하고 있어 중국현대문학사를 전체적으로 조망하는 데 도움을 준다.

2000년 7월 오효동, 공경동 외편 ≪중국현대문학문사≫ (인민문학출판사)가 출판되었는데, 이는 대학교 중문계 교수 및 연구소의 청년 학자들에 의해 저술된 것으로 그 동안 대학에서 이루어놓은 성과의 기초 위에 새로운 관점을 가하여 이루어진 것이다.

1937년을 하나의 분기점으로 삼았으며 학생들의 이해를 돕기 위하여 매 절마다 핵심어key word를 표기함과 동시에 많은 삽화를 넣었다. 또한 이제까지 다른 문학사에서 취급하지 않았거나 소홀히 다루었던 부분을 장, 절로 독립시켜 객관적으로 서술하였는데, 7장, 8장의 현대화극(現代話劇)과 제10장의 현대파(現代派) 문학사조에서 이금발(李金發)과 상징파 시인, 대망서(戴望舒)와 현대파 시인, 신감각파 소설과 현대화극의 선봉실험(先鋒實驗), 제17장의 윤함구(淪陷區) 작가의 장애령과 전종서의 창작, 19장의 목단(穆旦)과 서남연대시인군(西南聯大詩人群)의 창작부분이다.

이 시기 문학사 저술의 커다란 특징은 60년대 집체 방식의 기계적이고 도식적인 형태에서 벗어나, 대학간 연합의 저술방식과 전문 연구자의 개인 저술방식으로 발전되어 더욱 개성화, 다양화한 새로운 문학사 쓰기의 발판을 구축해주었다는 점이다. 심종문(沈從文), 전종서(錢鍾書), 장애령(張愛玲), 장한수(張恨水)의 문학적 발굴은 이 시기의 가장 의의 있는 일이었으며 최근에 출판된 거의 대부분의 현대문학사 저술에서 현대소설의 심미풍격에 끼친 이 네 작가의 공헌에 대해 정도는 다르지만 각기 긍정적으로 기술하고 있다.[17] 또한 사회혁명사 혹은 문화사상 등에 기대어 인식, 사유하던 방식에서 탈피하여 문학사를 진정한 문학의 역사 혹은 심미의 역사로 기술하려고 노력하기 시작하였다는 점이 주목된다.[18]

이상과 같이 중국현대문학사 가운데 주된 것만 서술해 보았는데, 그 풍성함과 발전적인 모습은 북한문학사 기술의 변모양상과 상당한 차이를 보인다.

주체사상이 확립된 후에 사회과학원 연구원들에 의해 쓰여진 ≪조선문학사≫ (1-5권, 과학백과사전출판사, 1977-1981)는 ≪조선문학통사≫의 경우처럼 고전과 현대를 균형있게 나누지 않고 현대 위주로 기술한 것부터가 다르다. 다섯 권 중 네 권이 모두 현대문학 분야이며 그 대부분이 김일성과 김일성 가족의 찬양 일색이다.

매 시기마다 '위대한 수령 김일성 동지께서 내놓으신 문학 예술에 대한 지도방침'이란 장을 설정하여 각 시기의 문학을 개관

17) 네 작가의 문학사적 지위에 대하여 다소 차이가 있게 평가하고 있는데, 沈從文과 錢鍾書에 대한 평가나 章節의 按排는 현재에 이르러서도 여전히 문학사의 매우 편벽된 구석자리를 점하는 정도에 머물고 있다. 「國內現代文學史著作出版歷史述評」, 앞의 책, 200쪽.

18) 위의 책, 201쪽.

하고 있다. 김일성이 '타도제국주의 동맹'을 결성한 1926년을 현대문학의 기점으로 설정하고 있음은 말할 것도 없고, 3·1운동도 러시아 혁명의 영향아래 발생한 것이 아니라 민족 자생적인 산물로 기술하고 있다. 이 책은 철저히 주체의 방법론을 구현한 것으로, 이전 ≪조선문학통사≫에서 보여주었던 카프 중심의 서술이나 객관적인 서술은 보이지 않는다.

소설, 시, 극문학 외에 영화를 하나의 장르로 넣어 영화문학으로 다루고 있는 점이 주목되며, 특히 제5권(1959-1975년 시기)에서는 이 시기에 주체사상이 형성되었는바, 주체사상에 입각한 사회주의적 내용과 민족적 형식이 결합된 새로운 형식의 혁명가극 ≪피바다≫식의 작품이 많이 출현하였음을 소상히 서술하고 있다.

1986년에는 문학사들을 수정, 보완하여 다소 객관성을 띠고 있다고 할 수 있는 ≪조선문학개관≫ 1, 2권이 출판되었다. 정홍교, 박종원의 1권은 '조선문학의 시초'부터 '1910-1920년대 전반기 문학'까지를, 박종원, 류만의 2권은 '항일혁명투쟁기(1926.10-1945.8)' 문학부터 '사회주의 전면적 건설과 사회주의 완전승리를 앞당기기 위한 투쟁시기(1961-1985)'문학까지를 정리해 놓고 있어 균형을 이룬 편이다. 이 책은 주체사상이 확립된 이후에 기술한 것임에도 불구하고 비교적 김씨 일가에 대한 과장성이나 왜곡의 도가 다소 누그러진 성향을 보여준다. 현진건, 나도향, 김소월 등에 대한 언급을 살펴보면, 그들의 비판적 사실주의 문학을 긍정하는 한편, "불합리한 사회현실을 비판하고 가난한 사람들에 대한 동정을 표시하는데 머물렀을 뿐, 그것을 민족적 및 계급적 해방을 위한 인민들의 투쟁과 결부시켜 보여주지 못하는 제한성을 나타냈다."[19]라고 비판하고 있다. 이와 더불어 이광수, 김억, 한용운을 복권시키고 그들의 문학적 업적을 다소나마 긍정적으로 평가한 것도 두드러진다.

그렇지만 ≪성황당≫, ≪피바다≫, ≪조선의 노래≫ 등의 작품을 김일성이 손수 창작해서 혁명적 문학예술의 분위기를 마련했다고 날조하였으며 '불멸의 력사' 총서를 통해 특정 인물의 우상화에 치중한다든가, 김일성의 항일투쟁을 형상화한 영화문학인 ≪조선의 별≫ 등을 통하여 김일성을 찬양, 왜곡하는 등, ≪조선문학통사≫가 김일성에 국한하지 않고 모든 공산주의자들을 강조하면서 작품의 가치를 목적성과 교훈에 두었던 것과는 상당히 대조적이다.

은종섭의 ≪근대현대문학사≫ (1991, 김일성 대학 출판사)는 김일성 대학의 조선어문학부 학생들을 위하여 ≪고대중세문학사≫와 연관관계 속에서 집필된 것이다. 이 책에서 주목할 부분은 과거에 반동작가로 매도당했던 김소월, 한용운, 김억 등을 근대문학의 제3장 '공산주의 운동 요람기의 문학'이라는 장 아래 '비판적 사실주의 문학'이라는 절을 설치하여 넣었다는 점이다. 또한, 이광수, 김동인, 염상섭, 주요한, 박종화 등을 부르주아 반동작가라 여전히 비판하면서도 이광수가 근대소설을 발전시키는데 일정한 역할을 하였다고 긍정적으로 평가하고 있다.[20]

---

19) 정홍교, 박종원, 앞의 책, 353쪽.

1999년에 완간된 ≪조선문학사≫(사회과학출판사, 1991-1999) 15권은 사회과학원 주체문학연구소 산하의 문예학자들이 시기별로 분담하여 집체적으로 집필한 것이다. 현대문학부분이 8권을 차지하고 있으며 김일성 일가 중심의 항일 빨치산 활동을 위시한 해방 후의 문학에 많은 분량을 할애하고 있다. 15권 중 류만이 ≪조선문학사≫ 8권(1926-1945)과 9권을 저작하였는데 8권은 1992년 사회과학출판사에서, 9권은 1995년 과학사전종합출판사에서 출판하는 등 출판사가 달라진다. 류만은 두 권의 책에서 동 시기(1920년 후반부터 1940년대 전반기)를 다루고 있는데 8권에서는 항일혁명투쟁의 첫 시기와 항일무장투쟁시기로 나누어 주로 김일성 중심의 항일투쟁과 항일문학에 대하여 집중적으로 서술하고 있다. 반면 9권은 김일성 중심의 항일혁명문학을 주축으로 하되, 주로 당시 프롤레타리아 계층의 비참한 삶과 투쟁, 착취사회의 모순을 폭로한 문학, 항일무장투쟁에 대한 지지와 공감을 노래한 시, 선각자들의 삶과 투쟁, 진보적 소설창작의 다양한 면모, 식민지 지식인의 고통과 고민 및 이상, 역사주제의 작품과 풍자 소설 등 다양한 문학을 포괄하고 있다.

10권에서 15권까지는 구체적인 시기구분이 없이, 10권 해방후편(평화적 민주건설시기), 11권 해방후편(조국해방전쟁시기), 12권 전후 복구 건설 및 사회주의 기초건설 시기문학, 13권 천리마 시대의 문학, 14권 1970대 문학, 15권 1980년대 문학으로 구성되어 있다. 특이한 것은 12(주체 88년, 1999년)권이 15권(주

20) 은종섭, ≪근대현대문학사≫, 김일성종합대학출판사, 1991년, 33쪽.

체87, 1998년)보다 늦게 출판되었으며 12권부터는 년도 앞에 또 하나의 주체 년도[21)]를 표기하고 있다는 점이다. 주로 김일성과 김정일, 그 가족을 칭송하는 작품이 주를 이루고 있으며, 12권부터는 김정일 교시가 곳곳에 드러나 있어 권력의 중심이 김일성에서 김정일로 이동하고 있음을 드러내 주고 있다.

3. 서술특징의 비교

앞에서 살펴본 바와 같이 북한의 문학사는 크게 개인저술문학사와 집체저술문학史로 나뉜다. 1950년 중기에 개인저술의 문학사가 한차례 이루어지고 난 뒤, 집체저술의 문학사가 상·하로 간행되었다. 이때는 주체사상이 확립되지 않은 시기로 맑스·레닌주의나 유물론적 역사주의의 원칙에 입각하여 문학사를 서술하였다.

그러나 1970년대 말 5년간에 걸쳐 문학사는 5권의 방대한 분량으로 정리되었으며, 1980년대 중반에 와서는 '개관' 형식으로 문학사 정리가 또 한번 이루어졌는데, 이때에는 이미 주체사상이 확립된 시기로 문학사관도 김일성주의와 민족주의적 주체사관으로 이행된다. 모든 문학이 주체문학으로 수렴되기 때문에 객관성이 사라지고 김일성과 김일성 일가를 중심으로 왜곡, 날조된다. 1990년대에 들어서면서 그 동안 이룩한 성과와 경험을

21) 김일성이 출생된 해(1912년)를 주체 1년으로 삼는다.

토대로 15권의 문학사가 출판되기 시작하여 많은 주목을 받아왔지만, 당의 지시에 의하여 철저히 강압되고 통제된 상황하에서 만들어진 북한 현대문학사는 오히려 더 주체사상에 의해 왜곡된 실정이다.

중국의 문학사 또한 이 카테고리에서 벗어날 수 없었다. 1949년 이전의 중국현대문학사가 대체적으로 저자의 신념과 가치관에 의하여 자율적으로 쓰여졌다면 1949년부터 오늘날에 이르기까지 중국현대문학사는 정부의 통제를 받으면서 쓰여졌다. 그 통제의 절정기는 물론 반우파시기(反右派時期)와 문화혁명의 시기라 할 수 있다. 1959년에 쓰여진 복단대학 학생들의 문학사나 북경대학, 길림대학 등 각 대학에서 쓰여진 문학사들은 북한처럼 철저히 공산당의 통제를 받으며 집체적으로 쓰여졌으므로 우파투쟁 이전의 문학사나 신시기 이후에 비하여 그 왜곡의 정도가 심하다. 과거의 중국문학사가 유물론이나 마르크스주의 변증법에 의하여 쓰여졌다면, 집체적으로 쓰여진 문학사는 모택동 문예사상에 의하여 쓰여졌으며, 시기구분도 중국혁명사를 기준으로 세시기(1919-1927 / 1928-1942 / 1943-1949)로 나누고 있다. 오늘날, 중국이 개방되어 상당히 진보적이고 완비된 문학사가 나오고 있지만 여전히 정부의 직·간접 통제를 받고 있어서 반정부적이거나 사회주의를 비방하는 글, 반체제 작가들의 작품들은 삭제되고 있는 것이 현실이다.

이같이 두 사회주의 국가의 문학사는 '지배적인 전제(專制)의 가치'에 의하여 서술된다는 것이 가장 큰 특징이다. 문학이 정치적 목적과 혁명투쟁의 사상적 무기로 인식되어 인민의 의식을 개조하는 수단으로 사용되기에 중국과 북한문학사의 변동은 정치체제 변동과 맞물려 있다. 북한 문학이나 중국문학-특히 1949년 이후 17년 시기의 중국당대문학은 당의 문예 정책이 바뀌면 그것에 일방적으로 순응할 수밖에 없으며 그렇기 때문에 매 시기마다 당의 문예정책의 본질과 이것이 문학계에 미친 영향, 해당시기에 발표된 작품의 의미는 서로 밀접한 관계가 있는 것이다.

또한, 두 문학사는 거의 '배제론' 원칙에 의해 기술되었다고 할 수 있다. 부르주아 성향의 문인이나 작품들은 철저하게 매도당하였으며, 심지어 문학사에서 제외되기까지 하였다. 반면, 당의 정책에 부합한 작품이나 작가, 김일성 부자를 칭송하는 작품들은 문제작으로 취급받아 문학사에 거의 빠짐없이 다루어진다. 특히 북한에서 서술된 문학사를 보면 책에 따라 작가의 수가 들쑥날쑥하다. 아무리 한때 중요한 작가로 취급되었다 하더라도 당 정책의 여하에 따라서 숙청되면 문학사에서 사라지고 만다. 안함광의 ≪조선문학사≫나 ≪조선문학통사≫에서는 일정 정도 다루어졌던 임화가 ≪조선문학사≫ (77-81)에서는 아예 취급되지 않았으며 이광수, 최남선 같은 경우, 매국 문인이라는 이유로 ≪조선문학사≫ (1956)와 ≪조선문학통사≫ (1959) 등에서 완전히 사라져버린 것이다. 또한 김일성의 우상화에 제일 활발한 창작 열의를 보였던 한설야에 대하여 ≪조선문학사≫와 ≪조선문학통사≫에서는 많은 지면을 할애하고 있지만, 그가 숙청 당한 후에 출판된 ≪조선문학사≫ (1977-1981)에서는 그에 대한 서술이 없을 뿐만 아니라, 심지어 그의 작품 ≪만경대≫까지도 4.15 창작단이 지었다고 왜곡된다.

김소월, 한설야, 홍명희 등은 ≪조선문학사≫ (1981년)에서 제외되었다가 1986년 판 ≪조선문학개관≫이나 1991년 ≪근대현대문학사≫에 와서 다시 서술 대상에 포함되고 있다. 또 그간에 제외되었던 이인식(李人稙), 최남선(崔南善), 김억(金億), 한용운(韓龍雲), 심훈(沈薰), 이효석(李孝石), 이용악(李庸岳) 등의 시인, 작가들이 새롭게 서술대상으로 수용되고 있음이 주목된다. 이렇게 보면 ≪조선문학개관≫에 와서 서술의 폭이 약간 넓어지고 있다고 하겠는데, 거론된 작가의 수로 볼 때 대체로 최근으로 올수록 조금씩 늘어나고 있어 작가 선정의 편협성을 다소 시정하려 한 것이 아닌가 생각된다. 반면 이기영(李箕永), 조명희(趙明熙), 최서해(崔曙海), 엄흥섭(嚴興燮), 강경애(姜敬愛), 현진건(玄鎭健), 권환(權煥), 김창술(金昌述), 송영(宋影) 등은 ≪조선문학통사≫ (1959년), ≪조선문학사≫ (1981년), ≪조선문학개관≫ (1986년) 및 1995년의 ≪조선문학사≫에까지 줄곧 서술되고 있는데, 이들 작품이 가장 우수한 작품이라고는 볼 수 없지만, 당의 정책을 잘 반영하고 그에 부합되는 작품이라는 것은 쉽게 짐작해 볼 수 있다.

중국현대문학사에서도 이러한 현상은 마찬가지이다. 앞 장(3장)에서 드러나듯이, 유수송의 ≪중국신문학사초고≫ (1956)에서는 중국현대문학사에서 큰 비중을 차지하지 않는 작가들 방지민(方志敏), 유석(柔石), 은부(殷夫), 호야빈(胡也頻)을 '중국무산계급혁명문학과 선구자의 피'(中國無産階級革命文學和前驅的血)라는 장 속에 節을 만들어 크게 취급하고 있을 뿐만 아니라, 胡適은 지나칠 정도로 폄하시키고 진독수(陳獨秀)는 높이 평가하였다. 복단대학 중문계 현대문학조 학생집체 편 ≪중국현대문학사≫ (1959)에서는 5·4문학혁명기의 선구자인 호적이나 진독수를 서술의 대상에서 제외하였으며 파금을 비판하였다. 또한, 반우파 투쟁으로 숙청된 반동작가들 즉, 정령(丁玲), 풍설봉(馮雪峯), 호풍(胡風) 등 많은 작가들을 문학사에 기술하지 않은 반면, 구추백(瞿秋白)과 좌련오열사(左聯五烈士) 및 수난의 혁명작가들을 크게 부각시켜 기술하였다.

"새로운 예술 작품의 탄생은 이전에 있었던 모든 예술 작품의 변화된 모습의 재생"이라는 T.S 엘리어트의 유명한 지적처럼 현대문학은 과거(고전)문학을 모체로 한다. 문학도 자신의 문화배경과 문화전통에서 벗어날 수 없는 바, 북한문학사에서는 고전문학과 현대문학을 총체적으로 파악하여 문학예술의 합법칙적 발전을 강조하고 있다.

> 우리는 우리 인민들이 창조한 민족문화유산 가운데서 진보적이고 인민적인 것과 낡고 반동적인 것을 정확히 갈라내어 반동적인 것을 버려야 하며 진보적이고 인민적인 것은 오늘의 현실과 노동계급의 혁명적 요구에 맞게 비판적으로 계승, 발전시켜야 합니다.[22)]

위의 인용문에서 드러나듯 과거문학에 대한 선택과 평가의 미적 기준은 '인민성'과 '진보성'으로 요약된다. 물론 이러한 미적 기준은 단지 과거문학(고전문학)에만 제한되지 않고 현대문학까지 해당되는데 이는 중국 문학사에서도 마찬가지이다.

5·4로부터 30년대 신문학과 고전문학의 우수한 전통의 종적인 계승관계가 중국현대문학사에 뚜렷이 나타나고 있는 바, 중국현대문학 제 1세대 작가들 가운데 창작성과가 두드러진 사람치고 고전문학에 대한 수양이 깊지 않은 사람이 없다. 노신을 예로 들면 그의 소설창작의 다채로운 표현방법에는 외국문학에 대한 비판적 수용뿐만 아니라 중국고전소설에 대한 계승이 있었다. 또한, 곽말약, 모순, 욱달부, 조수리, 풍문병(馮文炳) 등의 작가들도 모두 전통문화 가운데 봉건적이고 반동적인 요소는 버리고 진보적이고 대중적인 것을 우수한 것으로 선택하였으며, 전통의 우량한 것이면 모두 수용하여 발전시켰다.

이렇게, 북한문학사와 중국현대문학사에서는 애국성, 진보성, 인민성을 문학사 서술의 척도로 삼는 것이다. 고전문학과 현대문학이 하나의 유기적 관계를 이루고 있으며 자체 내에서 함께 설명할 수 있는 시야를 확보하고 있는데, 바로 이 점이 두 문학사의 공통점 중의 하나이다.

또한 정치적 목적을 구현해내는데 있어서 가장 적합한 극문학을 중시했다는 점도 두 문학사의 특징중 하나이다. 이는 당연

---

22) 사회과학원 문학연구소편, ≪조선문학사≫ (1959-1975) 과학백과사전출판사, 1977, 383쪽.

히 당 정책의 선전 및 인민을 선동, 교양, 개조시키고자 하는 '목적성'과 무관하지 않을 것이다.

1967년 주체사상이 수립된 이후 북한문학은 김일성의 혁명역사를 형상화한 작품이 주를 이루는 가운데 소위 성황당식 혁명연극, 피바다식 혁명가극이 나왔으며 시극과 음악무용, 서사시극이 성립되었는데 70년대는 피바다식 가극이 공연예술의 중심을 이루었고 80, 90년대에는 김정일이 직접 공연예술에 관여함으로써 영화 분야까지 확대된다. 북한의 극문학은 김일성의 우상화를 위한 유일사상과 주체문예론을 기반으로 하고 있으며 항일혁명연극을 문학사의 전면에 부각시키고 있다. 그리하여 ≪조선문학사≫ (1977-1981)와 ≪조선문학개관≫ (1986), ≪조선문학사≫ (1991-1999)에 이르기까지 극문학이 두드러지게 증가되어 있는데 이는 당의 정책을 반영하는 것이다.

중국 희곡의 경우 5·4신문화 운동의 시기에는 봉건시대의 낙후된 문화로 대표되어 격렬한 비판을 받아 군벌혼전과 국민당 통치시기에 이르기까지 부진한 상태를 면하지 못했다. 그러나 항일전쟁을 전기로 하여 점차 새로운 시대와 결합하는 면을 보여주게 되며, 1942년 모택동이 제기한 "추진출신"(推陳出新)의 방침은 희곡 현대화의 새로운 이정표가 되어 현대희곡이 발전하게 된다. 이러한 희곡문학은 사회주의 시기에는 사회주의 혁명과 건설 사업을 위해 활발하게 창작되었지만 문혁시기에 이르러서는 좌경적인 영향으로 인하여 기형적으로 성장하며 신시기 이후 정상적으로 발전하게 된다. 중국현대문학사에는 이러한 시대적 영향과 함께 중국 공산당의 희곡에 대한 방침이 잘 반영되어 있다.

그러나 이와 같은 공통점에도 불구하고 오늘날 드러난 두 문학사 기술의 차이를 어떻게 설명할 수 있을까? 무엇보다도 두 사회주의 문예이론의 근간이 되는 '사실주의'를 받아들이는 태도를 살펴볼 필요가 있다. 두 국가는 모두 각각 소련의 사회주의 사실주의 영향을 받았는데, 정치적 상황과 문예정책의 변화에 따라 변용되어 왔다. 북한의 경우 1947년에 '고상한 사실주의'를 제창한 이후, 비판에 비판을 거듭하면서 1967년 유일사상체계의 주체문학에 이른다. 김일성의 신격화와 우상화를 위해 항일 투쟁 위업을 찬양하고 북한식 사회주의 건설의 위대성, 혁명적 통일의 과제를 강조해오다가 이 같은 도식성에서 벗어나고자 하는 80년대의 움직임이 1992년 김정일의 '주체문학론'으로 수렴되고 만다. 교조적 사회주의 사실주의를 주장해오던 북한 문학계는 김정일의 ≪주체문학론≫이 나온 이후 '주체 사실주의'[23]를 내세우게 되는데, 이는 1990년도 초반에 사회주의 국가들이 무너지게 되자 북한문학을 뒷받침할 만한 이론적 근거가 흔들리게 되어 새로운 이론이 필요하였기 때문이다. 북한의 주체사실주의는 수령에 대한 충성과 조선민족 제일주의라는 특수한 부분을 내용으로 삼는다. 어떤 변화에도 휩쓸리지 않는 수

23) 주체의 철학적 세계관에 기초하여 인간과 생활을 보다 진실하게 그려냄으로써 문학예술로 하여금 인민 대중에게 참답게 복무할 수 있게 하는 창작방법, 고철훈, 「문학예술 창작에서 사회주의 원칙을 철저히 견지하자」, ≪조선어문≫, 1992, 3호.

령에 대한 충성으로 현 체제를 유지하는 것이 주체 사실주의의 핵심인 것이다.

결국, 북한 문학사 이론은 한마디로 주체적 사실주의에 의한 평가적 이론으로 일관되어 있다고 할 수 있다. 문학사뿐만 아니라 학술논문, 저술 등에서도 한결같이 서두와 중간에 '김일성 교시'나 '김정일 교시'가 들어 있어 해당 내용에 대한 중심역할을 하는데 그 교시에 부합한 작가나 작품을 열거하여 거기에 대한 구체적인 분석과 평가가 뒤따르는 것이 문학사의 실질적인 서술방법이 되어온 것이다. 이렇게 지구상에 유일무이한 주체사실주의는 북한문학을 폐쇄적으로 몰고 왔지만, 중국의 모습은 다르다.

중국현대문학에서의 사실주의 변천은 5·4신문학부터 현재까지 여러 과정을 거치면서,[24] 왜곡되고 변용되었지만 신시기에 들어와 본래의 모습을 되찾아 정상적으로 발전하고 있는 것이다. 특히 1930년대 유입된 소련의 사회주의 사실주의가 고리끼, 모택동, 노신적 모델 등[25] 체계적이면서 독창적인 사실주의 이

24) 5·4에서 20년대 말까지는 자연주의와 뒤섞여 있던 시기였고, 30년대 초부터 50년대 중반까지는 맑스주의와 함께 발전했던 시기였다. 그리고 50년대 중반부터 10년 동란의 종결까지는 사이비 리얼리즘에 의해 부정당한 시기이다. 陳思和, 앞의 책, 120쪽.

25) 전형준은 ≪신문학 시기의 리얼리즘 이론에 대한 연구≫ (1992, 서울대 박사학위논문)에서 중국 신문학의 리얼리즘 이론을 크게 네 가지 모델로 분류하고 있는데 플레하느프적 모델, 고리끼적 모델, 모택동적 모델, 노신적 모델이 바로 그것이다. 이 가운데 앞의 두 모델이 소련 이론의 재생산을 넘어서지 못한 데 반해 뒤의 두 모델은 독창적 모델로서의 자격을 부여받는다고 언급하고 있다.

론으로 형성, 발전되어 왔으며, 그것이 중국현대문학의 사실주의의 초석을 이루어 왔다. 그리하여 오늘날 개방화된 중국은 사실주의의 독존만을 주장하지 않음으로써 한층 다양하고 자유로운 문학사 쓰기가 가능하게 되었다.

4. 반성과 방향모색

이상에서 살펴본 바와 같이 중국과 북한은 역사적으로 유사한 공통점을 지녔지만 문학에서는 직접적으로 서로 영향을 주고받은 것이 없을 뿐만 아니라, 80년대 개혁, 개방 후 서로 다른 방향으로 정치노선을 걸어왔기 때문에 현재의 모습은 상당히 대조적이다.

초기 북한의 사회주의 문학사는 항일무장투쟁, 카프계열의 문학에 정통성을 둔 열린 문학의 형태를 띠지만, 천리마운동을 거치고 주체시대를 맞이하여 김일성 주체를 위한 문학, 즉 '닫힌 문학의 구조'로 전락하고 만다. 반면에 중국의 사회주의 문학사는 한 때, 문화혁명이라는 암흑기를 거쳤지만, 그것을 자양분으로 하여 더욱 '열린 문학의 구조'로 나아간다. 때 늦은 감이 없지는 않지만, 올해 노벨 문학상이 중국으로 돌아갔다는 것은 이런 맥락에서 고무적이라 할 것이다. 노벨상의 권위에 대한 회의라든지, 수상자 고행건(高行健)에 대한 평가가 서방의 문학적 기준에 의거하고 있다는 비판 등을 고려할 때 이번 수상에 대한 중국 당국의 싸늘한 반응은 이해할 만도 하다. 그럼에도 불구하고 여전히 사회주의 중국의 경직성을 지울 수는 없다. 개방화의 물결에 따라 "새로운 문학사 쓰기"가 진행되고 있으나, 여전히 "지배적인 전체 가치"에 의해 통제 받고 있음을 부인할 수 없는 사실인 것이다.

정치적, 지역적인 상황의 차이를 고려하지 않을 수 없지만, 북한 현대문학사의 편찬은 극히 한정된 몇 사람이나 지정된 연구소에서 당의 지시에 의해 이루어짐으로써 그 획일성과 한계가 두드러진다.[26] ≪조선문학사≫ (1977-1981)와 ≪조선문학개관≫ (1986)을 저술한 필진들이 ≪조선문학사≫ (1-15권, 1991-1999)의 주요 집필진들로 이어지는 문학사 편찬의 모습은 북한 문학작품이 정치적 변동에 따라 개작이 이뤄짐으로써 원본확정 문제에 어려움이 따르듯, 문학사에서도 마찬가지로 수정, 보완이 이루어지면서 서술관점에 있어 여전히 문제를 안고 있다. 즉, 북한의 주체문학은 '보편적 가치'로서의 '사회주의'가 아니라 최고통치자의 이익과 정치상황에 따라 수시로 '우리식 사회주

26) 역사적으로 보건대, 초기단계에서는 과학원(지금의 사회과학원) 언어문학연구소(처음에는 조선어문학연구소) 문학연구실을 중심으로 연구자들이 조직되어 문학이론과 문학사 연구의 기초를 다졌다. 연구자의 조직화는 또한 조선문학예술총맹(1953-61년 시기에는 작가동맹 분리) 산하 작가동맹 고전문학파, 평론분과위원회를 통해서 매시기 이루어졌다. 여기서 활동한 이 시기 대표적인 문예학자 · 평론가로는 김하명, 박종식, 안함광, 한효, 고정옥, 윤세평, 엄호석, 신구현, 한중모, 현종호, 리응수, 한룡옥, 방연승, 리상태, 강능수, 연장렬, 장형준 등을 들 수 있다. 주체사상이후의 학자 · 비평가로는 1950-60년대부터 활동한 원로급인 김하명, 박종식, 한중모, 방연승, 장형준을 비롯하여 김정웅, 정성무, 박종원, 정홍교, 류만, 문성렵, 박춘명, 리수립, 리동수 등을 들 수 있다. 민족문학사연구소 저, 앞의 책, 411-412쪽, 418쪽 참조.

의', '조선민족 제일주의' 등으로 변하는 북한의 독자적인 '주체 사실주의'로서, 소련이나 중국의 사회주의적 사실주의와는 다른 길을 걷고 있는 것이다.

사회주의 진영의 붕괴에 따른 위기의식이 김정일로 하여금 '주체적 사실주의'를 낳게 하였다. 향후 '북한식 사회주의'가 어떻게 변화될지, 그에 따라 문학과 문학사 쓰기가 어떻게 함께 변모할 것인지 여전히 예측하기가 쉽지 않다. 다만, 본고에서 줄곧 확인해왔듯이 정치체제변동과 밀접한 연관성을 가지고 있으리라는 것만은 확실하다고 하겠다.